HEYNE
BÜCHER
SACHBUCH

W0096140

Yossi Melman

Knesseth und Kibbuz

Die Geschichte des Staates Israel

Aus dem Englischen von Uta Haas

DEUTSCHE ERSTAUSGABE

WILHELM HEYNE VERLAG
MÜNCHEN

HEYNE SACHBUCH
Nr. 19/272

Titel der Originalausgabe:
THE NEW ISRAELIS – AN INTIMATE VIEW
OF A CHANGING PEOPLE
Die Originalausgabe erschien 1992 bei Carol Publishing Group,
New York

Redaktion: Dr. Hans A. Kaufmann

Copyright © 1992 by Yossi Melman
Copyright © der deutschen Ausgabe
1993 by Wilhelm Heyne Verlag GmbH & Co. KG, München
Printed in Germany 1993
Umschlaggestaltung: Atelier Adolf Bachmann, Reischach
Herstellung: H + G Lidl, München
Satz: Fotosatz Völkl, Puchheim
Druck und Verarbeitung: Ebner Ulm

ISBN 3-453-07023-2

Inhalt

Vorbemerkung

Als J. B. Priestley 1934 sein Buch *English Journey* schrieb, benutzte er bei seinen Recherchen häufig den Autobus. Ich habe es beim Zusammentragen meiner Informationen und dem Auffrischen meiner Kenntnisse etwas anders gemacht: Ich sah aus dem Fenster, bummelte durch die Straßen und saß in den Cafés. Ich arbeitete in Büchereien und Archiven und fuhr mit meinem Suzuki im Land umher, wobei ich versuchte, mit möglichst vielen Israelis aus allen sozialen Schichten ins Gespräch zu kommen: mit Politikern, Generälen, Künstlern, Arbeitern und Geschäftsleuten.

Ich wollte keine umfassende Geschichte oder einen Reisebericht schreiben, und schon gar keine »objektive« Studie. Worüber ich berichte, ist »mein« Israel: eine Darstellung meiner persönlichen Gedanken und Ansichten über die israelische Gesellschaft, ergänzt durch ein paar autobiographische Einzelheiten. Selbstverständlich konnte ich mich nicht allein auf eigene Wahrnehmungen stützen und die Vergangenheit außer acht lassen. Die Israelis sind das Ergebnis ihrer Vergangenheit, ihrer Geschichte, ihrer Tradition und ihres biblischen Erbes. Daher muß selbst das, was als schlichte, wertfreie Tatsache akzeptiert wird, stets einer neuen Interpretation und Beurteilung unterzogen werden.

Ich danke der Schriftstellerin Mirjam Hadar, meiner peinlich genauen Redakteurin und guten Freundin. Mein Dank gilt gleichermaßen Gail Kim, Redakteurin bei Birch Lane Press, für ihre wertvollen Vorschläge und ihren Glauben an das Buch.

Ich widme dieses Buch meinen Eltern, Ana und Jizchak Melman, die vor 35 Jahren die nicht leichte Entscheidung trafen, nach Israel auszuwandern.

Zuletzt, aber an erster Stelle, danke ich Billie Melman, meiner Reisegefährtin, deren Liebe, Geduld und Begeisterungsfähigkeit mich viele Jahre unseres gemeinsamen Lebens hindurch inspiriert haben. Wir sind glücklich, daß wir einander haben und vor allem unseren Sohn Yotam.

Ramat Aviv *Juli 1992*

Prolog

Der Verlust alter Überzeugungen

Am 23. Juni 1992 kehrten drei Millionen israelische Wähler der rechtsgerichteten Likud-Partei den Rücken, die 15 Jahre lang die Regierungsgeschäfte geführt hatte. Mit der Wahl des Vorsitzenden der Arbeiterpartei Jizchak Schamir zum neuen Premierminister brachten sie ihren Wunsch nach einer Richtungsänderung zum Ausdruck, vor allem nach Frieden, innerer Ruhe und Stabilität. Aber ihre Hoffnung war eher aus Verzweiflung geboren, die ihren Höhepunkt während des Golfkriegs 18 Monate zuvor erreicht hatte.

Am 18. Januar 1991, genau um 2.01 Uhr nachts, hatte eine Serie von acht Scud-Raketen sowjetischer Bauart Tel Aviv und Haifa getroffen, die beiden größten Städte Israels. In jener Nacht wurde die in den letzten 20 Jahren zunehmend durch Streitereien, Spannungen, Spaltungen und Widersprüche zerrissene Nation in die schwerste Identitätskrise ihrer kurzen und schwierigen Geschichte gestürzt. Die Scuds warfen ein blendendes neues Licht auf die israelische Psyche. Seit der Unabhängigkeitserklärung im Jahr 1948 hatte es niemals einen direkten Angriff auf das Herz Israels gegeben.

Ich war zu jener Zeit in meinem Arbeitszimmer, im neunten Stock eines Apartmenthauses in einer Vorstadt von Tel Aviv, und bereitete mich auf ein Interview mit einer Chicagoer Radiostation vor. Der Interviewer wollte von mir hören, wie die Stimmung in Israel am ersten Tag des Krieges gegen den Irak sei. Ich wollte antworten, es sähe so aus, als würde der Krieg an Israel ohne allzu große Wirkung vorbeigehen. Den ganzen Tag über hatten Radio und Fernsehen von neuen Angriffen der Alliierten gegen strategische Ziele im Irak berichtet. Die Israelis waren von diesen Nachrichten hingerissen und gaben sich zuversichtlich. Auch ich machte mir Hoffnung, der Irak würde seine Drohung nicht wahrmachen, im Kriegsfall chemische und konventionelle Sprengköpfe auf israelische Städte abzuschießen.

Freitag nacht aber, kurz nach zwei Uhr, wurden wir von Sirenen geweckt. Meine Frau und ich stürzten sofort ins Zimmer unseres siebenjährigen Sohnes, um ihn in den zuvor vorsichtshalber abgedichteten Raum zu bringen. Entsprechend den Verteidigungsanweisungen für die Zivilbevölkerung hatten wir Fenster und Türrahmen mit Klebeband und Plastikfolien luftdicht gegen Giftgas verschlossen. Als ich die Tür schloß und ein nasses Handtuch darunter schob, fing mein Sohn an zu weinen. Wir alle setzten unsere schwarzen Gummigasmasken auf, die wir bis dahin anweisungsgemäß in ihren häßlichen braunen Originaldosen in Reichweite aufbewahrt hatten.

Zwei oder drei Minuten nachdem wir unseren abgedichteten Raum erreicht hatten, hörte ich zwei laute Explosionen und wußte, daß es ganz in der Nähe eingeschlagen hatte. Die Wände bebten, und ein paar Fensterscheiben bekamen Sprünge. Während meiner Militärzeit vor 20 Jahren hatte ich Gewehrfeuer, Artilleriebeschuß und sogar Luftangriffe kennengelernt, aber bis zu diesem Zeitpunkt niemals einen Raketenangriff erlebt. Es war schrecklich; aber schlimmer als Angst und Sorge war das Gefühl des hilflos Ausgeliefertseins. Wir konnten nichts tun, als dort zu sitzen, dem Heulen der Sirenen und den verworrenen Radioberichten zu lauschen und uns zu fragen, was woanders im Land geschah. Ich wußte, daß wir in unserem abgedichteten Zimmer mit unseren Gasmasken vor einem chemischen Angriff gut geschützt waren. Zugleich wußte ich aber, daß auch ein konventioneller Angriff unsere Wohnung in eine tödliche Falle verwandeln konnte.

Es verging mehr als eine Stunde, bevor das Militär bekanntgab, daß kein Angriff mit chemischen Waffen stattgefunden hatte. Ich verbrachte diese Zeit damit, über unsere groteske Situation nachzudenken. In mehreren meiner Artikel hatte ich selbst davor gewarnt, daß der Irak unter Präsident Saddam Hussein nicht zögern würde, sein chemisches und konventionelles Raketenarsenal einzusetzen, das er zielstrebig mit Hilfe westlicher Länder aufgebaut hatte. Dennoch hatte ich nie wirklich geglaubt, daß wir uns eines Nachts in der gleichen Weise bedroht sehen würden wie die Kurden, die 1988 zum Schweigen gebracht worden waren.

Der unmittelbar durch die irakischen Raketen angerichtete Schaden war relativ gering. Während der sechs Kriegswochen schoß der Irak 41 Raketen auf Israel ab. 13 Menschen starben, die meisten an Herz- oder Erstickungsanfällen oder vor Angst. Nur ein Mensch wurde das Opfer eines Treffers. Es gab etwa 1000 Verwundete, von denen aber nur 70 im Krankenhaus behandelt werden mußten. 11 000 Wohnungen wurden beschädigt. Glücklicherweise gingen in den meisten nur die Fenster zu Bruch. Dennoch verursachten diese Angriffe starke Schockwellen, die die zerbrechliche Struktur der israelischen Gesellschaft tief erschütterten.

Schon vor dem Krieg hatte es in Israel Anzeichen für einen Wandlungsprozeß gegeben, aber sie waren kaum wahrnehmbar gewesen. Viele unserer Gebräuche, Werte, politischen Anschauungen, die historischen Perspektiven und die Art zu denken begannen sich bereits zu verändern. Die Kriegsereignisse beschleunigten diesen Prozeß und verdeutlichten die Ursachen dieses Wandels. Pfeiler unserer alten Welt stürzten ein oder wurden zumindest schwer beschädigt.

Als Schriftsteller hatte ich mich mit diesen Trends und Erscheinungen beschäftigt. Für mich signalisierten sie das Entstehen von etwas, das ich als den *neuen Israeli* bezeichnen möchte. Aber es war nicht einfach, einen so weiten und komplexen Begriff zu definieren. Das Erlebnis des Golfkrieges und die Beobachtung seiner Auswirkungen lieferten mir einen Rahmen, der meine früheren Überlegungen auf den Punkt brachte.

Die Narben, die der Golfkrieg auf der Seele der Israelis hinterlassen hat, ähneln dem Verlust der Naivität und der Ernüchterung des amerikanischen Volkes durch die Ermordung Präsident John F. Kennedys. Für sie schien an jenem Tag eine Welt zusammengebrochen zu sein. Und ebenso stellten sich nun auch die Israelis – unter dem Schock der Ereignisse – die schicksalhafte Frage: Was hast du getan, als du die ersten Sirenen hörtest?

Während uns der Boden unter den Füßen weggezogen wurde, konnte ich nicht umhin, darüber nachzudenken, was es bedeutet, ein Jude zu sein. Wie 80 Prozent aller Israelis habe ich mich stets für einen Atheisten gehalten und selten am Gottesdienst in der Synagoge teilgenommen. Aber im Gegensatz zu vielen nach dem Zweiten Weltkrieg geborenen Israelis bin ich mir der besonderen, oft verwirrenden Probleme bewußt, denen wir uns bei der Frage nach unserer Identität gegenübersehen: Wer sind wir Israelis? Wir sind in einer freien, demokratischen und westlich orientierten Gesellschaft geboren und aufgewachsen – aber viele unserer Institutionen sind in höchstem Grade bürokratisch und beeinflussen unser Privatleben, ähnlich wie in vielen kommunistischen Regimen. Der Staat Israel definiert sich als jüdischer Staat, aber was heißt das? Sind wir Israelis oder sind wir Juden? Welche Identität geht vor? Was ist unsere Nationalität – israelisch oder jüdisch? Kommt unser Judentum in nationalen oder eher in religiösen Begriffen zum Ausdruck? Und was bedeuten Begriffe wie »das jüdische Volk« und »der jüdische Staat«? Schließen sie die Araber aus, die in Israel leben? Schließlich, ist unsere Kultur europäisch oder mittelöstlich?

In jener schlimmen Nacht, ohne die Antwort auf diese Fragen zu kennen, erinnerte die Gefahr eines Giftgasangriffs mich und alle jüdischen Israelis an unser traumatisches Schicksalserlebnis, an unsere große Verwundbarkeit. Es war unmöglich, nicht an die Gaskammern zu denken. Und es war makaber, daß Deutschland für die moderne Technologie der irakischen Waffen verantwortlich war – für die Chemikalien und das Giftgas.

Nachdem es neuerdings Anzeichen dafür gegeben hatte, daß Israel sich aus dem psychologischen Würgegriff des Holocaust zu befreien begann – jahrzehntelang hatte die Regierung diesen tragischen Geschichtsabschnitt ausgenutzt –, schien dieser direkte Angriff den israelischen Glauben an einen erfolgreichen Kampf gegen die Bürde der Geschichte wieder zu zerstören. Die irakischen Scud-Raketen zwangen die Israelis, eine weitere Wahrheit zu akzeptieren, die viele in den 43 Jahren der Unabhängigkeit zu ignorieren, zu unterdrücken oder zu beschönigen versucht hatten, daß nämlich Israels Existenz trotz Modernisierung und technischer Fortschritte äußerst zerbrechlich war.

Die Begründer der zionistischen Bewegung hatten behauptet, die Opfer des Antisemitismus würden nur in einem eigenen Heimatland ein normales und sicheres Leben führen können. Aber die irakischen Angriffe, die aus Israels größten Städten »Geiseln« machten, stellten die zukünftige Relevanz dieser zionistischen Vorstellung ernsthaft in Frage. Ist Israel für Juden wirklich ein sicherer Ort? Das heißt, sind die Bewohner von Tel Aviv sicherer als die jüdische Gemeinde New Yorks?

Es war kein Zufall, daß Tel Aviv eins der beiden irakischen Angriffsziele war. Vor mehr als 80 Jahren auf den Sanddünen der Mittelmeerküste erbaut, ist die Stadt zum Symbol zionistischer und israelischer Macht geworden. Für die modernen Israelis ist Tel Aviv der Vorreiter, eine avantgardistische Stadt, die für das Verhalten und den Lebensstil des übrigen Landes den Ton angibt. Tel Aviv ist heute in jeder Beziehung eine lebendige Mittelmeerstadt: schnellebig, pulsierend, modern und kultiviert. Ihr Bürgermeister, der energische, freundliche und gesprächige Schlomo Lakat, hat seine pulsierende Metropole als »eine Stadt« bezeichnet, »die nie zur Ruhe kommt«.

Nach der ersten Nacht der Raketenangriffe wurde es in Tel Aviv sehr ruhig. Inoffizielle Schätzungen besagen, daß 44 Prozent aller Einwohner von Groß-Tel Aviv ihre Wohnungen verließen, um den Raketen zu entkommen. Eine Million Tel Aviver sahen sich plötzlich mit der schlichten Tatsache konfrontiert, daß sie trotz ihres Selbstbewußtseins und ihrer Überzeugung, einer anderen, gesicherteren Kultur anzugehören, im Mittleren Osten lebten und Opfer seiner instabilen Realität waren.

In unserem Apartmenthaus in Ramat Aviv, einer Vorstadt der wohlhabenden Mittelschicht, flüchteten nach dem ersten Raketenangriff die meisten Bewohner aus ihren Wohnungen. Die Mehrzahl floh in Landesteile, die ihrer Annahme nach außerhalb der Raketenreichweite lagen. Der normalerweise überfüllte Parkplatz stand fast leer. Innerhalb des Gebäudes, seiner Umgebung, ja in der ganzen Stadt herrschte eine unheimliche Stille. Die Fenster waren geschlossen und die Jalousien heruntergelassen. Wohlhabende Gegenden waren genauso entvölkert wie die Slums. Juden, die es vorzogen, als Israelis bezeichnet zu werden, aber nichtsdestoweniger Juden blieben, waren wieder einmal auf der Flucht. Anders als in früheren Zeiten der Verfolgung und Flucht fand dieser moderne Exodus in ihrem eigenen Land statt.

Ich beschloß zu bleiben – nicht weil ich keine Angst hatte. Einer der Gründe, an die ich mich erinnere, waren meine betagten Eltern, die in unserer Nähe wohnten; aber mir widerstrebte auch der Gedanke, Flüchtling in meinem eigenen Land zu sein.

Bürgermeister Lakat, ein ehemaliger General und Kommandant einer Panzerdivision, bezeichnete die Flüchtlinge als »Deserteure«. Seine Bemerkung löste eine bittere und hitzige öffentliche Diskussion aus. Es wurden viele Briefe geschrieben; Rundfunk und Fernsehen übertrugen stürmische Debatten. Jene, die geflohen waren, beschuldigten ihre verbliebenen Landsleute, »die Sicherheit ihrer Kinder zu gefährden« und des »Leichtsinns«, während diejenigen, die ausharrten, der Gegenseite »Feigheit« und »mangelnden Patriotismus« vorwarfen. Als der Bürgermeister darauf angesprochen wurde, daß sein Sohn ebenfalls die Stadt verlassen habe, antwortete er: »Dann ist eben auch er ein Deserteur«, um in typisch israelischer Übertreibung hinzuzufügen: »Ich meine, sie sollten bleiben, auch wenn die Gefahr groß und vielleicht tödlich ist.«

Daß eine solche Diskussion überhaupt in Israel stattfand, ist an sich schon ungewöhnlich. Niemals zuvor hat es in der israelischen Geschichte das offene Eingeständnis einer Flucht vor Gefahr gegeben. Tatsächlich jedoch waren bereits während des Krieges 1948 mehrere jüdische Siedlungen angesichts der anrückenden arabischen Streitkräfte aufgegeben worden. Die Schande eines solchen Verhaltens ist stets sorgfältig aus dem nationalen Gedächtnis getilgt worden. Mit dem Golfkrieg änderte sich das Ethos; Flucht und Desertion waren keine Tabus mehr.

Meine eigenen Überlegungen zu diesem Thema zeigen, wie schwierig es ist, in einem Land wie Israel zu leben. Es ist richtig, daß das Überleben für jeden einzelnen von höchster Bedeutung ist, aber inwieweit beeinträchtigt dieser Anspruch seine Verpflichtung gegenüber der Gemeinschaft? Obgleich sich diese beiden Forderungen offensichtlich aneinander reiben, gibt es keinen wirklichen Widerspruch zwischen ihnen; beide können gleichzeitig nebeneinander existieren.

Während seines gesamten 44jährigen Bestehens ist Israel – mit wenigen Ausnahmen – zu Recht auf seine Fähigkeit stolz gewesen, stets einen sauberen und ehrenhaften Weg gegangen zu sein und dabei gleichzeitig den Interessen seiner einzelnen Bürger wie denen der Gemeinschaft gedient zu haben. Aufgrund der besonderen Geschichte des jüdischen Volkes und Israels ist sich jedoch die Mehrheit aller Israelis bewußt, daß sie sich im Vergleich zu anderen Nationen in einer einzigartigen Existenzlage befinden. Wir werden ständig mit den tragischen Fakten der Vergangenheit unseres jüdischen Volkes konfrontiert. Die Folge ist, daß wir mit einem ausgeprägten Bewußtsein für die Notwendigkeit aufwachsen, unsere Position zu verteidigen und niemals aufzugeben oder zurückzuweichen. Tatsächlich kennt der israelische Militärjargon kein

Wort für Rückzug. Statt dessen spricht man von »einer Verstärkung der Positionen im Hinterland«.

In einer vor zehn Jahren erschienenen Essaysammlung mit dem Titel »There Is No Other Place« schlug sich der Literaturkritiker Gerschon Schaked mit einer Frage herum, die auf die ersten Zionisten zurückgeht: In welcher Hinsicht ist Israel einzigartig? Kann es eine alternative jüdische nationale Existenz außerhalb Israels geben?

Wenn die Gründungsväter der zionistischen Bewegung nur territorialen Schutz und physische Sicherheit für ihre Anhänger angestrebt hätten, hätten sie nicht nach einer nationalen Heimat zu suchen brauchen – und gewiß nicht in diesem Teil der Welt. Der wandernde Jude wäre vor der Gefahr sicherer gewesen, hätte er sich mit gepackten Koffern bereit gehalten, jederzeit seine Reise fortzusetzen. Der Staat Israel wurde gegründet, um eine souveräne jüdische Nation zu schaffen, mit der Fähigkeit, sich selbst zu verteidigen. Der Zionismus sollte eine Lösung bieten für die Probleme des israelischen Volkes als ganzem, aber ironischerweise nicht für die des einzelnen Juden.

Ein weiterer Bruch trat zutage, als Premierminister Jizchak Schamir auf Drängen der USA dem Land eine historische Entscheidung abrang: Zum ersten Male seit seiner Existenz sollte Israel einen Angriff hinnehmen, ohne einen Gegenschlag zu führen. Wer hätte angesichts der extremen, manchmal militanten Reden des rechtsgerichteten Kabinetts je erwartet, daß Israel zustimmen würde, nicht zurückzuschießen? Vielen Israelis fiel es schwer, diese Haltung zu verstehen, aber irgendwie arrangierten sich die meisten damit.

Darüber hinaus mußten wir uns an die Idee gewöhnen, daß zum erstenmal während eines Krieges amerikanische Truppen auf israelischem Boden stationiert waren. Während der ganzen Jahre hatten die sich ablösenden israelischen Regierungen der Linken wie der Rechten stets daran festgehalten, daß Israel in der Lage sei, sich selbst ohne unmittelbare äußere Unterstützung zu verteidigen. Während aller vorausgegangenen militärischen Konflikte hatte Israel zwar moralische Förderung, politische Unterstützung und selbstverständlich militärische Ausrüstung von seiten der USA bekommen, aber alles dies war etwas völlig anderes als der Aufmarsch fremder Truppen. Die grundsätzliche Meinung war: »Wir wollen nicht, daß amerikanische Soldaten ihr Blut zu unserer Verteidigung vergießen.«

Alle vorangegangenen Kriege waren von Israelis ausgefochten worden, die fest daran glaubten, daß sie ihr Heim und ihre Familien verteidigten. Der Golfkrieg brachte eine Wende. Es ist schwierig, diesen Krieg mit den anderen Auseinandersetzungen zu vergleichen, bei denen Israel im Zentrum der Kämpfe stand. Und dennoch war letztlich auch dies ein ganz realer Krieg.

Nach dem Einschlag der ersten Raketen geriet die israelische Öffentlichkeit in Panik. Viele Israelis hatten das Gefühl, die Regierung lasse sie im Stich, statt sie – wie versprochen – aktiv zu verteidigen. Als diese Welle der Verzweiflung die Regierung in Jerusalem erreichte, entschloß man sich, die amerikanischen Streitkräfte ins Land zu rufen. Am nächsten Morgen landeten 20 Galaxys – die größten amerikanischen Truppentransporter – auf dem Ben-Gurion-Flughafen vor Tel Aviv – auf demselben Flughafen, auf dem auch meine Familie und ich vor 35 Jahren als Immigranten ohne einen Pfennig angekommen waren. Innerhalb von Stunden waren vier amerikanische Patriot-Batterien in den Vorstädten von Tel Aviv und Haifa stationiert. Aus den Fenstern unserer Wohnung verfolgten wir die hektische Betriebsamkeit auf einem dieser Stützpunkte. In der Nacht hörten wir den scharfen Pfeifton der Raketen, wenn sie die Schallmauer durchbrachen, um die hereinkommenden Scud-Raketen abzufangen.

Nachkriegsstudien in Israel und den Vereinigten Staaten haben gezeigt, daß in den von den Patriot-Batterien geschützten Gebieten mehr Schaden entstand als in Gegenden, die den Scud-Raketen schutzlos ausgeliefert waren. Eine Untersuchung des israelischen Verteidigungsministeriums ergab, daß durch die 13 auf Tel Aviv vor der Stationierung der Patriot-Raketen abgeschossenen Scud-Raketen 115 Menschen verletzt und 2700 Wohnungen beschädigt worden waren. Die elf Scud-Raketen, die später auf den Großraum Tel Aviv abgefeuert und von Patriot-Raketen angegriffen wurden, verursachten 168 Verletzungen und fast 8000 Gebäudeschäden.

Es gab hierfür eine ganz logische Erklärung: Auch die Patriot-Raketen hatten die irakischen Scud-Raketen nicht unschädlich machen können. Nicht nur, daß ihr Zusammenprall in der Luft dazu führte, daß beide explodierten und sich in einen Trümmerregen verwandelten, sondern einige Patriot-Raketen explodierten auch, ohne eine Scud-Rakete getroffen zu haben, und verteilten ihre Trümmer zusätzlich in der Gegend.

Die israelische Regierung und ihre Generäle hatten dies sehr wohl gewußt, ihr Wissen aber vor der israelischen Öffentlichkeit geheimgehalten. Ein paar Jahre zuvor war Israel das Angebot gemacht worden, Patriot-Batterien zu erwerben. Damals hatte man sie als ungeeignet für die Verteidigung befunden. Statt dessen hatte sich die Regierung entschlossen, eine eigene, bessere Rakete zu bauen, die aber zu Beginn des Golfkrieges noch nicht einsatzbereit war. Nun mußte die israelische Führung feststellen, daß beinahe das ganze Land unter einem ernsten Vertrauensverlust litt und dringend etwas geschehen mußte, um der Bevölkerung die Sicherheit zurückzugeben, geschützt zu sein. Israel machte sich von den amerikanischen Raketen und Truppen abhängig. Die israelische Führung redete ihren Bürgern ein, die amerikanischen Raketen könnten ein Wunder vollbringen, und verschwieg ihnen die Wahrheit, weil sie fürchtete, das Vertrauen und die öffentliche Ordnung könnten unter dem Druck der zunehmenden Ängste völlig zusammenbrechen.

Es war eine zynische Entscheidung, die Wahrheit einer relativen und zeitweiligen Beruhigung der Öffentlichkeit zu opfern. Um ihr kurzfristiges Ziel zu erreichen, war die Regierung bereit, eine der heiligsten Konventionen des alten Zionismus und des modernen Israel zu unterminieren: daß der jüdische Staat in der Lage sein muß, sich selbst zu verteidigen – ohne Rücksicht auf die Umstände. Viele Israelis waren überdies dadurch verwirrt, daß die Raketen ihnen ein Umdenken hinsichtlich der bisher gültigen Doktrin abzuverlangen schienen. Die Israelis wachsen in dem Glauben auf – ja sie werden geradezu wie die Pawlowschen Hunde darauf programmiert –, daß ihr Land ein sehr aktiver, für gewöhnlich übertrieben energischer Staat voller Entschlußkraft und schneller Reaktionen ist. Dies hatte sich in allen vorangegangenen Kriegen erwiesen. Ob Israel von seinen arabischen Nachbarn angegriffen wurde oder selbst angriff, stets übernahm es sehr schnell die Initiative und trug den Krieg entsprechend seiner Strategie in das Territorium des Feindes. Israels Sicherheitskonzept beruhte auf Abschreckung: auf der Schaffung einer hinreichenden militärischen Stärke, um den Feind von jedem Angriff abzuhalten. Während des Golfkrieges erwies sich diese traditionelle israelische Strategie jedoch als unnütz. Eine Kombination aus politischen, strategischen, militärischen, psychologischen und operativen Gründen zwang das israelische Kabinett, eine Politik der absoluten Zurückhaltung zu akzeptieren, wofür es intern angegriffen wurde.

Während diese Politik der Zurückhaltung Israel die Sympathie der Weltmeinung wiedergewann, brachte sie ihm andererseits – besonders bei den Arabern und den Washingtoner Entscheidungsgremien – eine noch nie dagewesene Geringschätzung ein, die beinahe an Verachtung grenzte. Israelische Führer haben mir nach dem Krieg erzählt, daß sie von ihren europäischen Kollegen gefragt worden seien: »Wie haben Sie den Überfall hinnehmen können?« Ich selbst habe von offizieller amerikanischer Seite ähnliche Kommentare gehört: »Wir waren über eure Reaktionen während des Krieges sehr erstaunt. Sie waren für euch Israelis so untypisch.« Ohne Zweifel wird diese Entscheidung für die Zukunft wichtige militärische und politische Konsequenzen haben – sowohl für Israels Selbstverständnis als auch für die Art, wie es von anderen gesehen, respektiert und beurteilt wird.

Als meine Familie wie alle anderen nach dem ersten Angriff am Freitag morgen um sechs Uhr aus dem abgedichteten Raum herauskam, verwirrte und beunruhigte uns die Rückkehr in eine normale Welt. Es war ein wunderbarer Morgen. Das Wetter war herrlich: ein wolkenloser blauer Himmel, ein Altweibersommertag. Der scharfe Kontrast zwischen dem stillen Morgen und der vorausgegangenen stürmischen Nacht, die alle Israelis – junge und alte, arme und reiche, Araber und Juden – durchlitten hatten, war nicht zu übersehen. An jenem Morgen und in den kommenden Tagen wurden die Israelis gezwungen, eine neue Realität zu akzeptieren.

Das heutige Israel ist bereits nicht mehr die Nation, die die Welt vor 20 oder sogar zehn Jahren gekannt hat. Es mag immer noch Zweifel darüber geben, ob Israel unter Rabins Führung bereit ist, bei der Lösung einiger seiner drängendsten Probleme einen neuen politischen Kurs einzuschlagen – vor allem in der Palästinenserfrage. Es mag einige Zeit dauern, bevor das israelische Volk realisiert, wie sehr sich sein Land verändert hat. Vielleicht werden einige Anschauungen überdauern, aber die irakischen Angriffe haben die Krise ans Licht gebracht, die sich in Israel während der letzten zehn Jahren entwickelt hat und die nun einer schnellen, annehmbaren Lösung bedarf.

Die neuen Israelis wandeln auf einem Drahtseil zwischen einer modernen aufgeklärten Weltanschauung und traditioneller Religiosität. Sie sind eine eigenartige Kombination aus Liberalismus, gepaart mit einer verbissenen Engstirnigkeit. Dem Wunsch, eine Gesellschaft nach westlichem Vorbild zu werden, widerstrebt auf der anderen Seite eine ethnische, mittelöstliche Bindung. Sexuelle Toleranz steht gegen Puritanismus. Idealismus, der Wunsch nach sozialer Gerechtigkeit und der Wohlfahrtsstaat werden nach und nach von Materialismus und Konsum verdrängt. Der alte politische Pragmatismus, charakterisiert durch eine Politik des Kompromisses, wird vom Extremismus herausgefordert. Demokratie und Freiheit aufrechtzuerhalten wird zunehmend schwieriger, weil die strengen Sicherheitsmaßnahmen, die durch Okkupation und Kontrolle der West Bank und des Gaza-Streifens notwendig sind, die persönliche Freiheit des einzelnen einschränken.

Israel ist eine hochpolitisierte Gesellschaft. Alles, von der Industrie bis zu Arbeit, Gesundheit, Erziehung, Kunst und Sport, wird von Politikern beherrscht und kontrolliert. Um für ein öffentliches Amt nominiert, Beamter oder Geschäftsmann zu werden, braucht man die richtigen politischen Beziehungen. Die Israelis möchten dies ändern, aber es fehlt an Entschlossenheit, es besser zu machen. Sie sind der Kriege müde, aber sie haben Angst, um des Friedens willen Konzessionen zu machen. Sie beten inbrünstig für den Frieden, aber unterstützen die rechtsgerichteten Parteien, die sich weigern, der militärischen Okkupation des arabischen Territoriums ein Ende zu bereiten.

Die neuen Israelis sind ungeduldig und leichtlebig. Sie teilen die Vorliebe einer Mittelklasse für die schnelle Befriedigung ihrer Wünsche, spontane Entscheidungen und sofortige Ergebnisse sowie den Wunsch nach einer leichten, gleichsam wundersamen Lösung der politischen, wirtschaftlichen und sozialen Probleme. Sie sind nicht bereit, auf dem Altar der Nation persönliche Opfer zu bringen, und stellen jene Opfer in Frage, die die Israelis in der Vergangenheit gebracht haben. In den meisten Punkten unterscheiden sich die neuen Israelis nicht nur von den zionistischen Gründungsvätern und ihren

Anhängern mit ihrem Pionier- und Opfergeist sowie ihrer Askese, sondern auch von späteren, schon weniger idealistischen Generationen. Dennoch ist diese neue Art des Denkens nicht gänzlich zu verdammen. Im heutigen Israel ist die Vergangenheit – sowohl als überlieferte Historie wie auch als Symbol – unlöslich mit der Gegenwart verwoben. Ein Versuch, die neuen Israelis zu verstehen ohne die Kenntnis ihrer Vergangenheit, ist, als wolle man eine Diagnose stellen, ohne den Zustand des Patienten und seine Krankengeschichte zu kennen. Wir müssen uns daher zunächst der Vergangenheit zuwenden.

I.

Immigration ja, Immigranten nein

Rudyard Kipling hat in einem berühmten Gedicht behauptet, daß Ost und West nie zusammenfinden würden. Aber sie finden zusammen, und der Staat Israel bietet dafür den lebendigen Beweis. Etwa die Hälfte der israelischen Juden ist orientalischer Abstammung: die Sephardim, das hebräische Wort für »Spanier«. Die meisten Sephardim kamen zwar aus Nordafrika, dem Mittleren Osten und vom Balkan nach Israel, aber ihre Vorfahren waren in diese Gegenden erst eingewandert, nachdem sie 1492 aus Spanien vertrieben worden waren. Die andere Hälfte sind Aschkenasim westlicher Abstammung: sie kommen hauptsächlich aus West- und Osteuropa. *Aschkenaz* war im Mittelalter der jüdische Name für Deutschland.

Dieser menschliche Flickenteppich ist der beste Beweis, daß Israel eine echte Immigrantennation ist. Von den vier Millionen israelischen Juden im Land sind mehr als 60 Prozent Einwanderer. Es gibt kaum ein Land in der Welt, das nicht in Israels Bevölkerung repräsentiert ist: Indien, die USA, China, Marokko, Rußland, Äthiopien, Kanada, Irak, Südafrika, der Jemen, Peru und Frankreich. Alle diese verschiedenen ethnischen Gruppen tragen gleich Schnecken ihre Häuser auf dem Rücken und bringen ihre eigenen kulturellen, religiösen und politischen Traditionen mit. Die zionistischen Gründungsväter glaubten, daß alle Juden in dem winzigen Land zusammenleben könnten. Und dieses besondere Einwanderungspathos hat folglich das Land und seine zionistische Ideologie geprägt.

Der Sonderstatus, den die Einwanderung in Israel einnimmt, spiegelt sich sogar im modernen Hebräisch. Während das Englische die Bezeichnungen *immigration* und *emigration* verwendet, schufen die Israelis zwei neue Begriffe: *alijah,* was »reisen« (nach Zion), und *jerida,* was »abreisen« (aus Zion) bedeutet. Dieses Zwillingspaar hat seinen eigenen politischen und historischen Bezug. Besonders *alijah* hat eine mystische Nebenbedeutung, die religiösen Begriffen wie »Pilgerfahrt« und »Himmelfahrt« nahekommt.

Bereits in der Mitte der 30er Jahre, bevor Israel seine Unabhängigkeit erlangte, hatten die zionistischen Gründungsväter unter Führung des späteren ersten Premierministers Ben Gurion ihr Konzept für einen zionistischen Staat entwickelt: Einwanderung oder *alijah* wurde als das wirksamste Mittel angesehen, um die Stärke der Nation einschließlich der seiner Armee auszubauen. Das Ganze beruhte auf einer simplen Feststellung. Eine kleine, von Feinden umgebene Nation kann ohne eine starke Armee zu ihrer Verteidigung nicht überleben: Je größer aber die Bevölkerung, desto stärker auch die Armee. Ben Gurion notierte in seinem Tagebuch, daß *alijah* der alles entscheidende Faktor für die Sicherheit der Nation sei. Die Immigration, so glaubte er, würde die Existenz des Staates sichern. Dann jedoch kam der Holocaust. Die Vernichtung der Hälfte des jüdischen Volkes durch die deutschen Nazis während des Zweiten Weltkriegs zerschlug die Träume der Zionisten.

Es dauerte im Sommer 1942 Wochen, bevor die Nachrichten von den Umtrieben der Nazis den Westen erreichten. Sie stammten aus verschiedenen Quellen. Der deutsche Industrielle Eduard Schulte sowie polnische Untergrundkämpfer informierten die jüdischen Organisationen in der neutralen Schweiz.

Bis Ende 1942 wurde die Nachricht über das Massaker an den Juden von allen Angesprochenen – von Präsident Franklin D. Roosevelt bis zu Ben Gurion – entweder ignoriert oder nicht geglaubt. Selbst als den Alliierten das volle Ausmaß des Nazi-Schreckens klar wurde, bewegten sie keinen Finger, um den Greueltaten ein Ende zu machen. Die Engländer fürchteten als Mandatsmacht in Palästina die Reaktion der Araber und verfolgten weiterhin eine Politik, die die jüdische Einwanderung streng begrenzte. Die USA und die meisten anderen freien Nationen verweigerten den auf der Flucht befindlichen Juden die Einreisevisa. In den Jahren 1943 und 1944 richteten jüdische Führer immer häufiger Hilferufe an England und die USA – sogar direkt aus den Vernichtungslagern – und beschworen die Alliierten, diese Lager zu bombardieren oder wenigstens die Eisenbahnstrecken, auf denen die Juden in den Tod fuhren. Die militärischen Führungen der Alliierten weigerten sich jedoch, da die Entfernungen für ihre Bomber zu groß seien, um die Gaskammern zu erreichen. Später, als die auf polnischem Boden errichteten Vernichtungslager in ihrer Reichweite lagen, wurde die Ablehnung mit »der Begrenztheit militärischer Mittel« begründet.

Dies ist eins der traurigsten und irrsinnigsten Kapitel in der Geschichte des Zweiten Weltkrieges.

Als der Krieg vorbei war, mußte der Westen seine Sünden bekennen – seine Passivität angesichts eines fürchterlichen Entsetzens. Die heftigen Gewissensbisse der westlichen Regierungen und vor allem der amerikanischen Öffentlichkeit waren einer der großen Katalysatoren bei der Gründung Israels.

Aber nicht nur die übrige Welt hatte Grund zur Scham. Auch Ben Gurion und seine Kollegen müssen sich vorwerfen lassen, zuwenig getan zu haben. Immerhin wußten auch sie Bescheid. Während die Transporte pünktlich ihren tödlichen Bestimmungsort erreichten und die europäischen Juden in den Verbrennungsöfen der Nazis endeten, blieb der Ton der Diskussionen in Palästina gelassen – Geschäfte wie immer. So unglaublich dies klingen mag, aber die Sitzungsprotokolle der zionistischen Führung sind voller trivialer Bemerkungen und belangloser Diskussionen über die sich in Europa abspielenden Verbrechen. Es ist richtig, daß die jüdische Gemeinde in Palästina unter britischer Mandatshoheit lebte und keine eigene Armee besaß, aber es scheint genauso klar, daß die zionistischen Führer sich keineswegs von den Geschehnissen gedrängt fühlten.

Diese Skepsis und die Gleichgültigkeit gegenüber den grausigen Informationen sind schwer zu erklären, ebenso wie die Tatsache, daß man nicht Himmel und Hölle in Bewegung gesetzt hat, um die Liquidation der jüdischen Glaubensgenossen aufzuhalten. Die Radikalen unter den orthodoxen Juden – jene, die die Idee des Zionismus ablehnen und gegen die reale Existenz Israels sind – haben hierauf eine Antwort, die in ihrer Härte und Grausamkeit nicht zu überbieten ist. Sie beschuldigen den Zionismus selbst, mit den Nazis kollaboriert zu haben, und behaupten, die Liquidation der Juden habe dazu beigetragen, die Gründung des Staates Israel zu beschleunigen. Selbstverständlich sind derartige Unterstellungen erlogen und entbehren jeglicher Grundlage.

Dennoch gibt es möglicherweise eine Erklärung, die Licht in Ben Gurions Verhalten bringen könnte: die zionistische Ablehnung der Diaspora. Die Zionisten waren entschlossen, in Erez Israel – so der jüdische Name für Palästina – einen neuen Menschentyp zu schaffen. Der israelische Jude sollte, anders als sein Gegenpart in der Diaspora, stark und furchtlos sein und jederzeit bereit, sich selbst zu verteidigen. Er sollte »normal« sein. Diese fixe Idee von einer »Normalität« charakterisierte schon früh das zionistische Denken. Das sogenannte »passive« oder »unterwürfige« Verhalten der Diaspora-Juden während des Krieges aber verstärkte nur das seit langem unter den Juden verbreitete Bild des Diaspora-Juden: ein hilfloses, verächtliches Wesen. In den Augen Ben Gurions und der zionistischen Führung gingen die Diaspora-Juden »wie die Lämmer zur Schlachtbank«.

Von Zweifeln geplagt und in dem Gefühl, nicht genug getan zu haben, trugen Ben Gurion und die zionistischen Führer später schwer an ihrer kollektiven Schuld. Die Erinnerung an den Holocaust nahm sie moralisch gegenüber den Diaspora-Juden in die Pflicht. Sie gelobten, daß sich eine solche Judenvernichtung nie wiederholen dürfe und sie die Juden beschützen würden, wo immer sie sich aufhalten mochten.

In seiner Unabhängigkeitserklärung von 1948 wird Israel als die Heimat aller Juden bezeichnet. Die Erklärung legt fest, daß jede jüdische Person das Recht hat, in Eintracht mit ihren Mitbürgern in ihrem souveränen Staat zu leben. Dieser Staat wurde gegründet, um den Juden eine Zuflucht vor Verfolgung zu bieten. Er sollte Sammelpunkt aller im Exil Lebenden sein und alle Juden in ihrer angestammten Heimat zusammenführen. Die gesetzliche Grundlage für diese Massenaufnahme der Juden ist das »Recht auf Rückkehr«. Dieses Gesetz legt fest, daß jeder Jude das Recht auf Einwanderung hat und sofort bei seiner Ankunft die israelische Staatsbürgerschaft erhält, ohne irgendein Einwanderungsverfahren.

Dennoch befanden sich Ben Gurion und die israelische Führung am Anfang in einer schwierigen Lage: Der Zionismus hatte seine Wurzeln in Europa, und seine Führer waren Europäer, die vor allem davon ausgingen, ihre eigenen Gemeinden nach Erez Israel zu bringen. Ihre Träume von einem jüdischen Staat basierten auf europäischen Verhältnissen. Folglich konnten sie sich Israel auch nur als eine Art Erweiterung der alten, ihnen vertrauten Welt vorstellen. Für sie sollte Israel dazu dienen, den europäischen Juden zu helfen, aus ihren Ghettos herauszukommen, Juden, die unter Antisemitismus und

Verfolgung gelitten hatten. Die orientalischen Juden dagegen hatten in ihrem Denken nie eine Rolle gespielt. Nach dem Zweiten Weltkrieg jedoch stellten plötzlich die Sephardim das einzige größere Menschenreservoir dar, an das sich Ben Gurion wenden und von dem er annehmen konnte, daß es in den neuen Staat kommen würde.

Ihre Einwanderung war dadurch erschwert, daß die Sephardim aus ihren Heimatländern kaum herauszubekommen waren – für gewöhnlich nur illegal. Israel war bereit, diese Hürde zu nehmen, und scheute hierzu weder Mühe noch Kosten. Der israelische Geheimdienst, der Mossad, bekam häufig zu tun. Immer wieder erkaufte Israel Freiheit mit Geld, durch Bestechung und – gelegentlich – durch Waffenlieferungen, wenn Juden daran gehindert wurden, ihre Heimat zu verlassen. Der Mossad und andere Geheimdienste führten verdeckte Aktionen durch, um Juden in aller Welt zu schützen und ihnen zu helfen, nach Israel einzuwandern. 1948/49 wurden 50 000 Juden auf dem Luftweg aus dem Jemen herausgeholt, nachdem die örtlichen Behörden bestochen worden waren. Dies schuf einen Präzedenzfall für andere ähnliche Projekte. Von da an wurde die gleiche Technik immer wieder angewandt, wie erst kürzlich beim Exodus der Fellachen, der schwarzen Juden aus Äthiopien.

An den Irak wurden die Bestechungsgelder 1948 und 1951 als Provisionen an »Reiseagenturen« gezahlt, aber tatsächlich floß das Geld in die Taschen zweier Premierminister des Landes. Im Gegenzug erlaubte man 130 000 Juden die Ausreise. Hassan II. von Marokko und seine Spitzenberater erlaubten in den Jahren 1954 bis 1962 150 000 Juden nach Israel auszureisen – gegen Bestechungsgelder, Waffen und von Israel geliefertes Sicherheits-Know-how sowie Geldbeträge, die von jüdischen Wohlfahrtsverbänden aufgebracht wurden.

Die Folge war, daß sich Israel in den ersten Jahren zu einem wirklichen »Turm von Babel« entwickelte. Das Ziel war, so viele Menschen wie möglich aus allen Teilen der Welt aufzunehmen; es war ernst gemeint und wurde eisern verfolgt, aber die Schwierigkeiten waren erdrückend. Schon sehr bald wurde die Kluft deutlich zwischen dem Traum, alle diese unterschiedlichen Menschen in einem neuen kleinen Land unterzubringen, und seiner Realisierung. Nach anfänglicher Begeisterung verfluchten bald viele Immigranten den Tag ihrer

Ankunft und unternahmen verzweifelte Anstrengungen, das Land wieder zu verlassen und sich woanders niederzulassen.

Die ersten Schritte eines *oleh,* eines neuen Einwanderers, brachten ihn in das Aufnahmezentrum »The Gates of Aliyah«. Was die Behörden damit tatsächlich meinten, waren die verschlossenen Tore eines Aufnahmelagers. Wenn man die Akten in den israelischen Staatsarchiven liest, gewinnt man den Eindruck, als habe man die Neuankömmlinge eher als potentielle Kriminelle betrachtet denn als Brüder und Schwestern. Das Elend der Immigranten war so furchtbar, daß ein für die Aufnahme verantwortliches Regierungsmitglied traurig eingestand, es sähe so aus, als wünsche Israel zwar die Immigration, aber keine Immigranten.

Auch meine Familie und ich haben unter dieser leicht abschätzigen Haltung gegenüber den Immigranten in Israel zu leiden gehabt, als wir im März 1957 ohne einen Pfennig aus Polen kamen. Die Beamten, die uns fünf im Aufnahmezentrum empfingen, verrichteten ihre Arbeit sehr gemächlich, als ob sie alle Zeit der Welt hätten. Mir als Sechsjährigem fiel auf, daß sie nur lächelten, wenn sie sich untereinander unterhielten, nicht aber, wenn sie mit uns sprachen. Häufig stand der uns abfertigende Beamte von seinem Schreibtisch auf und verschwand für längere Zeit. Wenn er an seinen Platz und zu seinen Papieren zurückkehrte, die über seinen ganzen Schreibtisch verstreut waren, machte er nie den leisesten Versuch, seine Abwesenheit zu erklären oder zu entschuldigen. Das Ganze dauerte zehn Stunden, während meine Eltern, das Gepäck zu ihren Füßen, dasaßen und nicht wagten, etwas zu sagen. Obwohl sie eine solche Behandlung nicht gewöhnt waren, waren sie zu eingeschüchtert, um sich bei dem Beamten zu beschweren. Erst Jahre später, als sich meine Eltern dem Leben in Israel angepaßt hatten, konnten sie ohne Zorn auf ihre Anfangserfahrungen zurückblicken und in der ablehnenden Haltung ihrer israelischen Landsleute gegenüber der Bevölkerungsmehrheit ein Paradoxon der israelischen Mentalität erkennen.

Bei der Bewältigung der riesigen Immigrationswelle der frühen 50er Jahre lag vieles im argen; zeitgenössische Berichte erzählen unschöne Geschichten. So beschreiben Augenzeugen die Aufnahmelager als trostlose Orte, »an denen ein übler Fäulnisgeruch die Luft verpestete«. Bis den Einwanderern eine Unterkunft zugewiesen wurde – manchmal war es nur ein Zelt –, mußten sie tagelang im Freien campieren; der israelische Winter ist kalt und regnerisch. Das Essen war unbeschreiblich. Das Abendessen bestand aus fünf grünen Oliven, einer Scheibe Brot und Käse. Dutzende von Sprachen waren gleichzeitig zu hören; die Menschen konnten sich untereinander nicht verständigen, und nur wenige verstanden die Beamten, die stur hebräisch sprachen und sich gleichgültig oder – noch schlimmer – boshaft verhielten, statt ihnen zu helfen. Zwischen den neueingetroffenen Immigranten kam es häufig zu Handgemengen und Raufereien um überlebenswichtige Dinge wie ein Bett, ein Zelt, eine Wolldecke oder Nahrung.

Nachdem die Einwanderer Wochen in einem solchen Zentrum zugebracht hatten, bekamen sie eine Dauerunterkunft. Aber die Bedingungen dort waren noch elender. Die meisten Immigranten lebten in Zelten und schäbigen Hütten in Camps, sogenannten Maabarots – ein aus dem Hebräischen abgeleitetes Wort für »Durchgang«. Bis heute hat dieses Wort einen so üblen Beigeschmack, daß man es zur Beschreibung der schlimmsten Orte verwendet.

Die Maabarots lagen für gewöhnlich außerhalb der großen Städte an abgelegenen Orten. Sie boten weder Duschen noch fließendes Wasser, und ihre sanitären Einrichtungen spotteten jeder Beschreibung. Es gab keine asphaltierten Straßen, sondern nur schlechte Wege. Viele Menschen starben aus Mangel an Medikamenten, wegen fehlender Ärzte und Krankenschwestern. Ein Aufsichtsbeamter der Einwanderungsbehörde berichtete nach der Besichtigung einer der neuen, in Camps verwandelten Barackenstädte, er habe selbst gesehen, wie »Immigranten sich geweigert hätten, ihre Suppe anzurühren, weil sich zwischen dem Gemüse Würmer gewunden hätten«. Die staatlichen Dokumente zeigen, daß es schwer war, Arbeit für die Immigranten zu finden, und daß die meisten arbeitslos blieben. Sie verbrachten ihre Tage mit Kartenspielen und hingen im Lager herum. Ein anderer Beamter schrieb: »Wir zerstören und verletzen diese Menschen. Aber wir können nichts tun, als sie zu beweinen.«

Der Empfang war für alle gleichermaßen schockierend: für die europäischen Juden – zumeist Überlebende des Holocaust – wie für die orientalischen. Jeder, der die »Gates of Aliyah« durchschritt, wurde einer kurzen medizinischen Untersuchung unterzogen und dann aufgefordert, sich vollständig zu entkleiden, um mit DDT desinfiziert zu werden. Eine erniedrigende Erfahrung, besonders für die Aschkenasim, die die Vernichtungslager überlebt hatten.

Der Mangel an Sensibilität gegenüber dem Trauma der Immigranten zeigte sich besonders häßlich am Verhalten der Kinder. Sie nannten die europäischen Überlebenden des Holocaust »Seife«. Diese grausame und makabre Anspielung darauf, daß die Nazis Menschenfett benutzt hatten, um Seife herzustellen, wurde ein Synonym für »Außenseiter« – jemand, der nicht zur Gruppe gehört, jemand, der schwach und eben anders ist.

Es ist paradox, aber die in Israel allgemein zu beobachtende negative Einstellung gegenüber den Einwanderern findet ihre Erklärung in den ursprünglichen Zielen der Zionisten, die ein neues Volk schaffen wollten. Eines der populärsten Symbole war der Spitzname für die eingeborenen Israelis: *sabra,* das hebräische Wort für die stachelige Frucht, die auf einer bestimmten, in Israel weitverbreiteten Kakteenart wächst. Diese Frucht hat eine harte Schale, ist innen aber saftig und süß. Der Begriff kennzeichnet jeden in Erez Israel Geborenen und verleiht ihm ein elitäres Etikett, das die »Eingeborenen« von den Immigranten abhebt. Die israelische Literatur und Poesie aus der Zeit vor und zu Beginn der Unabhängigkeit war viel damit beschäftigt, das Bild des *sabra* zu verherrlichen.

Dieses Klischee erreichte seinen kitschigen Höhepunkt nach dem Unabhängigkeitskrieg 1948, als der Sabra zum idealen, ja fast mythischen jungen Israeli stilisiert wurde: blauäugig und gutaussehend, mit vollem, kräftigem Haarwuchs. Der Sabra liebte das Meer (»Er ist aus dem Meer geboren«, schrieb Mosche Schamir, einer der beliebtesten Autoren dieser Generation), war Mitglied einer Jugendbewegung und diente als Freiwilliger in den Eliteeinheiten der Armee als furchtloser Soldat mit eisernem Willen. Er liebte das Leben, war aber jederzeit bereit, es für einen höheren Zweck zu opfern: zur Verteidigung des Vaterlandes. Der Sabra kannte keine Skrupel, seinen arabischen Feind zu töten, haßte ihn aber nicht. Er schoß, und dann trauerte er. Selbstverständlich war der junge Immigrant das genaue Gegenteil des Sabra. Nach den Worten Leah Goldbergs, einer der besten zeitgenössischen Dichterinnen Israels, war er »so häßlich und dürr, daß es schwer war, ihn zu mögen«. Einige in der israelischen Presse veröffentlichte Beschreibungen von Immigranten unterschieden sich kaum von der nur allzu bekannten antisemitischen Propaganda der restlichen Welt. Im Gegensatz zum Idealismus des Sabra prägten den jungen Einwanderer »Egoismus, Schmarotzertum und ein Mangel an Moral«.

Alle Einwanderer, ob sie aus Europa oder dem Orient kamen, wurden als Fremde betrachtet und riefen bei den Israelis Widerwillen hervor. Sie kleideten sich anders, sprachen fremde Sprachen und praktizierten andere Bräuche. Die meisten Sephardim erinnern sich an ihre ersten demütigenden Jahre mit Bitterkeit; nicht so ihre Brüder, die Aschkenasim, die vielleicht die anfängliche Enttäuschung nur verdrängt haben, weil sie an nichts mehr erinnert sein wollen, das in irgendeiner Weise mit dem Holocaust in Verbindung steht. Vielleicht war für sie die Kraft des Vergessens eine höhere Notwendigkeit.

Die Situation der Sephardim war auch aus anderen Gründen schwieriger als die der europäischen Einwanderer. Die israelische Gesellschaft, die überwiegend aus Europäern bestand, war auf die Aschkenasim besser vorbereitet. Alle größeren politischen, finanziellen, militärischen und kulturellen Einrichtungen wurden ausschließlich von Aschkenasim geleitet. Sie besaßen dieselbe Kultur, hatten die gleichen Wertvorstellungen, und vor allem sprachen sie jiddisch. Viele der europäischen Immigranten hatten bereits etablierte Verwandte in Israel, die sie finanziell unterstützten und – was von enormem Vorteil war – mit der israelischen Bürokratie vertraut machten.

Die Sephardim dagegen verfügten meist über keine Verbindungen, die ihnen den Start im neuen Leben erleichterten. Ihr Brauchtum und ihre Kultur unterschieden sich so sehr von der westeuropäischen, von Israel übernommenen Kultur, daß sie von allen Seiten diskriminiert wurden: nicht nur von den ansässigen Israelis, sondern auch von den aschkenasischen Einwanderern. Regierungsbeamte waren angewiesen, für uns Polen die Dinge zu erleichtern. Die Sephardim dagegen blieben in der Regel länger in den Aufnahmelagern. Viele orientalische Juden kamen aus Kulturkreisen, in denen die Schrift keine Rolle spielte, und waren Analphabeten. Sie hatten demzufolge bei der sozialen Eingliederung mehr als die üblichen Schwierigkeiten. Am schlimmsten war, daß sie ohne Anführer kamen, wie Schafe ohne Hirten.

Die Bewegung des Zionismus war überwiegend von Menschen getragen, die keine andere Wahl haben. Abgesehen von einer Handvoll idealistischer Pioniere, die absolut überzeugt vom Ziel ihrer Reise aufbrachen, wurden die meisten israelischen Einwanderer durch widrige Umstände gezwungen, ihr Heimatland zu verlassen. Die Überlebenden des Holocaust, die ihre Familien und ihr Heim verloren hatten, wußten nicht wohin. Israel war ihnen das gastfreundlichste Land. Die sephardischen Juden – Jemeniten, Iraker, Marokkaner, Ägypter und Libanesen – hatten jahrhundertelang als Minderheiten unter ihren arabischen Nachbarn in mehr oder weniger friedlichem Einvernehmen gelebt. Aber von dem Augenblick an, als 1948 die jüdisch-arabischen Spannungen sich ausweiteten und die politischen Interessen anderer arabischer Länder zunehmend ins Spiel kamen, ging diese friedliche Koexistenz in die Brüche. Die arabischen Nachbarn Israels begannen, ihre jüdischen Mitbürger unter Druck zu setzen und deren Grundrechte zu beschneiden. Jenen Juden, die sich in ihren Gebieten stets nach Zion gesehnt hatten, boten sich nun Gelegenheit und Anlaß zugleich, auszuwandern und ihren Traum zu verwirklichen. Juden jedoch, denen es besser ging, wurden vom Zionismus nicht überzeugt. Wer nicht in ständiger Gefahr lebte, dachte nicht an Auswanderung: weder die Juden in den USA noch die in Südafrika oder Westeuropa.

So entstanden bereits mit Ankunft der ersten Immigranten einige der einschneidendsten sozialen, politischen und kulturellen Probleme Israels.

II.

Zionismus: Traum und Wirklichkeit

Das Wort *Zionismus* wurde zum erstenmal am 27. Januar 1892 bei einer Zusammenkunft in Wien öffentlich als politischer Begriff verwendet. Doch der Name Zion war nicht neu, er war so alt wie die babylonische Gefangenschaft, von der es im Buch der Psalmen heißt: »An den Wassern zu Babel saßen wir und weinten, wenn wir an Zion gedachten.« Zion – hebräisch *tsion* – ist eigentlich ein Name für die Stadt Jerusalem.

Jerusalem war die Festung der Jebusiten und wurde vor 3000 Jahren von König David erobert. Die Jebusiten waren einer der Stämme Kanaans, die von den heranrückenden Hebräern besiegt wurden, als jene, aus der Gefangenschaft in Ägypten befreit, sich im Gebiet des heutigen Israel niederließen. Die Hebräer, die zu den nomadisierenden Stämmen semitischer Abstammung gehörten, wurden erst von den Römern als »Juden« bezeichnet. Ursprünglich bezog sich der Name Zion nur auf den südlichen Teil eines Berges, auf dessen Spitze Davids Sohn Salomon etwa um 970 v. Chr. den ersten jüdischen Tempel erbaute. Später wurde der Name auf den gesamten Berg, auf ganz Jerusalem und das gesamte Volk ausgedehnt. Schließlich stand Zion für jene Spiritualität, die den Monotheismus – den Glauben an einen einzigen, metaphysischen Gott – überall in der heidnischen Welt verbreitete. Und bis auf den heutigen Tag trägt die Bibel Gedankengut weiter, das seinen Ursprung im Judaismus hat.

Trotz ihres reichen Beitrags zur kulturellen Entwicklung der Welt ist die jüdische Geschichte im Grunde voller trauriger, oft unheilvoller Ereignisse. Nach der babylonischen Gefangenschaft vor 2600 Jahren kehrten die Israeliten in ihr Land zurück, erkämpften sich erneut die Unabhängigkeit und bauten ihren Tempel in Jerusalem wieder auf – um alles im 1. Jahrhundert abermals zu verlieren, diesmal an das Römische Reich. Die Greueltaten der Römer gegen die widerspenstigen Israeliten gingen so weit, daß sie sogar versuchten, die symbolische Verbindung zwischen dem Volk und seinem Land auszulöschen. Jerusalem erhielt den römischen Namen Ilia

Capitolina, und aus Judea wurde Palästina – so benannt nach den Philistern, Stämmen, die zur Zeit König Davids, von den griechischen Inseln kommend, die Mittelmeerküste Kanaans erreicht hatten. Die Zerstörung des zweiten Tempels im Jahr 70 n. Chr. bescherte den Juden ein zweites Exil. Es dauerte länger als das erste: fast 2000 Jahre. Die Israeliten wurden in alle Welt zerstreut, nur eine Handvoll blieb im Land Israel.

Man hätte erwarten können, daß die Verbannung zu einem völligen Verschwinden des jüdischen Volkes führen würde. Auch andere, nicht weniger ruhmreiche Völker und Kulturen im Mittleren Osten waren einst mächtig gewesen und dennoch von der Erde verschwunden. Wer von uns hat je einen Sumerer, Akkader, Assyrer, Philister oder Babylonier getroffen?

Aber die jüdische Geschichte weigert sich, diesem Klischee zu entsprechen, und trotzt den gängigen Theorien vom Aufstieg und Fall der Zivilisationen. Der deutsche Philosoph Oswald Spengler zum Beispiel stellte die These auf, daß es das Wesen einer Zivilisation sei, geboren zu werden und zu sterben, während der englische Historiker Arnold Toynbee glaubte, daß sich Kulturen allmählich zu höheren Formen entwickelten. Weder das eine noch das andere trifft auf die Juden zu.

Dieses große Geheimnis erklärt sich zum Teil aus den strikten religiösen Regeln und der Abkapselung der frühen Juden. Beides galt ihnen als Auftrag, ihre Sprache, ihre Traditionen und ihr religiöses Erbe durch die Jahrhunderte hindurch zu bewahren.

Die unterschiedliche Religion und die bewußte Isolierung hatten jedoch auch Nachteile. Der Haß ihrer Nachbarn richtete sich gegen die Juden, die bereits an der Last trugen, für die Mörder Christi gehalten zu werden. Die Wurzeln des Antisemitismus waren ursprünglich religiös. Mit der Zeit aber erstreckte er sich auch auf wirtschaftliche, soziale, rassische und politische Bereiche und verursachte Unheil und Elend, Rückständigkeit und Rückschritt. Die Juden der osteuropäischen Diaspora lebten in *Schteteln* – kleinen, fast ausschließlich jüdischen Städten – und geschlossenen Wohnvierteln, den sogenannten Ghettos. In Europa unterschieden sich die Juden schon in ihrem Aussehen von ihren Nachbarn. Sie hatten seltsame Namen. Sie kleideten sich sonderbarerweise in lange schwarze Mäntel und Gewänder und hielten ihre Häupter bedeckt. Sie sprachen eine fremde Sprache: das Jiddische, eine Mischung aus Althebräisch, Polnisch und Altdeutsch. Während der 2000 Jahre Diaspora sprachen die Juden nur in ihren Gebeten Hebräisch. Es war eine heilige Sprache, die heilige Sprache der Bibel. Man konnte hebräisch beten, hoffen und träumen – aber im Alltag sprach man jiddisch.

Vor allem in Osteuropa verrichteten die Juden weder eine feste Arbeit, noch hatten sie einen bestimmten Beruf. Sie lebten von der Hand in den Mund. Im Jiddischen heißen sie *Luftmenschen* – Menschen, die von Luft leben. Dennoch identifizierte man sie mit bestimmten Gewerben wie Gastwirt, Krämer und Geldverleiher.

Der moderne Zionismus sollte die Juden aus ihren abgesonderten Gemeinden, ihrer Isolation und Rückständigkeit herausholen und ihnen ihren Stolz zurückgeben. Aber als nationale Befreiungsbewegung der Juden zielte er zugleich darauf ab, ihnen Frieden und Souveränität, eine jüdische Nation in ihrem angestammten Heimatland zu erkämpfen. Was sich die Zionisten brennend wünschten, war Normalität: aus dem jüdischen Volk eine Nation wie jede andere zu machen.

Historiker definieren gern Zeitpunkte und Orte als historische Wendemarken. Dabei wissen sie freilich, daß die meisten geschichtlichen Ereignisse keine statischen, eindimensionalen Vorkommnisse sind, sondern Ergebnisse längerer Prozesse. Die Boston Tea Party gilt als ein solcher Markstein der amerikanischen Revolution. Die Französische Revolution wird vor allem mit dem Sturm auf die Bastille in Verbindung gebracht. Ort und Datum der Geburt des Zionismus lassen sich nur schwer festlegen. Er wurde weder an einem bestimmten Ort noch zu einem genauen Zeitpunkt ersonnen, sondern über einen gewissen Zeitraum an mehreren Orten entwickelt. Dennoch kann man sagen, daß bestimmte Vorfälle in Rußland – antisemitische Übergriffe, genannt Pogrome – die zionistische Revolution hervorriefen. Pogrom kommt von dem russischen Verb *pogromi,* »zerstören«. Das Wort diente dazu, die Massaker an den Juden und die Zerstörung jüdischen Besitzes zu beschreiben, die sich während der 1880er Jahre wie ein Lauffeuer über das ganze russische Reich ausbreiteten. Aus der Asche der Pogrome erhob sich die politische Bewegung des Zionismus. Viele große Führer des Zionismus waren selbst Opfer von Pogromen, die tiefe Narben auf ihren Seelen hinterlassen hatten. Viele Jahre später erzählten sie in ihren Memoiren, wie sie sich unter Tischen, Betten oder in Schränken versteckt hatten, während der Mob sich ungehindert austobte oder seiner Mordlust frönte. Die Folge war, daß die alte jüdische Sehnsucht nach Zion sich dramatisch wandelte und als moderne politische Idee wieder auftauchte. Die Juden wurden von bloßen Überlebenden zu aktiven Denkern und Planern.

Der Mann, der mehr als jeder andere dazu beitrug, diesen Traum Realität werden zu lassen, wurde 1860 in Budapest geboren, der zweiten Hauptstadt von Österreich-Ungarn. Sein Name war Theodor (Benjamin Zeev) Herzl. Er wurde zum unangefochtenen Führer der zionistischen Bewegung, zum Helden. Stefan Zweig, der berühmte österreichische Schriftsteller, nannte ihn »König der Juden« – einen modernen Moses, der sein Volk ins Gelobte Land führen werde. Herzl befreite die nationale jüdische Sehnsucht aus dem Ghetto und verschaffte ihr einen festen Platz in der internationalen politischen Arena. Unter seiner Führung wurde der jüdische Nationalismus zur politischen Kraft.

Herzl stammte aus einer typischen bürgerlich-jüdischen Familie. Zwar wurden die Kinder noch teilweise jüdisch erzogen, aber im übrigen hatte sich die Familie wie viele andere weitgehend angepaßt. Trotz seiner ungarischen Abstammung wuchs Herzl deutschsprachig auf. Seinem Tagebuch vertraute er an, falls ihm jemals die Chance geboten würde, jemand anderer zu sein, würde er sich für einen deutschen Adligen entscheiden. Nachdem er 1884 zum Doktor des Rechts promoviert wurde, gab Herzl seine Absicht auf, als Anwalt in Wien zu praktizieren, und widmete sich nur noch dem Schreiben. Herzl war kein ausgesprochen tiefschürfender Denker oder scharfsinniger Kommentator, aber sein witziger, herber Stil gewann ihm eine gleichgesinnte Leserschaft und schließlich sogar eine feste Anstellung bei Wiens renommiertester Zeitung, der *Neuen Freien Presse*. Ihre Herausgeber waren wie Herzl junge, assimilierte Juden, die daran glaubten, daß menschlicher Fortschritt und politischer Liberalismus die dunklen Kräfte des Antisemitismus überwinden würden. In dieser Zeit verfaßte er auch eine Reihe Theaterstücke, vor allem Komödien, die aber wie die meisten anderen zeitgenössischen Werke trivial und nicht besonders komisch waren.

Der Wendepunkt in Herzls Leben kam 1891 mit der Ernennung zum Korrespondenten seiner Zeitung in Paris. Die frühen 1890er Jahre waren von einem Wiederaufleben des Antisemitismus sowohl in Frankreich als auch in anderen westeuropäischen Ländern gekennzeichnet. Das entscheidende Ereignis, das ihn zutiefst schockierte, war die Dreyfus-Affäre.

Alfred Dreyfus war Offizier in der französischen Armee und Jude. Trotz seiner völlig assimilierten Erziehung und seiner Loyalität gegenüber der Armee wurde er im Oktober 1894 unter der Beschuldigung verhaftet, militärische Geheimnisse an die Deutschen verkauft zu haben, Frankreichs Erbfeind. Dreyfus war unschuldig, wurde aber von einem Militärgericht für schuldig befunden und im Januar 1895 öffentlich degradiert. Herzl war als Journalist bei der erniedrigenden Zeremonie anwesend, bei der Dreyfus die Rangabzeichen heruntergerissen wurden, und hörte die aufgehetzte Menge schreien: »*A mort! A mort les juifs!*« Tod, Tod den Juden!

Herzl verließ den Ort sehr nachdenklich. Ihm war klargeworden, daß sich das jüdische Problem nicht durch Assimilation und Integration lösen ließ, sondern nur, wenn die Juden ihr eigenes Land und einen eigenen Staat bekämen. Herzl wurde von einem entwurzelten Juden, der versucht hatte, sich der – seiner Meinung nach – grenzenlosen Kultur Westeuropas anzugleichen, zu einem überzeugten jüdischen Nationalisten.

Nach seiner Rückkehr nach Wien stürzte sich Herzl auf die Abfassung eines Aufrufs an das jüdische Volk. Das Ergebnis war *Der Judenstaat,* ein kurzer, 1896 gedruckter Essay. Sein Hauptargument war, daß nicht nur die Juden einen Staat für sich brauchten, sondern alle Menschen. Der volle Titel seines Essays lautete: *Der Judenstaat. Versuch einer modernen Lösung der Judenfrage.* Danach sollten sich die Juden zu einem eigenen unabhängigen Staat zusammenschließen und eine Gründungsurkunde veröffentlichen, um diesen Beschluß zu bekräftigen. Die jüdischen Gemeinden in aller Welt sollten sich organisieren, um mit den fremden Mächten zu verhandeln und die jüdische Immigration aus der Diaspora in das neue Land in Angriff zu nehmen. Die erforderlichen Gelder sollten von reichen Juden aufgebracht werden.

Als der Essay herauskam, war die Reaktion gemischt: Sie reichte von Begeisterung bis zu Ärger und Verachtung.

Aber nach und nach kam Herzls Programm in Schwung. Unermüdlich schrieb er Briefe und reiste in ganz Europa umher, um sich mit anderen jüdischen Aktivisten zur Förderung des jüdischen Staates zu treffen. Seine Anstrengungen wurden nach eineinhalb Jahren hektischer Aktivität durch die Einberufung einer Sonderkonferenz gekrönt: des ersten Zionistenkongresses.

Am 29. August 1897 trafen sich 250 Delegierte aus 24 Ländern Ost- und Westeuropas in der Schweiz, im Konzertsaal des Basler Casinos. Ein Teil war von seinen Gemeinden als Vertreter entsandt, andere waren eingeladen worden, und wieder andere kamen aus eigener Initiative. Mittellose Studenten saßen neben reichen Kaufleuten, Intellektuellen und Arbeitern. Orthodoxe Juden trafen auf erklärte Atheisten; politische Reaktionäre vereinigten sich mit Revolutionären.

Der Kongreß dauerte drei Tage. Herzls Vorschlag, in Palästina einen jüdischen Staat zu errichten, wurde angenommen. Außerdem beschlossen die Delegierten die Gründung einer zionistischen Organisation zur Unterstützung ihres Planes. Herzl wurde zu deren erstem Präsidenten gewählt.

Herzls erklärtes Ziel auf diesem ersten Kongreß war die Ausarbeitung eines Konzepts, das als Basis für den zukünftigen, »normalen« Staat dienen sollte. Den Wunsch zu erfüllen, »eine Nation wie andere Nationen zu werden«, wurde für die zionistischen Gründungsväter zur Lebensaufgabe. In den Augen der ersten Zionisten waren die alten Schtetel-Juden schwächlich, blaß und in unbequeme schwarze Gewänder gezwängt. In ihrer Vorstellung befreiten sie das jüdische Volk von dieser hinderlichen Tracht und steckten es in kurze, leichte, sportliche Kleidung, geeignet für einen Wettlauf, Turnen, Boxen oder Gewichtheben. Ihr Traum war ein »muskulöser Jude«. Um diese Vorstellung zu verwirklichen, gründeten sie Sportvereine und Klubs mit so hoffnungsfrohen Namen wie »Hakoach« (Stärke oder Kraft) oder »Maccabee«, in Erinnerung an die alten jüdischen Helden, die mehr als 2000 Jahre zuvor der griechischen Besatzung Widerstand geleistet hatten.

Die ersten Zionisten waren der Ansicht, man könne eine Nation nur dann als normal bezeichnen, wenn sie auch eine eigene kriminelle Unterwelt habe. In romantischem Verlangen sahen sie dem süßen Augenblick entgegen, da die moderne jüdische Gemeinschaft im Lande Israel eigene »hebräische Prostituierte und Diebe« haben würde. Insoweit übertrifft die Realität im heutigen Israel zweifellos die Phantasie der frühen Vorväter. Die 14 israelischen Gefängnisse beherbergen 6000 Straftäter, darunter sind einige von der brutalsten Sorte und könnten innerhalb der organisierten New Yorker Verbrecherbanden zu höchsten Ehren gelangen. Die Zahl der Häftlinge in den israelischen Gefängnissen hat sich in den letzten zehn Jahren verdoppelt. Prostitution ist illegal, aber es gibt sie in jeder Stadt, und es gibt nicht eine einzige Neuheit der Sexindustrie, die Israel nicht erreicht.

Während des zionistischen Weltkongresses 1897 und in der Zeit kurz danach gab sich Herzl sehr zuversichtlich. In seinem Tagebuch notierte er, wenn er den Kongreß mit einem Satz beschreiben sollte, würde er – wenn auch vielleicht nicht öffentlich – sagen: »In Basel habe ich den jüdischen Staat gegründet.«

Zwischen der frühen Vision des jüdischen Staates und dem, was daraus wurde, gibt es jedoch einen großen Unterschied. Herzl gab 1902 eine detaillierte Beschreibung seines ins Auge gefaßten *Altneuland* – dem alten, neuen Land. Der hebräische Titel des Romans war *Tel-Aviv* – Berg des Frühlings, von dem im Buch Hesekiel die Rede ist. Der Hügel bezeichnet die Schichten eines alten Landes, in denen altertümliche Städte begraben sind. Der Frühling symbolisiert die Hoffnung auf ein neues Land mit einer besseren Zukunft.

Nach Herzls Vorstellung sollte der jüdische Staat weltlich, liberal und frei von Klerikalismus sein: Religion und Staat sollten strikt voneinander getrennt sein. Wahrscheinlich in weit höherem Maße als in jeder anderen westlichen Gesellschaft gibt es jedoch in Israel religiöse und klerikale Parteien und Gruppierungen, deren Macht die Tagespolitik des Landes beeinflußt. In Herzls Traum werden die religiösen Regeln von einer reformierten Gemeinde festgelegt. In Israel dagegen wird das religiöse Leben mit eiserner Faust von den Orthodoxen regiert, die sich halsstarrig weigern, etwas von ihrer Macht an andere Gemeinden abzugeben, am allerwenigsten an die Reformierten. Der Höhepunkt seines religiösen Zieles war für Herzl die Einweihung des neuen Tempels. Selbstverständlich konnte er nicht auf dem Tempelberg in Jerusalem stehen, denn auf ihm befindet sich bereits eine islamische Moschee. Im heutigen Israel gibt es jedoch einige radikale und fanatische jüdische Gruppen, die diese Moschee sprengen wollen, um Platz für den dritten Tempel zu schaffen.

»Der jüdische Staat«, schrieb Herzl, »wird für seine Toleranz und interkonfessionelle Harmonie bekannt sein.« So beschrieb er in *Altneuland* ein Passah-Fest, bei dem Repräsentanten aller Religionsgruppen aus allen Staaten gemeinsam am Gottesdienst teilnehmen. Im heutigen Israel kommt es hingegen häufig zu religiösen Spannungen, und das Verhältnis zwischen Juden, Christen und Moslems ist alles andere als harmonisch. Im Oktober 1990 lieferten sich die israelische Polizei und palästinensische Jugendliche eine blutige Schlacht, ausgelöst durch die Frage, wem die Kontrolle über den Tempelberg zustehe. Es war einer der schlimmsten Ausbrüche religiöser Gewalt im heutigen Israel, bei dem 19 palästinensische Gläubige während der Beendigung ihrer Freitagsgebete getötet und mehr als 100 Menschen verletzt wurden. Solche, durch wechselseitige Mißverständnisse ausgelösten Zwischenfälle, die aus einem ständigen gegenseitigen Mißtrauen erwachsen, machen auf tragische Weise den Mangel an Toleranz im heutige Israel deutlich.

Herzl war überzeugt, daß die Mehrheit des jüdischen Volkes in den neuen Staat auswandern und sich dort niederlassen würde, aber tatsächlich ziehen es die meisten Juden vor, außerhalb ihres Staates zu leben. Die USA zum Beispiel verfügen mit fünfeinhalb Millionen Juden über eine größere jüdische Bevölkerung als Israel. Die Stadt mit den meisten jüdischen Bewohnern ist mit drei Millionen New York, nicht Tel Aviv oder Jerusalem. In Herzls *Altneuland* ist keine Rede von einer hebräischen Staatssprache: Im täglichen Leben sollte jiddisch gesprochen werden. Die Gebildeten sprachen deutsch. Für die meisten Zionisten jedoch haftete dem Jiddischen ein zu starker Ghettogeruch an, den sie vergessen wollten. So wurde Hebräisch die Sprache der Zionisten; seine Wiederbelebung ist der bedeutendste Erfolg der frühen zionistischen Bestrebungen.

Die Wiedergeburt des Hebräischen ist eine Leistung, die mit dem Aufstieg des jüdischen Nationalismus parallel verläuft. Fast 1800 Jahre lang war Hebräisch eine Sprache, die nur noch im Gebet benutzt wurde und hermetisch vor der sich verändernden Wirklichkeit abgeschottet war. Auch das klassische Griechisch und Latein existieren seit 2000 Jahren. Aber anders als das Hebräische werden sie nicht mehr gesprochen; sie werden nur noch an Schulen, Universitäten und Seminaren gelehrt. Hebräisch war im 19. Jahrhundert ebenfalls eine tote Sprache, aber weniger als 100 Jahre später ist sie wieder zur Umgangssprache der Juden geworden.

Heute sprechen, lesen, schreiben, lieben und träumen vier Millionen Juden in Israel und Hunderttausende in der ganzen Welt auf hebräisch und liefern den lebenden Beweis für den dauerhaften Erfolg dieser Wiedergeburt. Ohne das gemeinsame Band einer einheitlichen Sprache unter den frühen Siedlern wären das nationale Wiederaufleben des Zionismus und der Staat Israel nicht möglich gewesen.

Es gibt wenigstens noch zwei weitere Unterschiede zwischen Herzls Vision und der israelischen Wirklichkeit. Beide hängen mit Israels Beziehung zu seinen arabischen Nachbarn und seinen Sicherheitsproblemen zusammen.

Herzl hat sich nie wirklich mit der Frage auseinandergesetzt, was die ansässigen Araber gegenüber den einwandernden und das Land kolonisierenden Juden empfinden würden. In der Tat scheint ihn die halbe Million in Palästina lebender Araber nicht sonderlich interessiert zu haben. In seinem Buch umgeht er dieses Problem in der Hoffnung auf eine wechselseitige Toleranz zwischen Arabern und Juden. Mit dieser Art des Denkens legte Herzl den geistigen Grundstein für die Haltung der Zionisten gegenüber ihren arabischen Nachbarn im Mittleren Osten. Wie der Vogel Strauß seinen Kopf in den Sand steckt, hat Israel laufend die es umgebende Wirklichkeit ignoriert. Noch heute sind der Glaube oder die Hoffnung weit verbreitet, daß sich das Palästinenserproblem irgendwie auf wunderbare Weise von selbst lösen wird. Die meisten Israelis werden auf die Frage nach ihrem schönsten Traum antworten, sie hätten es am liebsten, wenn Israel aus dem Chaos des Mittleren Ostens und der Hitze des Mittelmeerraums herausgehoben und in eine gemäßigte, ländliche europäische Gegend versetzt würde. Angesichts der ständigen Feindseligkeiten mit ihren arabischen Nachbarn würden viele Israelis ohne Frage ihre Grenzen zu Syrien, Jordanien, dem Libanon und Ägypten gern gegen Grenzen zur Schweiz und Italien eintauschen. Immerhin sollte Israel in Herzls Utopie ein westlicher, jüdischer Staat sein, der als Brückenkopf für das Vordringen westlicher Interessen dienen sollte. Zionisten wie Israelis verhielten und verhalten sich noch heute naiv, wenn nicht verantwortungslos, wenn sie so tun, als gäbe es ihre arabischen Nachbarn nicht.

Infolge seiner Blindheit gegenüber den Konflikten zwischen Arabern und Israelis hat Herzl sich auch niemals über die zukünftige Sicherheit des Staates Gedanken gemacht. Von den 80 Seiten seines utopischen Buches sind gerade zwei Zeilen einer sehr oberflächlichen Betrachtung dieses Themas gewidmet: Der jüdische Staat werde neutral sein und benötige daher nur ein kleines stehendes Heer. Israel ist natürlich genau das Gegenteil. Es ist nicht neutral. Das Land ist entschieden prowestlich und unterhält eine große Armee von Wehrpflichtigen, Berufssoldaten und Reservisten. Das moderne Israel ist in Wahrheit das Sparta des Mittleren Ostens geworden, die stärkste regionale Streitmacht. Wenn jemand Herzl vor 100 Jahren erzählt hätte, daß sein jüdischer Staat einmal eine der modernsten Kriegstechnologien besitzen wird, hätte er ihn wahrscheinlich ausgelacht.

In dem Bemühen um internationale Anerkennung seines Projektes eilte Herzl zwischen den Hauptstädten hin und her, um sich mit führenden Persönlichkeiten zu treffen. Er setzte Himmel und Hölle in Bewegung und schrieb unermüdlich an Premierminister, Präsidenten, Könige, Prinzen, Schriftsteller und Künstler. Er schrieb an Otto von Bismarck, den nationalpolitisch erfolgreichen Kanzler, der 1871 Deutschland geeint hatte; an Viktor Emanuel, den König von Italien; und an den Papst. Nachdem er dem deutschen Kaiser durch ganz Europa nachgereist war, kam es schließlich am 2. November 1898 zu einem Treffen mit Wilhelm II. Herzl nahm es für selbstverständlich, daß der Kaiser beim türkischen Sultan zugunsten der zionistischen Bewegung intervenieren und die Idee eines autonomen jüdischen Staates unter deutscher Protektion in Palästina unterstützen würde. Aber der Kaiser war nicht interessiert.

1901 gelang es Herzl, eine Audienz beim türkischen Sultan Abdul Hamid zu erlangen, nachdem entsprechende Bestechungsgelder aus dem begrenzten Fonds der zionistischen Organisation großzügig unter die korrupten Höflinge verteilt worden waren. Herzl hatte dem Sultan ein Geschäft vorzuschlagen: Gegen einen Freibrief, der den Juden das Recht auf einen eigenen Staat einräumte, boten Herzl und die zionistische Bewegung ihm die wirtschaftliche Unterstützung reicher Juden an, um das marode Osmanenreich wieder aufzurichten.

Ähnliche diplomatische Taktiken wandte später auch die israelische Regierung wiederholt an, wenn es darum ging, die Regierungen von Ländern der Dritten Welt zu überreden, ihre diplomatischen Beziehungen zu Israel wiederaufzunehmen. Nigeria zum Beispiel, die größte afrikanische Nation, gab im August 1991 offen zu, daß bei der Wiederaufnahme der diplomatischen Beziehungen zu Israel die alte Vorstellung vom reichen Juden eine nicht geringe Rolle gespielt habe. Als ob sie Herzls Tagebuch gelesen hätten, erklärten die Nigerianer ganz klar: »Wir hoffen, daß Israel und die Juden mit ihrem Einfluß auf den internationalen Finanzmarkt uns helfen werden, mehr Investitionen zu bekommen.« Israel versprach, sich zugunsten Nigerias in Washington zu verwenden und darüber hinaus jüdische Investitionen zur Stützung seiner schrumpfenden Wirtschaft anzuregen. Israel hielt Wort. Heute gibt es fast 1000 israelische Geschäftsleute in Nigeria.

Herzl kehrte jedoch lediglich mit einer diamantenen Krawattennadel zurück, die ihm der Sultan geschenkt hatte. Die Türkei hatte derart extreme finanzielle Forderungen gestellt und strikte politische Beschränkungen auferlegt, daß Herzl nichts anderes übrigblieb, als sein Angebot zurückzunehmen.

Obgleich Herzls Bitten schließlich von allen wichtigen Machthabern seiner Zeit abgelehnt wurden, hält das moderne Israel noch heute an seinem Grundkonzept fest. Herzls Hauptvermächtnis ist die Idee, daß der einzige Weg, den jüdischen Staat zu errichten und fortzuentwickeln, darin besteht, sich der Unterstützung einer oder mehrerer Weltmächte zu versichern. Dieses Vertrauen auf fremde Hilfe wurde zum Leitmotiv in der zionistischen und israelischen Geschichte.

Das Recht der Juden auf ein unabhängiges Heimatland wurde als erstes 1917 von Großbritannien zugestanden und später vom Völkerbund anerkannt, dem Vorgänger der Vereinten Nationen, die diese Anerkennung 1947 bestätigten. In allen seinen Kriegen – ausgenommen im Unabhängigkeitskrieg 1948 – hat Israel sich an Herzls Gedanken von der Notwendigkeit fremder Unterstützung gehalten. Vom Sinaikrieg 1956 bis zum Golfkrieg 1991 waren Israels Schlachten stark von dem Wunsch bestimmt, die Bewilligung und die diplomatische Unterstützung einer fremden Macht zu erhalten. Vor Beginn dieser Kriege hat die israelische Regierung stets erhebliche Mühe aufgewandt, sich die Zustimmung einer auswärtigen und befreundeten Nation zu sichern, bevor es den ersten Schuß abgab – 1956 die Frankreichs und Englands und seither die der USA. Mit Ausnahme des Golfkrieges hat Israel aber niemals darum ersucht, fremde Truppen auf seinem Boden zu stationieren. Stets hat es lediglich um diplomatische, wirtschaftliche und moralische Unterstützung gebeten und diese auch bekommen.

Herzl starb am 3. Juli 1904 in Österreich – vermutlich an Syphilis – mit dem schmerzlichen Gefühl, versagt zu haben. Er war erst 44 Jahre alt. In den letzten sieben Jahren seines Lebens wurde er von Sorgen verfolgt – persönlichen, familiären, finanziellen und vor allem politischen. Seine geistige und körperliche Gesundheit war zu stark belastet worden.

Aber trotz Herzls Enttäuschung und der vielen Widersprüche zwischen seinem Traum und der Realität bleibt die Tatsache bestehen, daß er mit nie dagewesener Klarheit die Gründung des Staates Israel vorausgesehen hat. »Wenn ihr wollt, ist es kein Märchen«, stellte er seinem Roman *Altneuland* als Motto voran, und tatsächlich haben sich viele seiner Voraussagen innerhalb von 50 Jahren verwirklicht. Seine Ideen lieferten das Baumaterial, aus dem seine Nachfolger die zionistische Nation modellierten, aufbauten und gestalteten.

III.

Das Werden einer Nation

Herzl war der Träumer, der Prophet des politischen Zionismus und Israels, Ben Gurion war dessen Baumeister. Ben Gurion war klein und robust, seine Bewegungen waren elegant und schnell. Für viele Israelis wie für das Ausland verkörperte er die Seele des neuen Staates.

Ben Gurion wurde 1886 als David Grün geboren. Den Zionismus lernte er bereits kennen im polnischen Plonsk – in seinem Elternhaus, das zum Zentrum der zionistischen Ortsgruppe wurde. Das entscheidende Ereignis im Leben des damals elfjährigen Ben Gurion war Herzls Besuch in dem kleinen *Schtetel*, als der von seiner messianischen Vision eines jüdischen Heimatlandes sprach. Ben Gurion verfiel dem Zionismus für alle Zeiten. Mit 20 Jahren legte er sich einen hebräischen Namen zu. Später verschrieb er sich mit gleicher Begeisterung dem Sozialismus, der eine entscheidende Rolle beim Aufbau der zionistischen Nation spielen sollte. Auf dem ersten zionistischen Kongreß in Basel 1897 war noch kaum über Sozialismus gesprochen worden. Aber innerhalb von 20 Jahren wurde die sozialistisch-zionistische Gruppe der stärkste Block innerhalb der Bewegung und Ben Gurion ihr unangefochtener Führer. Die meisten Führer des sozialistischen Zionismus waren durch den latenten und manchmal offenen Antisemitismus ihrer nichtjüdischen Genossen ernüchtert. Diese jungen jüdischen Sozialisten beschlossen, ihre Ideale von sozialer Gerechtigkeit – der gleichmäßigen Verteilung materieller Güter – mit der nationalen Bewegung zur Wiederherstellung einer jüdischen Eigenstaatlichkeit zu verbinden. Beeinflußt von den Ideen des utopischen Sozialismus und des russischen Radikalismus, schlugen einige von ihnen vor, daß das Land des zukünftigen jüdischen Staates dem Volk gehören und sollte große industrielle und landwirtschaftliche Kommunen errichtet werden sollten. Andere beriefen sich auf die Bibel und meinten, der sozialistische Zionismus könne von den hebräischen Propheten lernen, die gegen soziale Ungerechtigkeit und Korruption und für eine Höherbewertung geistiger und moralischer Prinzipien gekämpft hatten.

Im Gepäck der zionistischen Pioniere erreichten diese sozialistischen Ideen Palästina. Noch bevor Herzl seine Ideen entwickelte, waren bereits im gesamten russischen Reich jüdische nationalistische Gruppen wie Pilze aus dem Boden geschossen. Während die meisten Juden an eine Auswanderung nach Amerika oder Westeuropa dachten, vertraten diese Gruppen den Standpunkt, daß ein Umzug in jene Länder die Probleme des einzelnen nur unvollkommen lösen würde. In Deutschland, Amerika, Frankreich und England waren die Juden zwar formal gleichberechtigt, aber mit dem Erwerb bestimmter Rechte und Freiheiten seitens der Juden waren Antisemitismus und Feindseligkeit noch keineswegs ausgerottet. Sie kamen daher zu dem Schluß, daß sich das jüdische Elend nur durch eine kollektive Lösung heilen lasse, die nicht nur die Probleme des einzelnen oder einer Familie im Auge haben solle, sondern die Gesamtheit der Juden. Palästina oder Zion, wie sie es nannten, versprach diese Heilung. Dementsprechend nannten sich diese Gruppen *Hovevey Tsion*, »Zionsliebende«. Die meisten dieser winzigen Organisationen waren von jungen, mutigen Studenten gegründet worden, aber ihre Mitglieder kamen aus allen Lebensbereichen: Orthodoxe und Weltliche, Reiche und Arme, Ungebildete und Gebildete. Am 30. Juni 1882 trat eine Gruppe von 13 jungen Männern und einer Frau von Odessa aus die Seereise nach Israel an. Auf einem kleinen, zerbrechlichen Boot überquerten sie das Schwarze Meer und erreichten Istanbul, die Hauptstadt des Osmanischen Reiches; von dort ging es über das Mittelmeer nach Yafo (Jaffa) in Palästina – Erez Israel.

Diese ersten Einwanderer schlugen das erste Kapitel der modernen Kolonisation in Palästina auf. Im Hebräischen wird dieses Ereignis als Alijah Rischona bezeichnet – erste Alijah oder Einwanderung. Sie dient seither als Ausgangspunkt für die Zählung aller weiteren jüdischen Immigrationswellen.

Die neuen Immigranten nannten sich *halutsim* – das hebräische Wort für »Pioniere«. Die Zionisten verehrten und bewunderten sie: Später sprach man von ihnen als dem Felsen, auf dem der jüdische Staat erbaut wurde. Mit Hilfe einer gutgeölten Propagandakampagne wurden die *halutsim* in den zionistischen und israelischen Geschichtsbüchern zu Helden von mythischer Gestalt. Straßen und ganze Siedlungen wurden nach ihnen benannt. Dichter und Schriftsteller verherrlichten sie, und in den Schulen und Kindergärten wurden die Kinder nach ihrem Vorbild erzogen.

Auch ich lernte in der Schule, welch ödes und leeres Land die Pioniere bei ihrer Ankunft vorfanden. Wir glaubten jedes Wort, das man uns erzählte. Heute ist mir klar, daß dies eher zionistische Propaganda als ein getreuer Bericht historischer Fakten war. Die jüdischen Pioniere betraten kein leeres Land; seit vielen Jahrhunderten lebte dort eine arabische Bevölkerung.

Zu Beginn der 1880er Jahre lebten in Palästina über eine halbe Million Menschen. Davon waren 95 Prozent Araber und fünf Prozent Juden. Die meisten Araber wohnten in kleinen Dörfern und ernährten sich von der Landwirtschaft. Sie waren Pächter des Landes, das sie für arabische Großgrundbesitzer kultivierten.

Als die ersten jüdischen Siedler ankamen, behandelten die Araber sie mit Gleichmut und betrachteten sie als seltsame, exzentrische europäische Touristen. Ironischerweise verursachte das Zusammentreffen der jungen Pioniere mit ihren »Brüdern« – einer kleinen Gruppe orthodoxer Juden, die seit vielen Jahrhunderten im Land lebten – Spannungen, Feindschaft und gegenseitiges Mißtrauen.

Man kann sich die Gefühle der ersten Pioniere leicht vorstellen, die 1882 in jubelnder, hoffnungsvoller Stimmung ankamen und mit der rauhen Wirklichkeit Palästinas konfrontiert wurden. Auf der einen Seite gab es die Araber – für sie »Orientalen«, die sie insgesamt als rückständig, intolerant und unehrlich einschätzten; dann der Lärm und die Fremdartigkeit des Marktes in Jaffa mit seinen vielfältigen Gerüchen; das Feilschen und die feinen Handelsgebräuche, die auf einem flexiblen, verwirrenden Zeitbegriff beruhten. »Morgen« konnte heißen: am nächsten Tag oder nächste Woche. »Ja« hatte eine ebenso vage Bedeutung und konnte von »vielleicht« bis »nein« alles besagen. Auf der anderen Seite gab es die alten, ortsansässigen, religiösen Juden. Sie wiederum erinnerten die Pioniere allzu sehr an jene Lebensbedingungen, denen sie gerade entflohen waren. In ihren Augen glichen die einheimischen Juden auf beunruhigende Weise ihren Familien in den Ghettos Osteuropas.

Die Pioniere waren nach Palästina gekommen, um eine Gemeinschaft aufzubauen – in der Hoffnung, dem jüdischen Volk eine neue soziale Struktur zu geben. Nach ihrer Vorstellung sollte diese Gemeinschaft dem geometrischen Aufbau einer Pyramide entsprechen. Die sozio-ökonomische Struktur der Diaspora-Gemeinden bestand an ihrer Basis zum weitaus größten Teil aus Händlern, Geldverleihern, Hausierern, Vermittlern und Leuten, die von der Barmherzigkeit anderer lebten, oder – noch schlimmer – mittellosen Bettlern. Die Pioniere betrachteten diese Menschen als parasitär und »unproduktiv«. Nur an der Spitze der jüdischen Pyramide konnte man »produktivere« Leute finden – Industrielle und sogar Landwirte. Die *halutsim* in Erez Israel und ihre zionistischen Mitstreiter zu Hause waren fest entschlossen, den Aufbau dieser Pyramide umzukehren. Sie kamen nach Israel, um das Land zu kultivieren und von den Früchten ihrer Arbeit zu leben. Sie sahen sich als eine soziale Avantgarde und wollten ein Beispiel geben, das die jüdischen Massen motivieren sollte, ihnen zu folgen. Sie wollten das genaue Gegenteil dessen sein, was die alten, ansässigen Juden waren und wofür diese eintraten.

Die erste Gruppe der Pioniere machte schon bald Bekanntschaft mit den harten Lebensbedingungen in ihrer neuen Heimat. Auf der Suche nach Arbeit verteilten sich die jüdischen Siedler über das ganze Land. In vielen Fällen arbeiteten sie in der Nähe von Jaffa als ungelernte Arbeiter an einer Landwirtschaftsschule, die kurz zuvor von der französischen Philanthropischen Allianz gegründet worden war. Sie lernten bald, wie schwer es war, auf diese Weise den Lebensunterhalt zu verdienen. Die landwirtschaftliche Arbeit war schwer, besonders im Sommer, wenn die Sonne gnadenlos herabbrannte. Die meisten Siedler hatten die weichen, empfindlichen Hände von Studenten und waren der körperlichen Arbeit nicht gewachsen. Sie stritten sich mit ihren arabischen Nachbarn und noch häufiger untereinander. Da die Neulinge nicht religiös waren, wurden sie von vielen Mitgliedern der alten jüdischen Gemeinde als Ärgernis betrachtet. Außerdem befürworteten die Pioniere den Bruch mit der monogamen patriarchalischen Familie und predigten soziale Gerechtigkeit im Sinne des Sozialismus, für den sie sich in ihrer russischen Heimat begeistert hatten.

Die ersten Gruppen russischer Einwanderer blieben etwa zweieinhalb Jahre beisammen, bevor sie sich wieder auflösten. Einige Mitglieder kehrten in ihre Heimat und zu ihren Familien zurück, andere schlossen sich jüngeren Pionieren an. In der Schule erzählt man den israelischen Kindern von den Pionieren der ersten Alijah, von ihrem Mut, ihrem bedingungslosen Enthusiasmus und ihrer Bereitschaft zu Opfern und Leiden. Nur sehr selten wird jedoch erwähnt, daß die meisten der Einwanderer der ersten und der nachfolgenden Immigrationswellen den Anforderungen nicht gewachsen waren und vorzeitig aufgaben. Die Mehrheit zog es vor, Palästina wieder zu verlassen und nach Hause zurückzukehren oder woanders hinzugehen, meist nach Amerika. Trotzdem kamen immer mehr Pioniere und ermöglichten es der zionistischen Bewegung, einige weitere Farmen zu gründen.

Der Mißerfolg der auf dem Philanthropismus basierenden zionistischen Kolonisation, der es sichtlich an einer breiten Unterstützung und einer intellektuellen Basis fehlte, bestätigte die schlimmsten Befürchtungen besonders eines Schriftstellers: Achad Haam. Als Ascher Ginzberg in Rußland geboren, wurde er 1891 und 1893 damit beauftragt, einen Bericht über die Lebensbedingungen der Siedler zu schreiben. Er nannte seinen Report »Truth from Erez Israel« und signierte mit dem Pseudonym Achad Haam, hebräisch für: »einer aus dem Volk«.

Achad Haam war schockiert über »Trägheit, Sorglosigkeit, Selbsttäuschung, Verschwendung und den Mangel an Würde«, »die an den Wurzeln der Siedlungen nagten«. Er beklagte, daß sich die jüdischen Massen keineswegs drängten auszuwandern, und daß, selbst wenn sie es täten, Erez Israel zu ihrer Aufnahme gar nicht in der Lage sei. Er empfahl dem Zionismus, einen völlig anderen Weg: Die Juden sollten ihre Energien und finanziellen Mittel auf geistige und intellektuelle statt auf materielle Ziele richten. Statt Kollektive und Farmen zu gründen, sollten die Zionisten Schulen, Universitäten und weiterbildende Institute bauen.

Seine Argumente lösten eine hitzige Debatte unter den zionistischen und jüdischen Führern aus: Welche Form und Richtung sollte sich die neugeborene Bewegung für eine jüdisch-nationale Wiedergeburt geben? Sollte man sich mit einer begrenzten kulturellen Autonomie begnügen – wie von Achad Haam vorgeschlagen – oder das größere Ziel der vollen Souveränität durch praktische Kolonisation weiterverfolgen, für das die Zionsliebenden eintraten?

Dies ist eine alte, noch immer nicht ausgeräumte Streitfrage zwischen Diaspora-Juden und den israelischen Führern. Anfang 1974 zeigten sich die unterschiedlichen Standpunkte der »Autonomisten« und der »Pragmatisten« sogar in einer Debatte zwischen dem US-Außenminister Henry Kissinger und Israels Militärattaché in Washington, General Joel Ben Porat. Als jüdischer Flüchtling und Harvard-Professor verstand sich Kissinger als Vertreter des jüdischen intellektuellen Erbes. In dem israelischen General sah er die Verkörperung dessen, was – wie er meinte – die zionistische Bewegung aus der jüdischen Kultur gemacht hatte. »Und worin besteht Israels Kulturbeitrag?« fragte er. »Bauern und Soldaten? Was ist aus unseren alten Werten geworden?« General Ben Porat war entsetzt. Das traumatische Erlebnis der blutigen Kämpfe Israels mit Syrien und Ägypten im Jom-Kippur-Krieg 1973 war in seiner Erinnerung noch sehr lebendig. Wie die meisten Israelis war Porat fest überzeugt, daß gerade der letzte Krieg die Unentbehrlichkeit von Soldaten und Bauern für das unmittelbare Überleben Israels und indirekt des jüdischen Volkes bewiesen hatte. Dann wurde ihm klar, daß sein Gespräch mit Kissinger unbeabsichtigt den alten Streit zwischen der Schule Achad Haams und der Hauptströmung des Zionismus widerspiegelte.

Im Mai 1991 drückte Yehudi Menuhin, einer der begabtesten Geiger unseres Jahrhunderts, anläßlich einer zu seinen Ehren in Israels Parlament, der Knesseth, abgehaltenen Feier seine Betroffenheit darüber aus, wie sehr Israel seine geistig-schöpferischen Kräfte vernachlässige. Menuhin sagte, daß Israels politische Unnachgiebigkeit und die Abneigung, den Palästinensern Zugeständnisse zu machen, den alten Werten des Judaismus zuwiderliefen. Die moralischen Grundsätze und Prinzipien des Judaismus hätten Denker wie Karl Marx, Sigmund Freud und Albert Einstein groß gemacht und berühmte Schachspieler, brillante Musiker und Nobelpreisträger hervorgebracht.

Achad Haam hatte diese gefährlichen Entwicklungen 100 Jahre zuvor vorausgesehen, als er als erster die Befürchtung äußerte, daß die zionistische Bewegung von ihrem gewünschten Kurs abkommen könnte. Aber seine Warnungen wurden vom »Pragmatismus«, der Hauptströmung des Zionismus, beiseite geschoben. Immer wenn das Kolonisationsprogramm zusammenzubrechen drohte, fanden sich menschenfreundliche Juden, die den Siedlungen mit einer finanziellen Spritze wieder auf die Beine halfen. Man kaufte Land von den arabischen Grundbesitzern, und 20 Jahre nach der ersten Alijah existierten 20 jüdische Farmen und landwirtschaftliche Betriebe.

Heute, an der Schwelle zum zweiten Jahrtausend, haben bereits mehrere dieser Kollektive ihren 100. Geburtstag angekündigt. Die meisten alten Ansiedlungen liefern typische israelische Erfolgsstorys. Viele von ihnen sind derart aufgeblüht, daß sie zu Satellitenstädten von Tel Aviv wurden, mit Bevölkerungszahlen von 30 000 und mehr. Einige ihrer alten Charakteristika haben sich erhalten: Felder an ihren Außenbezirken, die von den wenigen Bauern bearbeitet werden, die noch an ihrem Land hängen. Sonst sind diese Siedlungen längst keine bäuerlichen Gemeinschaften mehr. Es gibt dort Einkaufspromenaden, Geschäftshäuser, Industrieanlagen, sogar Kunstzentren und wissenschaftliche und technische Institute. Man hat hoch aufragende Eigentumswohnanlagen gebaut, und nur noch kleine Enklaven privater Einfamilienhäuser erinnern die Besucher an die Ursprünge der Stadt. Aber selbst diese Art von Häusern hat seit ihren alten Tagen eine weitreichende Veränderung erfahren: Von einfachen Farmhäusern und Hütten haben sie sich in luxuriöse Villen und zum Teil riesige Herrensitze verwandelt.

Heute wohnen in den Trabantenstädten überwiegend erfolgreiche Israelis der Mittelklasse. Viele von ihnen zählen zur zweiten Generation orientalischer Sephardim, sind Söhne und Töchter von Immigranten, die den Traum der neuen Israelis verwirklichten. Sie haben Arbeit. Sie verdienen gut. Ihre Kinder bekommen eine anständige Ausbildung. Sie kaufen ihre Kleidung in Modegeschäften. Sie leben in den ehemaligen Siedlungen weder aus historischen noch nostalgischen Gründen, sondern allein aus finanziellen Überlegungen.

Erschwinglicher Wohnraum war freilich nicht das eigentliche Ziel Ben Gurions und seiner Kollegen, als sie 1906 mit der zweiten großen Einwanderungswelle – der zweiten Alijah – ins Land kamen. Viele dieser Immigranten waren jung, ungebunden und auf der Suche nach einer neuen, weltlichen Heilslehre. Sie wählten den Sozialismus.

Den Pionieren, mit denen Ben Gurion kam, mißfiel Jaffa dermaßen, daß sie die Stadt noch am selben Nachmittag wieder verließen und in eine nahegelegene jüdische Siedlung weiterzogen. Wie viele andere hatte auch Ben Gurion ziemliche Schwierigkeiten, Arbeit zu finden, und so reiste er von einer Siedlung zur nächsten. Schließlich kam er nach Galiläa, wo er Arbeit als Farmer fand. Nun wurden seine romantischen Vorstellungen von körperlicher Arbeit und Kultivierung des Bodens hart auf die Probe gestellt. Aber schon bald machte sich Ben Gurion durch seine Schriften, seine leidenschaftlichen Reden und politischen Aktivitäten einen Namen.

Als eine der ersten und wichtigsten symbolischen Handlungen bei ihrer Ankunft in Palästina tauschten Ben Gurion und seine Kameraden ihre alten Namen gegen hebräisch klingende aus. Die Umbenennung bedeutete für sie eine Art Wiedergeburt, nachdem viele ihrer Vorväter bei ihrer Einwanderung nach Mittel- und Osteuropa gezwungen worden waren, ihre jüdischen Namen abzulegen. Im 17. und 18. Jahrhundert wurden den meisten osteuropäischen Juden von den örtlichen Ämtern neue Familiennamen aufgezwungen. Manchmal benannte man sie nach ihrem Abstammungsort, manchmal nach wertvollen Steinen, Blumen oder ihrer Beschäftigung. Andere wurden erniedrigt, anrüchige und verächtlich machende Namen wie Schmaltz oder Eselkopf anzunehmen. In vielen Fällen leitete man die neuen Familiennamen einfach von persönlichen Merkmalen ab, die den überheblichen Schreibern in den Bevölkerungsämtern auffielen: Gross, Klein, Schwartz und Weiss. Jetzt korrigierten ihre Nachkommen diese historische Ungerechtigkeit, indem sie sich selbst einen Namen wählten. Beim Versuch, 2000 Jahre Unterdrückung zu überspringen, sahen sich die Pioniere als unmittelbare Nachfahren biblischer Gestalten. Angeregt von Szenen biblischer Darstellungen und Figuren, kleideten sie sich in Sandalen, lange Gewänder und kragenlose Hemden. In Wirklichkeit erinnerte diese Kleidung eher an die russischen Revolutionäre als an die alten Juden. Die Immigranten übernahmen die romantischen Ideen von Heldentum und sprachen von den vergessenen Kriegen der Makkabäer als Symbol für eine jüdische Erneuerung. Ihre Sehnsucht war atavistisch, mystisch und irrational. Ihre neuen Namen waren ausgesprochen symbolträchtig: On (Kraft), Oz (Mut) – Ben Gurion bedeutet: »Sohn eines Löwen«. Andere bevorzugten eine wortgetreue Übersetzung ihrer Familiennamen. So wurde aus Stein: Avni, aus Silberstein: Kaspi und aus Rosen: Schoschani.

Doch abgesehen von solchen romantischen Neigungen waren die Pioniere dogmatische und fanatische Sozialisten. Am 1. Mai, dem internationalen Tag der Arbeit, wurde in den jüdischen Siedlungen die rote Fahne gehißt, und am Ende ihrer sozialistischen Zusammenkünfte erklang stets die »Internationale«, die Hymne der internationalen Arbeiterbewegung. Nach außen hin schienen sie perfekte Sozialisten. Aber Ben Gurion und seine Anhänger verliehen ihrem Sozialismus die besondere Note eines jüdischen Messianismus. Mehr als jeder andere Führer war er davon überzeugt, daß der politische Zionismus nicht ohne ein praktisches Standbein auskommen würde. Aus seiner Sicht eroberten sich die Menschen ihr Heimatland durch ihr Tun, indem sie Fakten schufen.

Seit den 1920er Jahren verlagerte sich der Schwerpunkt der zionistischen Aktivitäten allmählich von Herzls internationaler Diplomatie auf Ben Gurions Pragmatismus. Entsprechend wurden mit Hilfe begeisterter Immigranten immer mehr Siedlungen, Kollektive und Wirtschaftsinstitute gegründet. Die Alijah besaß absolute Priorität, d. h., man war bemüht, so viele Juden wie möglich ins Land zu bringen, um die unbedeutende jüdische Minderheit wenigstens in eine ansehnliche Präsenz umzuwandeln. Ferner brauchten die Zionisten Land für den Aufbau einer Agrargemeinschaft, um aus den jüdischen Händlern endlich Produzenten zu machen. Da das meiste Land arabischen Grundbesitzern gehörte, mußte man es ihnen stückweise abkaufen. Die Zionisten der zweiten Alijah bezeichneten diesen Vorgang, den man woanders Bodenerwerb genannt hätte, als »Freikauf des Landes«. Noch immer wird dies als eine ihrer wichtigsten und edelsten Taten angesehen.

Um die Weigerung aller israelischen Regierungen seit 1967 zu verstehen, sich aus den besetzten Gebieten zurückzuziehen und die West Bank, den Gaza-Streifen und die Golan-Höhen zurückzugeben, muß man mit der zionistischen Mythologie vertraut sein. Selbstverständlich wurde die mythische Bindung an das Land nicht von den Zionisten erfunden. Jede nationalistische Bewegung sucht einen heiligen Bezug zum Land. Aber der Zionismus verlangt, daß das Land erobert, gehalten und niemals aufgegeben wird. Das Land repräsentiert das Leben und die Existenz der Nation.

Im Geschichtsunterricht der israelischen Schulen wird erzählt, wie das landwirtschaftliche Ödland »gerettet« wurde.

Mancher Pionier erkrankte in den insektenverseuchten Sümpfen an Malaria und fand romantisch den frühen Tod. Um die Sümpfe trockenzulegen, wurden aus Australien Eukalyptussetzlinge importiert. Man wußte, daß ihre tiefgehenden dicken Wurzeln viel Wasser aufsaugen. Die Geschichtsbücher stellen die Pioniere als Übermenschen dar. Was sie meist nicht schildern, ist die schmutzige Seite des Landerwerbs. In vielen Fällen mußten die Zionisten korrupte Grundbesitzer zum Verkauf ihres Landes überreden. Und oft genug benahmen sich die sogenannten »Freikäufer« des Landes wie Kuppler und geizige Scharlatane. Sie betrogen nicht nur die Araber, denen sie das Land abschwatzten, sondern auch ihre jüdischen Käufer. Ebenso wie 1925 die zwielichtigen Spekulanten beim betrügerischen Landboom in Florida, verkauften sie entweder Land, das ihnen nicht gehörte, oder überteuertes, unbrauchbares Sumpfland.

Israelische Regierungen, die die besetzten Gebiete kolonisierten, sind mit ähnlichen Methoden vorgegangen: Bestechung, Betrug und Einschüchterung der arabischen Eigentümer. Damals wie heute heiligte in den Augen der Zionisten stets der Zweck die Mittel.

Ebenso wichtig wie Alijah und Besiedlung war in Ben Gurions pragmatischem Zionismus das Organisationskonzept. In Anlehnung an den russischen Bolschewismus kämpften er und seine Kameraden für die Zentralisierung und die Organisation aller Bereiche des jüdischen Lebens in Palästina. Die russische politische Kultur im allgemeinen und die bolschewistische Kultur im besonderen bestimmten die Weltanschauung und den politischen Standpunkt Ben Gurions und seiner Anhänger.

Ben Gurion und seine Förderer wollten die gesamte israelische Gemeinschaft unter der Fahne versammeln und sie für die Bildung der Nation mobilisieren – und alles dies, während sie einen nationalen Kampf mit den Arabern ausfochten. In diesem Prozeß schufen sie Organisationen, die die gesamte jüdische Gesellschaft bis ins Innerste durchdrangen. Diese Organisationen bilden die Grundlagen der Bürokratie, die das Privatleben eines jeden israelischen Bürgers beeinflußt. Es sind diese Züge des Ben-Gurionschen Sozialismus, die den meisten Israelis noch heute gegen den Strich gehen.

Wegen der überall vorhandenen bürokratischen Zwänge wird den israelischen Bürgern eine lange Liste schikanöser

Prozeduren aufgebürdet. Israelis können nicht wie jeder andere Bürger einer westlichen Demokratie ins Ausland reisen, indem sie einfach ihren Paß einstecken, zum Flugplatz fahren und ins Flugzeug steigen. Die Israelis müssen zunächst eine Reisesteuer zahlen, eine offizielle Erlaubnis ihrer Armee-Einheit einholen und nicht weniger als sechs unterschiedliche Formulare ausfüllen. In Israel ist es schwierig, persönliche Dinge telefonisch zu erledigen. Selbst wenn man nur eine einfache Information haben möchte, wie eine Auskunft oder eine Bestätigung, erwartet der Angestellte oder Beamte, daß man persönlich vorbeikommt. Wenn man ein Regierungsbüro anruft – vorausgesetzt, man kommt durch (in der Regel sind alle Anschlüsse besetzt, oder der zuständige Telefonist hat gerade sein Büro verlassen) –, wird einem mitgeteilt, man möge selbst erscheinen. Der Ausdruck für diese Behandlung ist *telech – tava* (geh – komm).

Der große Unterschied zwischen den USA und Israel im Umgang mit den Behörden besteht darin, daß es in den USA keine Rolle spielt, ob man telefoniert oder persönlich erscheint. In Israel kann das persönliche Erscheinen einen wirklichen Unterschied machen. Der Beamte möchte von deinen Argumenten, deinem Auftreten oder deiner Gestik beeindruckt sein, um die Regeln für dich ein wenig zurechtzubiegen.

Das zentralistische System, in dem der Staat sich in das Leben des einzelnen einmischt, basiert auf dem sowjetischen Modell. Während das 20. Jahrhundert dem Westen ein Mehr an individueller Freiheit und Unternehmertum brachte, hielt Rußland an seiner strikt kollektivistischen Richtung fest, nach der die Behörden befugt waren, in jeden Bereich des öffentlichen und privaten Lebens einzugreifen. Die Begründer des israelischen Sozialismus übertrugen dieses kollektivistische Modell auf Israel.

1920 wurde die wahrscheinlich wichtigste zionistische Organisation von Ben Gurions Arbeiterpartei gegründet: die Histadrut, die Einheitsgewerkschaft aller Arbeiter in Erez Israel. In gewisser Weise war die Histadrut wirklich eine Vereinigung aller Gewerkschaften. Die Idee beruhte auf der Geschichte der europäischen Gewerkschaftsbewegung: die Arbeit zu organisieren und – wie es in einer Strophe der »Internationale« heißt – eine »Arbeiterarmee« zu schaffen. Mit der Gründung der Histadrut wollten Ben Gurion und seine Kollegen die jüdischen Arbeiter schützen, die im Wettbewerb mit den arabischen Arbeitskräften standen und infolgedessen Schwierigkeiten hatten, Arbeit zu finden. Es war günstiger, arabische Arbeiter einzustellen: Sie waren billiger, zuvorkommender und besser ausgebildet.

Aber die Histadrut war nicht nur eine gewöhnliche Vereinigung der Arbeitergewerkschaften. Ihre Führer verfolgten ein zweites Ziel: die Realisierung des marxistischen Sozialismus. Das Proletariat sollte Eigentümer aller Produktionsmittel sein. Also gründete und betrieb die Histadrut ihre eigenen Fabriken, Geschäfte, Reedereien, eine Bank, eine Versicherungsgesellschaft, medizinische Versorgungseinrichtungen, Baufirmen, Altersheime, Zeitungen und sogar Sicherheitsdienste, die Leibwächter ausliehen. Die Histadrut hatte ihre eigenen Kindergärten, Schulen und Hochschulen. Eltern, die ihre Kinder in eine von der Histadrut und der Arbeiterpartei geleitete Schule schickten, trafen damit eine Grundsatzentscheidung im Hinblick auf deren politische Zukunft. Israelische Kinder werden schon sehr früh indoktriniert und parteipolitisch festgelegt.

Zu Beginn war das Anliegen der Histadrut völlig berechtigt. In der Praxis hat sie einen entscheidenden Beitrag zur Entwicklung und zum wirtschaftlichen Wachstum der jüdischen Gemeinde und später des Staates Israel geleistet. Sie gab vielen Menschen ein solides Gefühl von Stabilität und sozialer Sicherheit. Die Histadrut war immer für alle Belange ihrer Mitglieder da, von der Wiege bis zum Grab – und erwartete im Gegenzug von ihnen Treue und Gehorsam. Aber hierfür wurde ein hoher Preis gezahlt. Die Histadrut öffnete der politischen Patronage Tür und Tor: Loyale Mitglieder genossen *proteksia* und konnten auf einen Arbeitsplatz zählen. Im Jiddischen bedeutet es »Schutz«, aber im Hebräischen hat es die Bedeutung von »Günstlingswirtschaft« angenommen. In Israel genießen Bürger mit guten Verbindungen zu einflußreichen Persönlichkeiten und deren Verwandten viele Privilegien. Diese Praxis hat überall im israelischen Alltag ihre Wurzeln geschlagen. Wenn man beispielsweise auf der Warteliste für einen Telefonanschluß steht, kann es zwei oder sogar fünf Jahre dauern, bis man eine Nummer bekommt. Kennt man aber den richtigen Mann bei der Telefongesellschaft, so kann dies die Zeitspanne erheblich verkürzen. Die Wartezeit für

Herzoperationen kann bis zu einem Jahr betragen. Kennt aber der Patient oder einer seiner Freunde den Chirurgen persönlich, kann die Operation unter Umständen sofort vorgenommen werden.

Die Kollektivierung wurde von der Histadrut und den Labor-Regierungen eingeführt, deren symbiotische Beziehung sie zu einem machtvollen, untrennbaren Block gemacht hat. Sie ebnete den Weg zu einer ungeheuren Politisierung der israelischen Gesellschaft. Kaum eine Seite des israelischen Alltags bleibt von der Politik unberührt. Sogar Sportvereine sind politisch gebunden: *Hapoel* (hebräisch für »Der Arbeiter«) mit Labor und *Maccabees* (benannt nach der jüdischen Dynastie, die den Kampf gegen die griechische Besatzung aufnahm) sowie *Beytar* (benannt nach einem der Likud-Helden und Bethar, der letzten jüdischen Festung im Krieg gegen die Römer) mit Likud.

Fußballspiele können eine hochpolitische Angelegenheit sein. Die Clubmanager haben immer noch starke Verbindungen zu ihren jeweiligen politischen Sponsoren. Selbst wenn die Spieler keiner bestimmten Partei angehören – sie spielen für Geld –, ist das Spiel dennoch gelegentlich ein Politikum. Jedesmal, wenn ich mir ein Fußballspiel ansehe – aus sentimentalen Gründen unterstütze ich immer noch den *Hapoel* Tel Aviv –, verblüfft mich der politische Haß auf den Rängen. Wenn die Spieler von *Hapoel* auf dem Spielfeld erscheinen, werden sie mit Schimpfworten überschüttet, wie »Rote« und »Kommunisten«, als seien sie Agenten der Histadrut oder der Labor-Partei. Die israelische Öffentlichkeit hat zumeist nur ein vages Geschichtsbewußtsein, aber sobald es um Fußball geht, scheint die Zeit seit den alten Scharmützeln zwischen Ben Gurion und seinen rechtsgerichteten jüdischen Gegnern stehengeblieben zu sein.

Seit ihrer Gründung hat die Histadrut politische Vorteile wahrgenommen, wann immer sie konnte. Ihre Mitglieder wurden mit eigenen Bussen zu Demonstrationen und Streiks gefahren. Alle Parteimitglieder wurden verpflichtet, ihre Arbeitskleidung in Histadrut-Geschäften zu kaufen, und mußten die Tageszeitung *Davar* abonnieren, ob sie sie wollten oder nicht. Viele israelische Arbeiter bezeichnen sie verächtlich als *Prawda* – das ehemalige Sprachrohr der sowjetischen Kommunistischen Partei.

Ich selbst habe vor ein paar Jahren erfahren, wie gut dieses System funktioniert und wie der lange Arm der Histadrut in die Privatangelegenheiten ihrer Mitglieder eingreift. Als ich meine Arbeit als diplomatischer Korrespondent bei *Davar* aufnahm, zwang mich das Management, ein Konto bei einer der Histadrut-Banken zu eröffnen, obgleich ich mit meiner alten Bank völlig zufrieden war. Man erklärte mir, dies sei der einzige Weg, mir mein Gehalt zu zahlen. Genauso mußte ich trotz einer bereits bestehenden Krankenversicherung in das medizinische Versorgungssystem der Histadrut eintreten. Da ich nicht auf die Leistungen aus meiner alten Versicherung verzichten wollte, mußte ich während der fünf Jahre meiner Zugehörigkeit zu *Davar* doppelte Versicherungsbeiträge bezahlen. Alle diese »Arrangements« sind völlig legal und anerkannte Praxis, gegen die der einzelne sich nicht wehren kann.

Die Histadrut ist noch heute der größte Arbeitgeber Israels und das größte Wirtschaftsimperium des Landes. Paradoxerweise bringt die Organisation gleichzeitig zwei völlig verschiedene Dinge unter einen Hut: den Sozialismus und den Kapitalismus. Sie vertritt die Arbeiter und beschäftigt sie gleichzeitig. Einerseits kämpft sie für eine Lohnerhöhung, andererseits verlangt sie angesichts ihrer Verluste ein Einfrieren der Löhne.

Wegen dieser inneren Widersprüche befindet sich die Histadrut laufend am Rand des Zusammenbruchs. Viele ihrer Unternehmen sind in Konkurs gegangen. Beim Verkauf der Vermögenswerte sind weitreichende Korruptionsskandale aufgedeckt worden. Worte wie »Gleichheit« werden zu Worthülsen, wenn ein Arbeiter in einer der Histadrut gehörenden Schokoladenfabrik magere 500 Dollar im Monat verdient, während sein Chef zehnmal soviel bekommt und sich außerdem eines großzügigen Spesenkontos, eines Firmenwagens, eines Telefons und einer Kreditkarte zur persönlichen Benutzung erfreut. Die Histadrut vereinigt die schlimmsten Aspekte beider Systeme unter einem Dach: Sie leidet unter der Krankheit des verkommenen Sozialismus und zeigt gleichzeitig das gierige Antlitz des Kapitalismus.

Kein Wunder, daß die Histadrut bei den Israelis nicht hoch im Kurs steht. Rechtsgerichtete Israelis haben irrtümlich angenommen, Ben Gurion habe ernsthaft für eine sozialistische Gesellschaft nach sowjetisch-kommunistischen Prinzipien gekämpft. Sie glaubten, der Sozialismus habe für ihn Vorrang gehabt, während er in Wahrheit mehr am jüdischen Nationalismus interessiert war. Für ihn war die Übernahme verschiedener Symbole des Sozialismus nur eine Äußerlichkeit. Er sah Histadrut und Arbeiterbewegung lediglich als Werkzeug zur Erreichung seines wahren Zieles: Mobilisierung der Gesellschaft, Schaffung der Nation und Festigung ihrer Machtbasis. Bereits 1923 sagte Ben Gurion in einer Rede vor der Partei: »Unser erstes und höchstes Ziel war immer die Eroberung des Landes und dessen Infiltration durch Massenimmigration. Alles andere sind Spitzfindigkeiten und Phrasen.«

Diese Worte mögen auch die außerordentlichen ökologischen und Umweltprobleme erklären, denen sich Israel gegenübersieht. Die Küste ist so verschmutzt, daß einem nach einem Spaziergang am Strand eine dicke Teerschicht an den Sohlen klebt. Der ökologische Zustand des ganzen Mittelmeers ist sehr schlecht, aber in Israel ist die Situation wegen des geringen Umweltbewußtseins der Regierung besonders schlimm. Die meisten Flüsse Israels einschließlich eines Teils des Jordan, wo nach christlicher Überlieferung Jesus und Johannes der Täufer die Gläubigen tauften, haben sich in Kloaken verwandelt. Jahrzehntelang wurden alle industriellen und privaten Abwässer von Tel Aviv in den Jarkon geleitet.

Der Drang, »Tatsachen zu schaffen«, überall und um jeden Preis zu bauen, wurde zu einer fixen Idee der modernen Israelis. Israels Staatswappen sollte einen Bulldozer zeigen, der einen Fluß umleitet oder felsigen Boden einebnet, um eine neue Siedlung zu bauen. Die neuen Israelis sind jederzeit gewillt, alte Häuser einzureißen, selbst wenn es sich um das historische Gebäude handelt, in dem Herzl während seines Besuchs in Jerusalem die Nacht verbrachte, oder das Haus des mit der Zweiten Alijah eingewanderten berühmten Schriftstellers Josef Chaim Brenner. Derselbe Vandalismus kommt in der Zerstörung palästinensischer Häuser zum Ausdruck, deren Besitzer terroristischer Aktivitäten verdächtigt werden. So wie man manche Leute als schießwütig bezeichnen kann, könnte man die neuen Israelis als bulldozerwütig charakterisieren.

Eines der historisch wirkungsvollsten Mittel, um die jüdische Gesellschaft daran zu gewöhnen, die maßgebenden Ideen des praktischen Zionismus zu akzeptieren, war die Jugendbewegung. Jede politische Partei in Israel unterhält ihre eigene Jugendorganisation. Die israelische Jugendbewegung vereinigte in sich ein Sammelsurium fremder Ideen: ein wenig von der Romantik des deutschen Wandervogels – der Organisation, aus der später viele Führer der Hitlerjugend hervorgingen –, eine gute Dosis von Baden Powells englischen und amerikanischen Pfadfindern mit ihrer praktischen Tüchtigkeit und einen gewissen russischen Einfluß. Aber trotz dieser Anleihen wurde sie zu einer typisch israelischen Einrichtung.

Der jüdische Philosoph Martin Buber sagte am Ende des Ersten Weltkrieges, kurz bevor er von Deutschland nach Israel emigrierte, daß die Jugend das ewige Glück der Menschheit sei. In gewisser Weise war der Zionismus ein Kult des Frühlings und der Jugend des jüdischen Volkes. Der Zionismus verherrlichte die Jugend und sah in ihr einen eigenständigen Wert: Sie trägt nicht am Joch der Vergangenheit – was Familienhintergrund und soziale Stellung anbelangt – und ist die beste Investition in die Zukunft.

Das weltweit gemeinsam verfolgte Ziel aller jüdischen Jugendorganisationen seit den 30er Jahren war es, der Diaspora-Jugend die Botschaft des Zionismus nahezubringen und sie zur Einwanderung nach Palästina zu bewegen. Tatsächlich wurden sie das geeignetste Medium, um junge Juden zum Zionismus zu bekehren. Daneben jedoch hatte und hat jede Organisation ihre eigenständigen Ziele und Interessen, nämlich ihre Mitglieder zu erziehen entsprechend den jeweiligen Grundsätzen der politischen Partei, der sie angegliedert ist.

In der Jugendbewegung wurden die Kinder von acht bis 18 Jahren ihrem Alter entsprechend in Gruppen zusammengefaßt. Ihre Mitglieder erhielten Uniformen, Abzeichen und einen Raum zugewiesen, wo sie sich ein- oder zweimal in der Woche nach der Schule trafen. Ich gehörte ebenfalls einer solchen Gruppe an, oder besser gesagt, meine Eltern schickten mich mit acht Jahren zu *Haschomer Hatzair* – »Der junge Wächter« –, einer Organisation des linken Flügels der israelischen Arbeiterbewegung. Als wir 1957 nach Israel auswanderten, hatten meine Eltern zwar von kommunistischer und sozialistischer Ideologie die Nase voll, aber aus praktischen Gründen einigten sie sich, mich zu dieser linksgerichteten Gruppe zu schicken. Es war die erste Organisation, die an meine Eltern herantrat und ihnen für ihren Sohn ein kostenloses

Sommerlager anbot. Außerdem hofften meine Eltern als – damals – mittellose Immigranten, daß die Mitgliedschaft meine Eingliederung in die israelische Gesellschaft weitestgehendst erleichtern werde.

Haschomer Hatzair war ursprünglich in Österreich-Ungarn von Studenten der assimilierten Mittelschicht gegründet worden. Später verlagerte die Organisation ihre Hochburg nach Polen. Ihr Hauptziel war es, junge Pioniere nach Erez Israel zu bringen. Ihre Gründer waren stark von Marxismus und revolutionärem Bolschewismus beeinflußt, deren Ideen sie in den Zionismus einzubringen versuchten. Hätte es eine solche Bewegung nicht gegeben, wären sicher viele junge jüdische Sozialisten den nichtzionistischen revolutionären Parteien Osteuropas beigetreten. Haschomer Hatzair bot ihnen die Möglichkeit, beides zu verbinden. Das Ergebnis war eine einzigartige Mischung aus Marxismus und Zionismus. Aber gleichzeitig waren sie auf der Suche nach kultureller und geistiger Erfüllung. Neben ihren intellektuellen Helden Marx und Lenin standen Freud und Nietzsche.

Die ersten Treffen der *Schomrim*, wie die Mitglieder der Haschomer Hatzair hießen, wurden von Führern beherrscht, deren starke Persönlichkeiten eine kultische Gefolgschaft hervorriefen. Man gehorchte ihnen wie verehrten Rabbinern oder politischen Diktatoren. Die ersten Shomrim diskutierten über »Bekenntnis«, »Glück durch Selbsterfüllung«, »Heilung der Seele«, »vestalische Feuer« und »Kontemplation«. Von diesen Zusammenkünften berichtet David Horowitz, ein ehemaliger Präsident der Bank von Israel, in seinen Memoiren. Er beschreibt die spannungsgeladene Atmosphäre, nicht nur in ideologischer und politischer Hinsicht, sondern auch sexuell. Die weitaus meisten Mitglieder der Gruppe waren Männer. Auf zehn oder mehr Männer kamen zwei oder drei Frauen. »Männer und Frauen lebten in Zelten«, schreibt Dan Horowitz, »oder hausten manchmal auch im Freien. Die Schomrim gingen häufig in abgelegene Orte in Erez Israels, wo das Klima rauh, die Arbeit in Landwirtschaft oder Straßenbau kräftezehrend und das Essen dürftig war. Nach einem anstrengenden Arbeitstag versammelte sich die Gruppe zur Diskussion, die bis tief in die Nacht ging. Ihre Isolation machte diese Gruppen zu mönchischen Gemeinschaften, zu religiösen Orden mit einem charismatischen Führer und eigenen Symbolen. Ihr

Ritual war das eines öffentlichen Bekenntnisses, das an die Versuche der Mystiker erinnerte, gleichzeitig Gott und dem Teufel gegenüberzutreten.«

Etwas von dieser Atmosphäre war noch immer vorhanden, als ich mich 40 Jahre nach Horowitz' Ausscheiden der Bewegung anschloß. Die Zusammenkünfte fanden in meiner Nachbarschaft Ramat Aviv im örtlichen Versammlungshaus von Haschomer Hatzair statt. Solche Häuser gab es überall in Israel. Wir, die Schomrim, bekamen sehr detaillierte Instruktionen, was wir zu tun und zu lassen hatten. In der Tat waren die zehn Gebote der Organisation ein weiterer Aspekt ihrer weltlichen Religiosität. Von den Schomrim erwartete man, daß sie stolz, ehrenhaft und rechtschaffen waren. Der Vorsatz der Selbsterfüllung gebot, daß wir nicht rauchten und unsere sexuelle Reinheit bewahrten.

Unter Anleitung unseres Gruppenleiters, der gewöhnlich drei Jahre älter war als wir, führten wir lange Diskussionen über den Sinn des Lebens, die Weltliteratur, die Psychoanalyse Freuds und die Politik. Wir hatten auch Sexualerziehung. Dieser Unterricht erfüllte zwar den Anspruch Haschomer Hatzairs, fortschrittlich zu sein, aber die Erklärungen waren steril und »wissenschaftlich«. Die vergnüglichen Aspekte von Sex und Liebe zu diskutieren war verboten.

Neben all dieser Spiritualität und Schulung des Intellekts war Haschomer Hatzair zugleich eine äußerst bodenständige Angelegenheit. Wie bei der deutschen Jugend der Wandervogel, erstrebte die Organisation, die israelische zionistische Jugend durch eine romantische Rückkehr zur Natur zu erneuern. Unsere Treffen waren häufig sehr eindrucksvoll. Zeremonien bei Fackelschein waren von Märschen, Freudenfeuern und Fahnen begleitet. Die regulären Treffen bestanden im Singen von Volksliedern, in Wanderungen, Lagerfeuer und Volkstanz.

Haschomers besondere Stärke waren die großen Wanderungen, die ein paarmal im Jahr veranstaltet wurden. Mit dem Rucksack auf dem Rücken lernten wir das Land kennen und lieben. Die tägliche Strecke betrug zehn bis 15 Meilen. In den Pausen kochten wir uns unser Essen. Nachts saßen wir ums Lagerfeuer und sangen voller Begeisterung sentimentale Lieder. Noch heute wird die Versammlung ums Lagerfeuer »Komsitz« genannt, eine sprachliche Verballhornung des deutschen »komm und sitz«. Die meisten Lieder waren ursprünglich russisch, so daß die Texte ins Hebräische hatten übersetzt werden müssen. Wenn es keine Übersetzung gab oder wir die Worte nicht aussprechen konnten, sangen wir eben »lalala«. Diese Lieder waren natürlich von den Immigranten mitgebracht worden, aber sie zählen zu den seltenen Ausnahmen in Israel, wo etwas Mitgebrachtes verbessert wurde und schließlich das Original übertraf. Ich mag voreingenommen sein, aber mir scheint, daß die israelischen Chöre oft bessere Interpreten der russischen Revolutionslieder sind als ihre russischen Gegenstücke.

In der Tat ist die russische Musik so tief in der israelischen Gesellschaft verwurzelt, daß Leute ohne jede Verbindung zu dieser Kultur – selbst orientalische Juden – die Lieder kennen und lieben. Israelis singen gern zusammen. Derzeit ist das gemeinsame Singen als Abendunterhaltung in Luxushotels, Gemeinschaftszentren und Privathäusern im ganzen Land sehr beliebt. Männer und Frauen, alle festlich gekleidet, parfümiert und juwelengeschmückt, bezahlen dafür, zu Akkordeon- oder Klavierbegleitung in Erinnerung an ihre Zeit in der Jugendbewegung noch einmal gemeinsam die alten Lieder zu singen. Dieses neue Ritual bildet das letzte, ziemlich schwache Band zwischen Zionismus, Israel und seiner revolutionären Vergangenheit.

Dieses noch immer bestehende Band beunruhigt die zuletzt gekommenen, die Russen, die unschöne Erinnerungen an solche revolutionäre Begeisterung haben. Sie verlangen, die Israelis sollten kein kulturelles Erbe verherrlichen, das sie mit ihren Verfolgern in der alten Heimat teilen. Dennoch singen die Israelis weiter. Ich kenne viele, die zugeben, daß diese Musik sie zu Tränen rühren kann – und ich gehöre auch dazu. Ich bin kein Kommunist, aber mir werden jedesmal die Augen feucht, wenn ich die »Internationale« höre – wahrscheinlich wegen meiner Jahre in der Jugendbewegung.

Die politische Schulung von Haschomer Hatzair bezweckte zum Teil, uns für den Marxismus zu gewinnen. Nachdem wir mit hohen Dosen ideologischer Rhetorik gegen Israels rechtsgerichtete Parteien gefüttert worden waren, beendeten wir jede Zeremonie, indem wir die blau-weiße Fahne Israels neben der roten der Sozialisten aufzogen. Dazu sangen wir unsere beiden Hymnen: die israelische »Hatikva« und die »Internationale«.

Zurückblickend könnte man sagen, daß der zionistische Sozialismus einschließlich Histadrut und Jugendbewegung in vielen Fällen als Mittel zur Massentäuschung benutzt worden ist. Für Ben Gurion schlossen sich Sozialismus und Kapitalismus nie gegenseitig aus, aber man wollte sich des letzteren nur insoweit bedienen, als er der nationalen zionistischen Sache nützlich war.

Die Labor-Partei war dank ihrer organisatorischen und wirtschaftlichen Macht mehr als 40 Jahre die dominierende politische Partei in der jüdischen Gesellschaft und in Israel. Ihre Organisation ermöglichte es ihr 1948, die jüdische Gemeinschaft in einen modernen und relativ stabilen Staat umzuwandeln: Man erreichte die Unabhängigkeit, während man sich im ständigen Konflikt mit den arabischen Nachbarn befand und den jüdischen Staat zwischen den Klippen von Krieg und Frieden im Mittleren Osten steuerte.

IV.

Zwischen Krieg und Frieden

Obgleich die Zionisten die Frage von Krieg oder Frieden häufig als das »arabische Problem« bezeichnet haben, sahen in Wirklichkeit die wenigsten von ihnen in den Arabern überhaupt ein Problem. Das gleiche gilt bereits für Herzl, der kaum Zeit noch Gedanken an die Araber in Palästina und dem Mittleren Osten verwendete. Für ihn, wie für Generationen zionistischer Führer nach ihm, war Palästina ein unbewohntes Land. Bei seiner Rundreise im Jahr 1898 scheint Herzl ausschließlich auf jüdische Mitbrüder gestoßen zu sein.

Die meisten zionistischen Führer lebten in der Illusion, die arabische Mehrheit in Palästina würde die zurückkehrenden Juden mit offenen Armen empfangen. Sie glaubten, die Araber würden sich über »das Aufblühen der Wüste« und den modernen, westlichen Fortschritt freuen, den die jüdische Einwanderung versprach. Leider übersahen die Zionisten dabei völlig, daß die Araber ihre eigenen nationalen Vorstellungen hatten. Es ist einigermaßen ernüchternd, feststellen zu müssen, daß die Zionisten, die so fest davon überzeugt waren, kraft ihrer Ideen einen Wandel in den menschlichen und historischen Beziehungen herbeizuführen, die gleichen Bestrebungen auf arabischer Seite ignorierten.

In den Jahren 1881 und 1882, zur gleichen Zeit, als die »Zionsliebenden« ihre ersten heimlichen Zusammenkünfte abhielten, versammelten sich auch in Beirut, Kairo, Damaskus und Bagdad geheime arabische Gruppen, die ebenfalls eine nationale Erneuerung anstrebten.

Der Kern der Sache oder – wenn man so will – der Tragödie des arabisch-israelischen Konflikts ist das fast gleichzeitige Entstehen zweier nationalistischer Bewegungen vor dem gleichen historischen Hintergrund. Diese beiden Strömungen – hervorgerufen durch den Aufstieg des Nationalismus im 19. Jahrhundert und auf demselben Territorium angesiedelt – waren von Anfang an dazu verurteilt, sich zu bekämpfen.

Und genau dies geschah. Selbst als das zionistische Programm bereits angelaufen war, hatten die Führer der arabischen Gemeinden in Palästina die Permanenz und die Zielstrebigkeit des Zionismus noch immer nicht begriffen. Sie hegten weiterhin die Hoffnung, daß das, was sich da vor ihren Augen abspielte, jüdische Pilgerfahrten oder möglicherweise Fremdenverkehr war. Erst nach der Balfour-Deklaration im Jahr 1917, in der die britische Regierung den Juden das Recht auf eine »Heimat« in Palästina einräumte, ging der arabischen Mehrheit die Bedeutung der jüdischen Auswanderungsbewegung auf. Drei Jahre nach der Balfour-Deklaration zeigten die palästinensischen Gemeinden offen ihre Opposition gegen die jüdische Kolonisation des Landes.

Im Mai 1921 kam es in Jaffa zu einem Aufruhr. Die durch den andauernden Zustrom der jüdischen Immigranten aufgebrachten Araber versammelten sich zu Protestmärschen und Demonstrationen, die in eine tagelange Orgie von Plünderungen und Morden an Juden in den Städten und auf ihren Farmen ausarteten. Die arabische Reaktion war sowohl für die britischen Behörden als auch für die jüdischen Gemeinden ein Schock. Aber immer noch klammerten sich die Juden an ihre Illusionen: Anstatt den Gewaltausbruch als einen nationalistischen Aufschrei zu begreifen, bezeichneten sie das Ganze als »Zwischenfälle«, »Unruhen« und sogar »Pogrome«.

Ähnliche Überfälle wie 1921 wiederholten sich 1929 und 1931 – nur besser organisiert und bedrohlicher. Dennoch war die jüdische Reaktion die gleiche: ein totales Versagen, den Tatsachen ins Auge zu sehen.

Die Ignoranz bestimmte die Haltung aller nachfolgenden israelischen Regierungen. Die Weigerung, die echten nationalen Bestrebungen und das Recht auf Selbstbestimmung der Palästinenser anzuerkennen, veranlaßte Labor- wie Likud-Regierungen, so zu tun, als gäbe es die PLO nicht. Beide Parteien vermeiden es sorgfältig, den Namen der Palästinensischen Befreiungsfront auszusprechen. Statt dessen reden sie von der »sogenannten PLO« oder – ungehobelter – von der »Terroristenbande«. Dabei ist der offizielle israelische Terminus nicht einmal »Terrorist«; vielmehr benutzt man das hebräische Wort *mechablim*: »Leute, die sich an subversiven Aktionen beteiligen«.

Hinter dieser Verweigerungstaktik steckt die bewußte Absicht, die Araber herabzusetzen – den Eindruck zu erwecken, daß es sich nicht um eine Auseinandersetzung zwischen zwei Nationen handelt, sondern vielmehr um eine zwischen uns, einer Nation, und ihnen, einer Herde von Tieren. Zur Unterstützung des nationalen Kampfes hat man sich stets eifrig bemüht, rhetorisch umschreibende Wortschöpfungen zu benutzen – was erklärt, warum man über Krieg und Gefechte in abstrakten Begriffen redet. Für gewöhnlich »säubern« die Israelis das Land von den Arabern oder »reinigen« es. In diesen kaum verschleierten Aufrufen, Israel von seiner palästinensischen Bevölkerung zu befreien, ruft schon die Wortwahl Erinnerungen wach an die amerikanische Kampagne zur Ausrottung der Indianer während der Besiedlung des Westens.

Die gewaltsame Opposition der Araber in den Jahren 1921, 1929 und 1936 brachte die britische Mandatsverwaltung in Verlegenheit. Wie ein Schiedsrichter bei einem Ballspiel sah sie sich plötzlich zwischen die nationalen Fronten gestellt. Im Gegensatz zu den Zionisten gestanden sich jedoch die Briten die Ernsthaftigkeit und die Entschlossenheit des arabischen Widerstandes ein. Als Mandatsträger über fast den gesamten Mittleren Osten hatten sie andere, weitergehende Interessen zu berücksichtigen, insbesondere die Ölfunde in der arabischen Welt. Infolgedessen rückten die Briten von ihrer einseitigen Unterstützung der zionistischen Sache ab und bemühten sich um eine nach beiden Seiten ausgewogene Politik. Dieses Umdenken sollte sowohl der jüdischen Gemeinde in Palästina als auch der zionistischen Bewegung ziemliche Probleme schaffen.

Sofort und fast automatisch reagierten die Briten auf jede arabische Protestwelle mit einer zeitweiligen Aussetzung der jüdischen Einwanderung und gelegentlich mit einer Beschränkung oder dem totalen Verbot jüdischer Landkäufe. Schließlich faßten die britischen Behörden einen Entschluß, der vernünftig schien: Wenn sich zwei Parteien um dasselbe Stück Land streiten, dann soll es zwischen ihnen geteilt werden. Im Oktober 1936 wurde eine königliche Untersuchungskommission unter dem Vorsitz von Lord Robert Peel eingesetzt. Nach ausführlichen Anhörungen erstellte die Kommission einen Plan zur Teilung von Palästina/Erez Israel in einen arabischen und einen jüdischen Staat mit einer Mandatsenklave, die weiterhin von den Briten verwaltet werden sollte. Das Gebiet, das die Briten aus Gründen der Weltmachtpolitik und des Christentums behalten wollten, umfaßte die heiligen Stätten von Jerusalem, Bethlehem und Nazareth.

Es war das erste Mal in der blutigen Auseinandersetzung zwischen Juden und Arabern, daß eine Teilung des Landes als mögliche Lösung in Betracht gezogen wurde. Und auch heute, 57 Jahre später, ist dies noch immer der einzige aussichtsreiche, konkrete und vernünftige Weg, aus dem Teufelskreis der Gewalt herauszukommen. Aber da es sich um einen Kompromiß handelte, erging es ihm wie vielen anderen: Er wurde von keiner Seite angenommen. Auf der palästinensischen Seite war die Ablehnung unter den extremistischen und radikalen Arabern fast einhellig. In der jüdischen Gemeinde waren die Reaktionen vielschichtiger. Der rechte Flügel lehnte den Vorschlag ab, weil er hinter dem Verhalten der Briten eine gewisse Systematik sah: ein erneutes Abrücken von den ursprünglichen, in der Balfour-Deklaration festgelegten Versprechungen. Aber die Hauptströmung des Zionismus mit Ben Gurion an der Spitze akzeptierte die Teilung widerwillig, und da sie die Histadrut und alle lebenswichtigen politischen, wirtschaftlichen und paramilitärischen Institutionen absolut kontrollierte, zwang sie ihre Entscheidung der jüdischen Gemeinschaft auf.

Ben Gurion war bereits zu einem sehr frühen Zeitpunkt der Überzeugung, daß es nicht möglich sein würde, sich mit den Arabern zu arrangieren. Nicht, weil er es nicht wollte, sondern weil er sah, daß der arabische Nationalismus nicht dazu bereit war. Und von diesem Moment an, seit 1936, schlossen sich Ben Gurion und die Labor-Bewegung der stark vereinfachenden Haltung der zionistischen Rechten an, obgleich sie dies nie zugegeben hätten. Ein beliebter Witz aus jener Zeit, der noch heute die Runde macht, lautete: »Wie sehen Sie das arabische Problem?« »Durch das Visier eines Gewehrs.«

1936 begann Ben Gurion, sich und die jüdische Gemeinde auf die entscheidende Auseinandersetzung vorzubereiten, von der er als sicher annahm, daß sie bald kommen würde und Krieg bedeutete. Damals entwickelte er das Konzept der »zionistischen Macht«, wonach allein Einwanderung, Kolonisierung und eine starke Armee das Überleben der jüdischen Gemeinde sichern und die notwendigen Voraussetzungen für die Unabhängigkeit schaffen konnten. Von nun an nahm Ben Gurion weit weniger Rücksicht auf die arabische Position als zuvor.

Im Gegensatz zum rechten Flügel war Ben Gurion der Meinung, daß die Konflikte mit den Briten auf ein Minimum reduziert werden und sich auf jene Themen beschränken sollten, die für den Zionismus und den Aufbau der Nation absolut lebenswichtig waren: *Alijah* und Landerwerb. Dieser Abbau der Spannungen und eine gewisse Zusammenarbeit mit den Briten brachten den Israelis einige Vorteile. Während der 1936 beginnenden und drei Jahre andauernden arabischen Aufstände halfen britische Offiziere, jüdische Kommandoeinheiten aufzubauen. Diese Einheiten nahmen unter britischem Befehl an Angriffen auf arabische Dörfer teil, zunächst, um die Aufstände niederzuschlagen, und später, um der illegalen jüdischen Streitmacht äußerst wichtige Erfahrungen in nächtlicher Kriegsführung zu vermitteln. Israels heutige Spezialeinheiten sind aus diesen kleinen, von den Briten unterstützten Gruppen der Hagana, »Verteidigung«, hervorgegangen, die damals von Labor kontrolliert wurde.

Es ist in der Tat denkbar, daß es ohne den Zweiten Weltkrieg und ohne den Holocaust keinen jüdischen Staat gäbe. Das sich aus den Trümmern erhebende Israel war eins der ersten und wichtigsten Ergebnisse der neuen Nachkriegsordnung. Der Holocaust, ein Schandfleck auf dem christlichen Gewissen der westlichen Welt, veranlaßte die meisten Nationen und die beiden Supermächte USA und UdSSR endlich, das Recht des jüdischen Volkes auf einen eigenen Staat anzuerkennen. Die Briten gehörten zu den 47 Staaten der Vereinten Nationen, die sich für eine Teilung Palästinas in zwei Staaten aussprachen. Aber die palästinensischen Führer blieben selbstsicher bei ihrer Alles-oder-nichts-Politik und lehnten den Vorschlag ab. Ben Gurion und seine Anhänger dagegen entschieden sich ein zweites Mal innerhalb von zwölf Jahren dafür, die Teilung zu akzeptieren. Mit charakteristischer Risikobereitschaft und dem Mut, einen Bürgerkrieg zu riskieren, versuchte Ben Gurion, die kleine, aber gefährliche jüdische Rechte seiner Autorität zu unterwerfen und ihr seinen Willen aufzuzwingen; getreu ihrer eigenen Ideologie von einem Groß-Israel wies sie nach wie vor den Lösungsvorschlag der Vereinten Nationen zurück. Als die Rechte protestierte, zögerte Ben Gurion nicht, seine ihm treu ergebenen Militäreinheiten einzusetzen, um die Opposition zu zerschlagen und seinen Willen mit Gewalt durchzusetzen.

Die Abstimmung in den Vereinten Nationen wurde am 29. November 1947 vom Rundfunk live nach Palästina übertragen. Als die Ergebnisse dieser historischen Abstimmung durchkamen, strömte die Mehrheit der jüdischen Einwohner Tel Avivs auf die Straße, um zu feiern. Für Ben Gurion jedoch wurde es eine sorgenvolle Nacht. Er wußte, daß das Chaos rasch näher rückte. Als erstes versuchten die Kampfmilizen der beiden verfeindeten Parteien, die Kontrolle über die Hauptstraße, über Knotenpunkte und strategische Positionen zu erringen.

Der eigentliche Krieg jedoch begann etwa sechs Monate nach der Abstimmung. Am 14. Mai 1948, dem letzten Tag des britischen Mandats, das ungefähr 30 Jahre gedauert hatte, verkündete Ben Gurion die Gründung des Staates Israel. Am selben Tag als er Israels Unabhängigkeitserklärung verlas, erklärten die arabischen Staaten – wie von Ben Gurion erwartet – dem neugeborenen jüdischen Staat den Krieg und marschierten in Palästina ein.

Beide Seiten, Araber wie Zionisten, brachten Mythen und Legenden über den Krieg 1948 und dessen Ausgang hervor. Zumeist haben diese Geschichten jedoch wenig Bezug zur Realität. So vergleicht die offizielle israelische Geschichtsschreibung den Kampf mit dem biblischen Sieg des kleinen David über Goliath. Und auf der Gegenseite sprechen die arabischen Historiker von »der Katastrophe von 1948« und machen die gesamte Welt für den Ausgang des Krieges verantwortlich, nur nicht sich selbst.

In Wahrheit war dies kein »normaler« militärischer Feldzug. Dieser Krieg war weit mehr als nur ein Zusammenstoß zweier bewaffneter Mächte, die so lange aufeinander schießen, bis die eine oder andere Seite gewonnen hat. Er fand vielmehr an mehreren politischen Fronten statt, und die Gefechte wurden wiederholt durch Waffenstillstände unterbrochen, die von dritter Seite ausgehandelt wurden, zumeist von den Vereinten Nationen. Offiziell dauerte die Auseinandersetzung acht Monate – vom Angriff der Araber auf den gerade aus der Taufe gehobenen Staat bis zur Unterzeichnung des Waffenstillstandsabkommens zwischen Israelis und Arabern. Die tatsächlichen Kampfhandlungen dauerten jedoch kaum zwei Monate.

Die arabischen Armeen, hinter denen eine Gesamtbevölkerung von mehr als 40 Millionen stand, befanden sich zahlenmäßig klar im Vorteil. Sie waren außerdem weit besser ausgerüstet als die Israelis. Aber die israelischen Streitkräfte, die insgesamt nur 600 000 Juden repräsentierten, waren ihnen an Einigkeit, Zusammenhalt und Willenskraft überlegen sowie in dem, was man als moderne Intellektualität bezeichnen könnte. Die israelischen Befehlshaber waren erfindungsreicher und risikofreudiger, und sie setzten ihre begrenzten Mittel besser ein. Trotz aller politischen und ideologischen Gegensätze hatten die Israelis nur eine militärische Führungsspitze. Das arabische Heer dagegen setzte sich aus mehreren nationalen Armeen unter dem jeweiligen Kommando eifersüchtiger, sich gegenseitig mißtrauender Generäle zusammen, die in der Regel zwar dieselbe Sprache sprachen, aber keineswegs eine miteinander abgestimmte Strategie verfolgten. Israels Strategen verstanden diesen Vorteil auszunutzen; sie übernahmen die alte römische Taktik »Teile und herrsche«.

König Abdullah von Jordanien, der die Kontrolle über jene Teile Jerusalems anstrebte, in denen die heiligen Stätten der Moslems liegen, sah in den Juden einen starken Bündnispartner, der das gleiche Ziel verfolgte wie er: den Aufstieg des palästinensischen Nationalismus zu schwächen. Abdullah traf sich heimlich mit den Führern der Zionisten und ging mit ihnen eine unheilige Allianz ein, die ihren Höhepunkt im 1948er Krieg erreichte.

Das jordanische Heer war die stärkste, am besten ausgerüstete und disziplinierteste Streitmacht unter den arabischen Armeen und Milizen, die im Mai 1948 in Palästina einfielen. Aber während die meisten arabischen Armeen ehrlich ihre palästinensischen Brüder im Kampf gegen die Juden unterstützen wollten, hatte König Abdullah andere Pläne: Er wollte das Gebiet eines zukünftigen palästinensischen Staates unter seine Gewalt bringen.

Doch genau solche Tatsachen werden in israelischen Klassenzimmern nie diskutiert. Eine realistische Darstellung der Kriegsereignisse würde den Mythos zerstören. Denn in Wahrheit war es kein Kampf David gegen Goliath. König Abdullah, der nicht vorhatte, Israel ernsthaft zu bedrohen, wies seine Armee an, sich bei den Gefechten zurückzuhalten, und sorgte dafür, daß sich ihr Kampfeinsatz auf ein Minimum beschränkte.

Da die israelische Öffentlichkeit nie etwas über diese sich hinter den Kulissen abspielenden, streng geheimgehaltenen Dinge erfuhr, kam der Ausgang des Krieges für sie einem Wunder gleich. 600 000 Israelis hatten sich heldenhaft einer

Übermacht von vierzig Millionen Arabern gestellt und sie besiegt. Als Ergebnis all dieser Faktoren endete der Krieg mit einem überlegenen Sieg der israelischen Streitkräfte. Die Angreifer wurden blutig zurückgeschlagen und die arabischen Nationen zur Unterzeichnung von Waffenstillstandsabkommen gezwungen.

Die bedeutendsten Nachkriegsmythen betreffen die palästinensischen Flüchtlinge – die wirklichen Verlierer des Krieges: In den Monaten von Dezember 1947 bis September 1949 verloren fast 700 000 Palästinenser ihre Heimat. Das Flüchtlingsproblem sollte die Beziehungen zwischen Israel und seinen arabischen Nachbarn am nachhaltigsten vergiften; es sorgt seit 50 Jahren im Mittleren Osten für Unruhe.

Die Araber vertreten einhellig die Auffassung, die Juden hätten die Palästinenser durch ihre Vertreibung zu heimatlosen Flüchtlingen gemacht. Dies, so behaupten sie, sei wohlüberlegt und sorgfältig geplant gewesen. Nun ist es zwar richtig, daß es in Israel immer Leute gegeben hat – unter ihnen Spitzenpolitiker der Arbeiterbewegung –, die der Meinung waren, man solle die palästinensische Bevölkerung systematisch aus dem Land vertreiben. Aber ihr Standpunkt wurde nie offiziell akzeptiert. Dennoch wird diese Ansicht traurigerweise noch heute von einigen politischen Parteien Israels unterstützt, die offen die Vertreibung der Palästinenser fordern. Diese Parteien errangen Sitze in der Knesseth und waren unlängst sogar mit einem Minister im Kabinett vertreten. Die arabische Propaganda hat diese Forderung jahrelang ausgeschlachtet und den Zionismus als expansionistische Bewegung hingestellt, um Israel das Existenzrecht abzusprechen. Auf der anderen Seite hat die israelische Propaganda bis heute behauptet, die Palästinenser seien freiwillig gegangen, nachdem ihre arabischen Führer ihnen befohlen hätten, ihre Wohnungen und Dörfer vorübergehend zu verlassen.

Diese Propaganda zielt darauf ab, das Bild Israels als einer unwiderlegbar gerechten und moralischen Nation zu bewahren. Solange Emotionen und Propaganda das Maß aller Dinge sind und die Archive verschlossen bleiben, ist es schwierig, an die Wurzeln des palästinensischen Flüchtlingsproblems heranzukommen. Erst in den letzten Jahren, nachdem sich der Staub ein wenig gelegt hatte, sind einige der israelischen Archive der Öffentlichkeit zugänglich gemacht worden. Erst jetzt ist es möglich, die historische Wahrheit über diese schmerzliche Episode aufzudecken.

Ich glaube zwar, daß das Problem der palästinensischen Flüchtlinge eine direkte Folge des Krieges von 1948 ist, nicht aber, daß es das Ergebnis einer gezielten arabischen oder israelischen Planung war. Um die Frage nach seinem Ursprung zu beantworten, ist eine Synthese der beiden sich widersprechenden Darstellungen erforderlich.

Es ist tatsächlich vorgekommen, daß arabische Führer die Palästinenser aufriefen, ihre Dörfer und Städte zu verlassen – mit dem Versprechen, daß sie nach einem schnellen Sieg bald wieder in ihre Wohnungen zurückkehren könnten. Aber die meisten ansässigen Araber verließen ihre Wohnungen aus eigenem Antrieb, und zwar weil sie Angst vor dem hatten, was sie unter einer zukünftigen israelischen Regierung erwartete. Man sollte dabei nicht übersehen, daß während des Krieges 1948 beinahe das gesamte Land ein einziger Kriegsschauplatz war und sich fast jede jüdische oder arabische Stadt und jedes Dorf in eine militärische Festung verwandelte. Die Palästinenser räumten ihre Dörfer im Feuer der Gefechte und unter dem Druck der israelischen Armee. In den großen Städten wie Jaffa und Haifa flohen zuerst die reichen und gebildeten Palästinenser. Ihre Flucht hatte eine tiefe psychologische Wirkung auf jene, die, ihrer herrschenden Elite beraubt, zurückblieben. Von da an entwickelte sich der palästinensische Exodus wie eine ansteckende Krankheit, die von Haus zu Haus, von Familie zu Familie und von Straße zu Straße übersprang.

Es wurden aber auch Palästinenser aus ihren Häusern vertrieben, als ihre Dörfer und Städte von der israelischen Armee erobert wurden. Israelische Offiziere haben aus eigenem Antrieb wie auf Befehl ihrer Vorgesetzten ansässige Palästinenser aus ihren Wohnungen gejagt. Aber auch diese Aktionen geschahen nicht aufgrund einer gezielten und durchdachten Politik. Gelegentlich kam es sogar vor, daß Offiziere einander widersprechende Entscheidungen trafen; ein Offizier befahl den Dorfbewohnern, ihre Häuser zu verlassen, während ihnen ein anderer half, in ihre Wohnungen zurückzukehren. Gelegentlich bediente man sich auch der psychologischen Kriegsführung: Die Israelis verbreiteten das Gerücht, daß Palästinenser, die nicht rechtzeitig flohen, ermordet und ihre Frauen und Töchter vergewaltigt würden.

Derartige Greueltaten sind begangen worden, einschließlich Massaker, Mord, Vergewaltigung und Plünderung. Mir selbst hat Arik Nechamkin davon berichtet. Zum Zeitpunkt unseres Treffens war Nechamkin, ein Labor-Mitglied, israelischer Landwirtschaftsminister. Er war der typische Farmer: zäh, unkompliziert, offen und direkt. Am Krieg 1948 hatte Nechamkin als Befehlshaber einer Eliteeinheit teilgenommen und war in einem Dorf in der Negev-Wüste Zeuge der Ermordung von einem Dutzend arabischer Zivilisten geworden. Sie waren gefangengenommen worden, als die israelische Armee ihr Dorf eroberte. An den Händen gefesselt, wurden sie kaltblütig erschossen. Ihre Leichen warf man in den Dorfbrunnen. Viele gerade dieser kleinen Gefechte waren fanatisch und brutal und haben nie gleiche Beachtung gefunden wie die berüchtigteren Massaker.

Heute kann jeder, der auf der Autobahn von Tel Aviv nach Jerusalem fährt, eine Reihe Hochhäuser sehen, die den Hintergrund für ein freundliches Wohnviertel abgeben. Bis 1948 stand hier das arabische Dorf Deir Jassim. Im April 1948, einen Monat vor der Invasion der verbündeten arabischen Streitkräfte und auf dem Höhepunkt der Gefechte zwischen jüdischen und palästinensischen Milizen, wurde das Dorf von israelischen Kämpfern erobert. Hunderte von Dorfbewohnern wurden ermordet, darunter Frauen und Kinder.

Das Massaker von Deir Jassim beschreibt am plastischsten den israelisch-palästinensischen Konflikt und zugleich einen seiner bittersten Auswüchse. Es ist das dunkelste Kapitel der zionistischen und israelischen Geschichte. Die Debatten über die Einzelheiten des Massakers werden zwischen israelischen und arabischen Historikern, aber auch zwischen der israelischen Linken und der Rechten stets emotionsgeladen geführt. Nicht nur seine Folgen, sondern selbst so grundsätzliche Fragen, wie die Zahl der Ermordeten oder wer den Tötungsbefehl gab und warum, sind strittig und blieben ungelöst. Bis heute benutzen die Araber das Massaker von Deir Jassim als Beweis für ihre Behauptung, die israelische Politik ziele insgeheim darauf ab, sie systematisch zu zwingen, ihr Land zu verlassen, und sie zu vernichten. Die Israelis kontern, daß sie die Bewohner zuvor gewarnt, diese sich aber geweigert hätten, ihr Dorf zu verlassen, und bei den nachfolgenden Kämpfen umgekommen seien.

Viele Jahre lang haben sich Ben Gurion und die israelische Regierung des Gemetzels in Deir Jassim geschämt. Rückblickend jedoch konnten er und seine Leute über die Folgen des Massakers nicht wirklich traurig sein. Die Morde von Deir Jassim brachten die Wende im Kampf zwischen Juden und Palästinensern und waren der Auslöser für die einsetzende Fluchtpsychose: den palästinensischen Exodus.

Zwischen 1947 und 1949 verloren die Palästinenser ihr Land. Einzelne Teile wurden von drei verschiedenen Armeen erobert: der Gaza-Streifen von den Ägyptern, die West Bank von den Jordaniern – entsprechend dem stillschweigenden Übereinkommen zwischen König Abdullah und Ben Gurion – und der Rest von Israel. Israels Sieg und die von ihm eroberten und annektierten Gebiete gaben dem Land eine Atempause, Selbstbewußtsein und ein Gefühl der Überlegenheit.

Ab 1948 änderten sich die Spielregeln im Mittleren Osten. Die Araber weigerten sich, die Verantwortung zu übernehmen für die Folgen, die sich aus ihrer strikten Ablehnung des israelischen Existenzrechts und eines jüdischen Rechts auf Selbstbestimmung ergaben. Es entwickelte sich ein stets gleichbleibendes Muster arabisch-israelischer Wechselwirkung, wobei die Araber immer den Ereignissen hinterherhinken: Die Araber lehnen die von internationalen Vermittlern ausgearbeiteten Kompromißvorschläge ab. Die Israelis dagegen stimmen zu – möglicherweise aus taktischen Gründen. In jedem Fall haben die Araber die erste Gelegenheit verpaßt. Wenn sie dann schließlich doch bereit sind, den ursprünglichen Vorschlag zu akzeptieren, lehnen die Israelis ab. »Jetzt ist es zu spät«, sagen sie und weisen darauf hin, daß sich die Spielregeln geändert haben. Mit ihrem Nein weigern sich die Israelis, das Spiel mit den Arabern fortzusetzen, und mit ihrer Weigerung, das Rad zurückzudrehen, konservieren sie das Problem. Die Israelis ziehen es vor, in ständiger Anspannung zu leben, auf dem schmalen Grat zwischen Krieg und Frieden.

Die israelische Propaganda hat jahrelang behauptet, es seien die Araber, die keinen Frieden wollten und Israels ausgestreckte Hand stets zurückwiesen. Kürzlich freigegebene Dokumente aus israelischen und amerikanischen Staatsarchiven zeigen indes ein komplexeres Bild. In den ersten Jahren nach dem Unabhängigkeitskrieg hat zwischen den israelischen und den arabischen Führern eine Reihe geheimer Begegnungen stattgefunden. Im Gegensatz zu der herrschenden Meinung, beide Seiten hätten nicht miteinander gesprochen, gab es in Wahrheit nicht einen einzigen arabischen Führer, zu dem die Israelis nicht insgeheim Zugang gefunden hätten. Israelische Diplomaten trafen sich weiterhin mit König Abdullah von Jordanien, Oberst Zaim von Syrien und den im Exil lebenden Palästinenserführern und tauschten mit ihnen Noten aus. Die arabischen Führer zeigten durchaus Interesse und eine gewisse Bereitschaft, mit Israel zu einer gütlichen Einigung zu kommen. Als Gegenleistung für den Abschluß offizieller Verträge forderten die Palästinenser jedoch von Israel gewisse Zugeständnisse. König Abdullah verlangte eine territoriale Grenzbereinigung zwischen Israel und Jordanien.

Oberst Zaim bot an, sich zu einem Gespräch unter vier Augen mit Ben Gurion zu treffen, um einen Friedensvertrag abzuschließen. Als Gegenleistung forderte er, Israel sollte Syriens Souveränität über die Hälfte des Sees Genezareth anerkennen. Über Zaims Vorschlag notierte Ben Gurion unter dem 16. April 1949 in seinem Tagebuch: »Die Syrer haben einen separaten Friedensvertrag mit Israel angeboten sowie Zusammenarbeit und eine gemeinsame Armee, aber sie wollen Änderungen an der Grenze …« Ben Gurion lehnte ab. 1949 ließen palästinensische Führer durchblicken, daß sie sich mit der Rückkehr von nur 100000 palästinensischen Flüchtlingen in ihre von den Israelis besetzte Heimat zufriedengeben würden. Der arabische Vorschlag wurde von den Vereinten Nationen sowie der amerikanischen und der britischen Regierung unterstützt.

Damals wie heute war Israel in zwei Hauptlager gespalten: die Tauben – oder Gemäßigten – und die Falken – oder Extremisten. Die Tauben vertraten die Ansicht, Israel müsse gewisse Kompromisse machen, schon allein, um die Reibungspunkte mit der arabischen Welt zu verringern. Aber der Falke Ben Gurion behielt bei den internen israelischen Debatten die Oberhand.

Ben Gurion, Israels erster Premierminister, war überzeugt, daß die Araber einen zu hohen Preis verlangten. Sie hatten den Krieg verloren, und trotzdem stellten sie Bedingungen und Forderungen. Er wollte kein Land zurückgeben. Auch war er der Meinung, Israel solle unter keinen Umständen seine Souveränität über den See Genezareth aufgeben, da er Israels Hauptwasserreservoir ist und eine Conditio sine qua non im trockenen Mittleren Osten. Aber wovon Ben Gurion überhaupt nichts hören wollte, war die Rückkehr der palästinensischen Flüchtlinge. Er war ernstlich besorgt, daß die Rückkehr auch nur eines einzigen Palästinensers einen Präzedenzfall schaffen könnte: Weitere Flüchtlinge würden folgen und ebenfalls auf einer Rückkehr in ihre Häuser bestehen.

Nach einer Untersuchung der Bir-Zeit-Universität auf der West Bank eroberten die israelischen Streitkräfte im Krieg 1948 450 arabische Dörfer und Städte. Viele davon waren völlig zerstört. Aber in vielen anderen waren die Häuser noch gut erhalten. Während des Krieges wurden Wohnungen und Geschäfte von israelischen Soldaten geplündert; Dörfer und Städte wurden Eigentum der israelischen Regierung. Schon bald reisten Regierungsbeamte von Dorf zu Dorf, um sie in Augenschein zu nehmen. In einem symbolischen Akt der Konfiszierung und Aneignung änderten sie ihre arabischen Namen in ähnlich klingende hebräische. Und wo der arabische Name eines Dorfes auf einen alten biblischen Namen zurückging, gab dies den Beamten zusätzlich das Gefühl, daß alles, was sie taten, in Wahrheit nur die Wiedereinsetzung des rechtmäßigen Eigentümers war.

In die verlassenen und eroberten Dörfer wurden jüdische Immigranten einquartiert. Heute erkennt man diese arabischen Dörfer fast nicht mehr wieder. Israelische Bulldozer haben ihre Zeichen hinterlassen und die Orte so umgestaltet, daß sie das typische Bild israelischer Vorstädte oder ländlicher Gemeinden bieten. Unsere Wohngegend, Ramat Aviv, wurde auf den Ruinen des blühenden arabischen Dorfes Scheikh Munes und seinen Orangenhainen errichtet. Als meine Familie 1958 hierher zog, waren die Bauarbeiten schon ziemlich weit fortgeschritten, aber zwischen den neuen Häusern und Straßen konnte man noch Teile der Obstgärten und die alten Häuser des Dorfes finden, die meist bereits von jüdischen Immigranten bewohnt waren. Im Lauf der Jahre wurden die meisten dieser Gebäude abgerissen. Wo einmal geräumige, architektonisch interessante Wohnsitze standen, erstreckt sich heute der moderne Campus der Universität von Tel Aviv.

Für Ben Gurion und Israels Regierungskreise war die Sache sehr einfach. Die Araber hatten den Krieg verloren, den sie selbst angezettelt hatten, und mußten nun auch die Folgen ihrer Taten und Verbrechen tragen. Ihre Strafe bestand darin, daß sie ihre verlorenen Gebiete aufgeben mußten: Äcker, Häuser und das Land, das ihnen ursprünglich gehört hatte. Dieser eroberte Besitz wurde den jüdischen Immigranten gegeben – den Opfern von Antisemitismus, Verfolgung und Holocaust, die jetzt nach fast 2000 Jahren Exil und Diaspora in ihre angestammte Heimat zurückkehrten.

Die arabische Minorität in Israel, die nicht geflohen oder vertrieben worden war, genoß aufgrund der Unabhängigkeitserklärung dieselben Rechte und Freiheiten wie jeder Israeli. Israels Araber waren und sind noch immer wahlberechtigt und können in die Knesseth gewählt werden. Aber in allen ihren Dörfern und ihren beiden Städten (einschließlich Jesus Heimatort Nazareth) wurden Militärverwaltungen eingerichtet und ihre Rechte auf freie Meinungsäußerung und Freizügigkeit beschnitten. Dies entsprach in keiner Weise jener brutalen Okkupation, die die Palästinenser nach der Eroberung der West Bank und des Gaza-Streifens 1967 kennenlernten. Aber die Methoden waren sehr ähnlich. Die Militärverwaltung arbeitete nach einem System von Belohnung und Strafe, das auf einem riesigen Netz von Informanten und Kollaborateuren beruhte. So konnte sich ein israelischer Araber nur als Lehrer qualifizieren, wenn er und seine Familie sich bereit erklärten, mit Israels neugierigem nationalem Geheimdienst zusammenzuarbeiten.

Arabisches Land wurde eingezogen, und die israelischen Behörden behinderten gezielt jeden technischen Fortschritt. Ihre unverhohlene Absicht war, die arabische Bevölkerung auf dem Stand einer bäuerlichen, nichtindustrialisierten Gesellschaft zu halten. Selbst als 1966 die Militärherrschaft aufgehoben wurde, bildeten die Araber weiterhin praktisch den dritten Stand hinter den Sephardim und den Aschkenasim.

Die Lebensbedingungen der Palästinenser jenseits der Grenze waren indessen noch schlechter. Die arabischen Länder sperrten sie in zu Barackenstädten ausgebaute Flüchtlingslager und nutzten ihr Elend im Propagandakrieg gegen Israel. Die arabischen Regierungen von Syrien, Ägypten und des Libanon unternahmen nichts, um den Lebensstandard ihrer palästinensischen Brüder zu verbessern. Nur Jordanien behandelte sie gut.

Die palästinensischen Organisationen und die arabischen

Regierungen waren nicht gewillt, sich mit der Existenz Israels abzufinden, und riefen immer wieder zur Vernichtung des »zionistischen Gebildes« auf. In einer naiven Ignorierung der Tatsachen strichen sie Israels Namen von ihren Landkarten – und setzten an seine Stelle politisch herabsetzende Bezeichnungen wie »Die Tel-Aviv-Bande« oder »Die zionistischen Faschisten«. Die typische arabische Karikatur eines israelischen Juden zeigt eine schwarzgekleidete, langnasige, sexuell und geldgierige Kreatur. Dieses Bild ähnelte sehr stark den Zeichnungen der Nazi-Propaganda.

Die Palästinenser leiteten militärische Überfälle auf israelische Positionen entlang den Grenzen zu Syrien, dem Libanon, Jordanien und Ägypten. Israels vier arabische Nachbarn organisierten örtliche palästinensische Störtrupps und Guerillagruppen, die über die Grenze geschickt wurden, um israelische Farmer auszurauben, Minen zu legen, Terroraktionen durchzuführen und militärische Stützpunkte und Patrouillen zu überfallen. Israel rächte sich mit seiner ganzen militärischen Stärke für jeden dieser Anschläge. Es machte die jeweiligen arabischen Regierungen für jede Infiltration, jede gestohlene Kuh und jedes Huhn verantwortlich und schlug in harten, oft übertriebenen Vergeltungsaktionen zurück. Die Vergeltungspolitik goß nur Öl ins Feuer des Mittleren Ostens und erhöhte die Spannungen.

Als 1962 eine Gruppe weiblicher israelischer Soldaten auf einer Fahrt durch Galiläa versehentlich die libanesische Grenze überschritt und gefangengenommen wurde, drohte Ben Gurion mit einem israelischen Angriff, falls sie nicht unverzüglich freigelassen würde. Dies war die typisch arrogante Reaktion einer Regierung, die von ihrer eigenen Macht berauscht und überzeugt war, daß »Muskelkraft die einzige Sprache ist, die die Araber verstehen«.

Im Juni 1963 trat Ben Gurion aus Ärger über innenpolitische Streitigkeiten zurück. Damals schien es bei den Auseinandersetzungen um die Frage von Leben oder Tod zu gehen. Wenn man heute auf diese Episode zurückblickt, erweist sich das Ganze als ziemlich trivial – mit Sicherheit als nicht wichtig genug, um den Premierminister zu veranlassen, die Tür hinter sich ins Schloß zu werfen.

Zwei Jahre nach seinem Rücktritt verließ Ben Gurion auch die Labor-Partei und gründete eine eigene Splittergruppe. Er war damals Ende der 70, und obgleich er noch immer viele Anhänger hatte, wurde seine politische Urteilskraft zunehmend in Frage gestellt. Viele Israelis hatten das Gefühl, daß sein Verhalten in der letzten Zeit seine früheren Leistungen kompromittiere. Obgleich es für die Labor-Partei zunächst ein gewisser Schock war, plötzlich ohne ihre große Vaterfigur dazustehen, erholte sie sich bald wieder. An Ben Gurions Stelle rückte Levi Eschkol, der zu jener zweiten Politikergeneration gehörte, die ihr gesamtes politisches Leben im Schatten Ben Gurions gestanden hatte.

Eschkol gehörte zu den Gemäßigten und war zu Konzessionen bereit. Für Argumentationen und Diskussionen hatte er nicht viel übrig. Er wurde zur Zielscheibe vieler Witze. Der, der ihn wahrscheinlich am besten charakterisiert, geht folgendermaßen: Eschkol wird gefragt, ob er lieber Tee oder Kaffee möchte. Er zögert und denkt sehr lange über die Frage nach. Dann meint er: »Wissen Sie was? Geben Sie mir halb und halb.« Er war gutmütig und hatte einen wunderbaren Humor, was besonders zur Geltung kam, wenn er jiddisch sprach. (Eschkol gehörte einer rasch aussterbenden Generation von Führern an, die noch jiddisch sprachen.)

Aber genau diese Charakterzüge, die ihm in Friedenszeiten gut anstanden – Pragmatismus, ein verbindlicher Ton und Realpolitik – und ihn zu einem sympathischen Premierminister machten, wirkten sich zu diesem kritischen Zeitpunkt negativ aus. Wer Augen hatte zu sehen, konnte ab 1963 erkennen, daß die Zeichen auf Krieg standen. Dennoch waren die meisten überrascht, als er 1967 schließlich ausbrach. Als Antwort auf die Blitzattacken und die Infiltrationen von seiten der Palästinenser hatte die israelische Führung begonnen, ungewöhnlich scharfe Drohungen an Syrien zu richten. Überzeugt, daß Israel nicht nur bluffte, sondern sich wirklich auf einen Krieg vorbereitete, wandten sich die Syrer um Hilfe an ihren Schirmherrn, die UdSSR. Um die israelischen »Aggressoren« abzuschrecken, mobilisierten die Sowjets ihrerseits die Ägypter, die am hellichten Tag mit ihrer starken Armee auf der entmilitarisierten Sinai-Halbinsel einmarschieren. Ägypten hatte nicht wirklich die Absicht, Israel den Krieg zu erklären – es wollte seinen Feind nur erschrecken. Aber mit seiner Truppenbewegung hatte es einen Vertrag gebrochen und ließ Israel keine andere Wahl, als seine Armee zu mobilisieren. Diese tragische Folge von Irrtümern und Mißverständnissen erinnert an den Beginn des Ersten Weltkriegs in Europa. Kaum hatte Israel auf den ägyptischen Vormarsch mit der Mobilisierung geantwortet, tat es ihm Jordanien nach – im Namen der panarabischen Solidarität und Brüderlichkeit.

Auf diese Weise fanden sich die arabischen Armeen im Mai 1967 plötzlich – und gegen ihren Willen – in einer gemeinsamen Front gegen Israel vereint. Jede der arabischen Streitkräfte und ihre politischen Führer erlagen ihren eigenen Trugbildern. Die Araber glaubten, dies sei endlich die Gelegenheit, Rache zu nehmen und Israel zu vernichten: Ihre Führer ließen sich von der eigenen Propaganda mitreißen. Die Massen wurden aufgerufen, auf die Straßen zu gehen und ihren nationalistischen Schlachtruf anzustimmen: »Mit Blut und Feuer werden wir dich, Palästina, befreien.« Führer und Kommentatoren verkündeten über Rundfunk und in Wochenschauen, man werde das besetzte Palästina befreien und die Juden ins Mittelmeer treiben. Die siegreichen Araber würden den Israelis ihren Besitz rauben und ihre Frauen vergewaltigen. Da es noch kein Fernsehen gab, sahen sich die Israelis die Kinowochenschauen an, die ihnen die fanatischen, kreischenden und brüllenden arabischen Massen vorführten, darunter immer wieder Männer, die mit beiden Händen ihre Kehle umfaßt hielten – eine Geste, deren symbolische Bedeutung dem israelischen Publikum nicht entging.

Das Sicherheitsgefühl und das Selbstbewußtsein Israels waren ziemlich zerbrechlich. Während jener drei Wochen, die dem Krieg vorausgingen, schien Israels nackte Existenz auf dem Spiel zu stehen. Die Erinnerung an Auschwitz kehrte zurück. In den Arabern sah man die neuen Nazis, die das jüdische Volk vernichten wollten und zu Ende bringen, was die Deutschen begonnen hatten. Viele Israelis sahen sich wieder in der Rolle der Ghetto-Juden Osteuropas – umgeben von blutrünstigen Feinden am Vorabend eines Pogroms.

Anfang Juni gab Eschkol schließlich dem Drängen der Öffentlichkeit nach und trat das Verteidigungsministerium an General Mosche Dayan ab. In einem Versuch, die allgemeine Moral zu heben und nationale Einheit zu demonstrieren, lud Eschkol zugleich Repräsentanten der rechtsgerichteten Opposition zur Mitarbeit in sein Kabinett ein. Nach 19 Jahren der Isolation am Rande des politischen Geschehens kam so Menachim Begin, der Führer des rechten Blocks, als Minister in die israelische Regierung. Praktisch rehabilitierten Eschkol und die Labor-Partei damit ihre Erzrivalen und legitimierten sie. Ein Präzedenzfall war geschaffen, auf den sich Begin und seine Anhänger zehn Jahre später als Beweis ihrer Regierungstauglichkeit beriefen, um die israelische Öffentlichkeit zu überreden, ihnen die Regierungsgewalt zu übertragen.

Drei Tage nach Bildung der Regierung der nationalen Einheit, am Morgen des 5. Juni 1967, griffen Israels Streitkräfte an. Der Krieg endete sechs Tage später mit einem überwältigenden Sieg der Israelis. Israel eroberte von Ägypten den Gaza-Streifen und die Sinai-Halbinsel einschließlich des Ostufers des Suezkanals. Jordanien verlor die West Bank und Ost-Jerusalem; Syrien die Golan-Höhen. Israel verdankte diesen Sieg in erster Linie seinem Premier- und ehemaligen Verteidigungsminister Levi Eschkol. Aber den Ruhm erntete General Dayan.

Jene sechs Tage im Juni brachten einen völligen Stimmungsumschwung in Israel: von Angst zu Euphorie. Man war ungeheuer erleichtert. Viele Israelis sahen in diesem Sieg das Walten göttlicher Vorsehung; ein Zeichen, daß der jüdische Gott den Staat Israel beschützte. Israel verherrlichte seine Armee – von den höchsten zu den niedrigsten Rängen.

Im gleichen Maß, wie die Verehrung der Streitkräfte zunahm, wuchs die Verachtung der Israelis gegenüber den Arabern. Die Presse schilderte sie als technisch rückständig und ihre Kultur als minderwertig und erbärmlich. Über ihre Naivität wurde jeder nur mögliche Witz gemacht. Einige der Witze, die man sich vor dem Krieg über Eschkol erzählt hatte, feierten jetzt auf Kosten der »blöden« arabischen Generäle und Führer fröhliche Auferstehung. Die Kinos brachten zu wiederholten Malen Bilder von Tausenden erniedrigter arabischer Kriegsgefangener, die irgendwo in der Wüste saßen, neben ausgebrannten Tanks und Fahrzeugen, barfuß, mit hinter dem Kopf verschränkten Händen.

Zu dieser nationalen Euphorie mit ihrer Mischung aus israelischer Arroganz und Herablassung gegenüber den Arabern gesellten sich zwei neue Größen: religiöser Mystizismus und messianischer Glaubensfanatismus.

Erez Israel war jetzt vollständig von Israel erobert. Das gesamte Gebiet, auf dem 1947 fast ein palästinensischer Staat entstanden wäre und das nach dem Krieg 1948 zwischen Israel, Jordanien und Ägypten aufgeteilt worden war, war nun den Israelis in die Hände gefallen. Sie strömten in die Dörfer und Städte der West Bank und des Gaza-Streifens – getrieben von der Neugier auf ihre Feinde und dem Wunsch, ein neues Land zu entdecken.

Nur wenige Tage nach Kriegsende fluteten mehr als 200 000 Israelis, fast zehn Prozent der Gesamtbevölkerung, wie ein reißender Strom zur westlichen Tempelmauer in die Altstadt von Jerusalem, die seit 1948 unter jordanischer Herrschaft gestanden hatte. Sie wollten die heilige Mauer mit eigenen Augen sehen und ihre Steine berühren. Die Pilgermassen waren so gewaltig, daß Palästinenserhäuser über Nacht abgerissen wurden, um den Zugang zu erleichtern. Von diesem Tag an nahmen die Andachten der Israelis an der Klagemauer zunehmend kitschige und groteske Züge an – insbesondere, wenn reiche amerikanische Juden auf dem Platz davor Bar-mitzvah-Feiern abhielten.

Einen Monat nach dem Sieg annektierte Eschkols Kabinett Ost-Jerusalem – trotz internationaler Proteste – und begann unter Verletzung internationalen Rechts eine intensive Bautätigkeit im arabischen Teil der Stadt.

Israel hat sich nie übermäßig davon beeindrucken lassen, daß keine einzige Nation der Welt, auch nicht sein Hauptverbündeter, die USA, die Annexion des arabischen Teils von Jerusalem anerkannt hat. Mehr als jeder andere Ort oder jedes andere Anliegen ist Jerusalem zur heiligen Kuh der israelischen Politiker geworden – als wäre es letztlich nicht doch nur eine Stadt; zwar eine wunderschöne, faszinierende, ganz besondere und historisch interessante Stadt, aber eben nicht mehr. Aber die Steine, aus denen Jerusalem gebaut ist, sind in den Augen vieler Israelis anscheinend wichtiger als Frieden und Menschenleben.

Die Palästinenser in den besetzten Gebieten hatten einen tiefen Schock erlitten. Sie fürchteten, daß die Besatzungsmacht ihnen jetzt das antun könnte, was die arabischen Führer vor dem Krieg den Israelis angedroht hatten. Sie mußten sich wie Tiere im Zoo vorkommen, die von israelischen Touristen besucht und neugierig angestarrt wurden. Später schlug die Neugier in Herablassung und autoritäres Auftreten um. Immerhin fühlten sich die Israelis in diesen Gebieten durchaus heimisch. Bereits 19 Jahre zuvor, als das Land noch unter britischer Verwaltung stand, hatten die Juden diese Gegenden besucht und hier sogar gelebt. Sie hatten von den Orten in der Schule gehört und kannten ihre biblischen Namen. Die West Bank des Jordans wurde jetzt entsprechend ihrem alten hebräischen Ursprung wieder zu »Judäa« und »Samaria«, wo vor 3000 Jahren die beiden alten israelischen Königreiche entstanden waren. Die Palästinenser hatten schon bald das Gefühl, daß ihr gesamtes Leben in den Händen der Israelis lag, die sie unter dem vagen und zweideutigen Begriff einer Militärverwaltung bestrafen, ihr Land konfiszieren und ihnen Unrecht zufügen konnten.

Während des Krieges und ein paar Tage danach war es sporadisch zu Zwischenfällen gekommen, bei denen Palästinenser vertrieben worden waren. Israelische Soldaten brachten sie in Bussen oder zu Fuß zu den zerstörten Jordanbrücken und zwangen sie, durch den seichten Fluß ins Königreich Jordanien hinüberzuwaten. Wie schon 1948 handelte es sich dabei weder um gezielte politische Aktionen, noch waren sie gut durchdacht. Nichtsdestoweniger wurden mehr als 100 000 Palästinenser zwangsweise über die Grenze getrieben und zu Flüchtlingen gemacht. Die meisten stammten aus Kalkilija, einer kleinen, trostlosen Stadt 15 Meilen nordöstlich von Tel Aviv, und aus den Vorstädten der alten Stadt Jericho. Später erlaubte man einigen von ihnen, zurückzukehren und ihre Häuser wieder aufzubauen.

Die Ereignisse der Wochen und Monate nach Beendigung des Krieges reihen sich in die lange Liste verpaßter Gelegenheiten, im arabisch-israelischen Konflikt zu einem Frieden zu kommen. Sofort nach Kriegsende berief Premierminister Eschkol ein Expertenteam und beauftragte es, die Stimmung der Palästinenser in den besetzten Gebieten zu ermitteln. Die Gruppe bereiste die West Bank und den Gaza-Streifen und kam zu dem Ergebnis, daß die Palästinenser noch unter dem Schock stünden, nach 19 Jahren wieder von den Israelis regiert zu werden, aber bereit seien, über eine Art Vereinbarung mit ihnen nachzudenken. Das Team schlug vor, den Palästinensern in den besetzten Gebieten Autonomie zu gewähren – eine Rechtsstellung, die sich von der eines unabhängigen Staates nicht sehr unterscheidet. Ferner sprach es sich für israelische Initiativen zur Rückführung der palästinensischen Flüchtlinge aus den Lagern aus.

Aber wie üblich konnte Eschkol sich nicht entscheiden. Dayan war der Meinung, die Zeit arbeite für Israel; es sei daher besser, nichts zu tun und abzuwarten. Im übrigen schob er den Schwarzen Peter den Arabern zu und erklärte ihren Vertretern, er warte auf ihren Anruf, um über den Frieden zu verhandeln. Die von der israelischen Regierung angebotene Lösung bestand in einem »territorialen Kompromiß«. Als Gegenleistung für einen Friedensvertrag wollte Israel sich aus den meisten besetzten Gebieten, ausgenommen Jerusalem, zurückziehen und nur gewisse, für seine Sicherheit notwendige Gebiete zurückbehalten. Aber die durch die erneute Niederlage verletzten und gedemütigten Araber lehnten es ab, mit den Israelis zu sprechen. Statt dessen begannen sie, unterstützt von der UdSSR, ein Wettrüsten. Ihr von Israel im Krieg zerstörtes Waffenarsenal wurde durch moderne Waffen ersetzt. Und im August 1967 verkündeten die arabischen Staaten auf ihrem Gipfeltreffen in Khartum, der Hauptstadt des Sudan, ihre drei berühmten Nein: nein zum Frieden mit Israel, nein zur Anerkennung, nein zu Verhandlungen.

Nach offizieller Version behielt Israel die eroberten Gebiete, mit Ausnahme Ost-Jerusalems, nur als Pfand. Nach Unterzeichnung eines Friedensvertrages wollte sich Israel zurückziehen und das Land den Arabern zurückgeben. Wie immer, erwuchs aus der politischen Stagnation neuer Zündstoff. Man griff eine alte Lieblingsidee des Zionismus wieder auf: ein Fait accompli zu schaffen, um so in aller Stille die offizielle Position zu unterwandern. Gruppen und Einzelpersonen begannen damit, heimlich des Nachts Siedlungen zu errichten – offiziell im Widerspruch zur Regierungspolitik. Jüdische Siedler zogen auf die Golan-Höhen; Abenteurer suchten in der Wüste Sinai nach Öl und anderen Rohstoffquellen; und religiöse Fanatiker siedelten unter Vorspiegelung falscher Tatsachen auf der West Bank.

Ein Beispiel hierfür ist die »Besetzung« der arabischen Stadt Hebron, der Grabstätte der Patriarchen. Im April 1968 mietete dort eine Gruppe orthodoxer Israelis in eindeutig messianischer Absicht einige Zimmer in einem arabischen Hotel. Sie versprachen, nach dem Passahfest nach Hause zurückzukehren, hielten aber ihr Versprechen nicht. Statt dessen richteten sie sich in dem Hotel häuslich ein. Als nächstes zogen sie mit der stillschweigenden Zustimmung der israelischen Regierung in die örtliche Polizeistation, und schließlich erhielten sie von der Regierung sogar etwas Land. Auf diese Weise entstand neben dem arabischen Hebron nach und nach eine jüdische Vorstadt. Heute ist sie die zweitgrößte Siedlung auf der West Bank, in der etwa 7000 Juden leben, die nicht die Absicht haben, diesen Ort jemals wieder zu verlassen – auch nicht als Gegenleistung für einen Frieden. Erst kürzlich haben sie sich nun auch mitten im dichtbevölkerten Zentrum von Hebron niedergelassen.

Eschkols Regierung unternahm keine ernsthaften Schritte, die illegalen Siedler wieder zurückzurufen. Anfangs wurden sie und ihre Aktivitäten schlicht ignoriert. Aber es dauerte nicht lange, bis die Siedler von der Regierung finanzielle Hilfe in Form von »humanitärer Unterstützung« bekamen. Sie erhielten Elektrizität und Wasser, dann wurden Straßen angelegt und schließlich Häuser gebaut und Kindergärten eröffnet. Innerhalb weniger Monate schossen in besetzten Gebieten jüdische Siedlungen wie Pilze aus dem Boden. Damit war die Glaubwürdigkeit der Regierung erschüttert, die einerseits jede Aneignungsabsicht bestritt und weiterhin den Arabern offiziell einen Tausch »Land gegen Frieden« anbot, in der Praxis aber den Prozeß einer schleichenden Annexion unterstützte.

Der linke Flügel und die Liberalen opponierten aus moralischen wie pragmatischen Gründen gegen diese euphorischen nationalistischen Tendenzen. Mit den entschiedensten Gegnern engagierte sich auch der Philosoph Yeshayahu Leibovitz. Den 80jährigen Professor von der Hebräischen Universität in Jerusalem kann man nicht einfach als typischen unreligiösen Linken abtun. Im Gegenteil, er trägt das traditionelle Scheitelkäppchen und bezeichnet sich selbst als gläubig. Und genau dies ist der Grund, warum er sich stets gegen eine israelische Präsenz in den besetzten Gebieten ausgesprochen hat und dies noch immer tut. Als Leibovitz kurz nach dem Krieg 1967 Zeuge des Ansturms auf die Klagemauer wurde, zögerte er nicht, diesen Vorgang als heidnischen Götzendienst zu bezeichnen: ein Phänomen, das in krassem Widerspruch zur jüdischen Spiritualität und ihrem Ethos stehe. Mit Blick auf den »Klagemauerrummel« sagte er voraus, daß Israel am Ende zu einer brutalen Besatzungsmacht werden könnte. Israel würde sich in einen Polizeistaat verwandeln, in dem Sicherheitskräfte und Polizei bei der Unterdrückung der Palästinenser Hand in

Hand arbeiteten. Er schlug einen freiwilligen Rückzug aus den besetzten Gebieten und das Selbstbestimmungsrecht für die dortige Bevölkerung vor. Es hatte bereits entsprechende Demonstrationen gegeben. Wandparolen forderten das »Ende der Okkupation«. Aber in der allgemeinen euphorischen Stimmung verhallten Leibovitz' Worte wie die Stimme des Rufers in der Wüste, und auch Wandparolen und Demonstrationen nahm die Mehrheit der Israelis nicht ernst.

Heute – im nachhinein – ist offensichtlich, daß Leibovitz und die kleine Minderheit der Israelis recht behalten haben. Der süße Sieg von 1967 hat einen bitteren Geschmack angenommen, und Israel wurde in ein unentwirrbares Netz verstrickt; das Problem der besetzten Gebiete hat die israelische Gesellschaft gespalten.

Am Tag nach dem Sechs-Tage-Krieg entbrannte innerhalb der Nation eine heftige Diskussion über den Status der besetzten Gebiete: Für Leibovitz und seine Anhänger handelte es sich um erobertes Feindesland. Die Labor-Regierung sprach zwar offiziell von »Verwaltungsgebieten«, aber viele Menschen waren der Ansicht, daß die Gebiete lediglich befreit worden seien, denn dieses Land, das biblische Land der Patriarchen, habe schon immer dem jüdischen Volk gehört. Bis 1967 waren sich alle Israelis einig, daß sie Bürger des Staates Israel waren. Heute benutzen die meisten Israelis – selbst jene, die eine weitere israelische Präsenz auf der West Bank und im Gaza-Streifen ablehnen – statt dessen so häufig die Bezeichnung *Erez Israel*, daß sie gar nicht begreifen würden, wovon die Rede ist, wenn man sie darauf hinwiese, daß sie offiziell noch immer im Staat Israel leben und dieser Name bisher nicht geändert wurde. In den vergangenen 25 Jahren sind die besetzten Gebiete zu einem untrennbaren Teil der Kultur, der Sprache und des Bewußtseins Israels geworden, auch wenn sie offiziell nie annektiert wurden. Es ist kaum zu glauben, daß ein Volk so blind sein konnte und daß der Irrsinn territorialer Anbetung fast eine ganze Nation erfassen konnte. Israel hatte wieder einmal ein Goldenes Kalb gefunden und begann sofort zu tanzen.

Einige arabische Führer, zuletzt Saddam Hussein, behaupten, die eine Wand der Knesseth sei mit einer Karte geschmückt, die die wahren Absichten Israels kundtue. Diese Karte zeige ein Groß-Israel, das nicht nur die besetzten Gebiete einschlösse, sondern sich vom Euphrat im Irak bis zum Nil in Ägypten erstrecke. Es gibt diese Karte nicht. Die Wände der Knesseth sind leer, bis auf ein großes Porträt von Herzl. Aber viele Araber glauben dennoch an die Existenz einer Karte, auf der Israels lang gehegte Expansionsabsichten graphisch dargestellt sind. Sie sind überzeugt, daß Israels Kontrolle über die besetzten Gebiete Teil dieses alten und geheimen Programms sei. Dieses Argument wird mit der alten arabischen Behauptung verknüpft, daß Israel während und nach dem Krieg 1948 gezielt die Vertreibung der Palästinenser aus ihrer Heimat geplant habe. Diese Behauptung war und ist falsch. Wie 1948, so reagierte die israelische Politik auch 1967 spontan auf die jeweiligen Umstände und die sich ergebenden Gelegenheiten. Ein solches, den Sachverhalten angepaßtes Verhalten ist für den seit 100 Jahren existierenden Zionismus weit charakteristischer als irgendwelche finsteren Pläne.

Immerhin ist bemerkenswert, daß in Israel die Verherrlichung des Landes unter der Regierung der Sozialisten und nicht etwa der des Likud-Blocks begann. Es mag sein, daß Eschkol und seine Kollegen sich die ganze Zeit über nicht sehr wohlgefühlt haben, als sie in ihrem Bemühen, den Staat aufzubauen, dem weltlichen Zionismus gestatteten, zu einer Art Ersatzreligion zu werden. Die Verehrung der besetzten Territorien war für sie eine nostalgische, sentimentale Erinnerung an das religiöse Leben in ihrer alten Heimat, der Diaspora, die sie so lange zu unterdrücken versucht hatten.

Israel ist eine eindimensionale Gesellschaft geworden. Seit Juni 1967 sind alle früher wichtigen Dinge an den Rand der nationalen Agenda gerückt und haben dem einen großen Thema der besetzten Gebiete Platz gemacht. Man könnte glauben, das Land habe keine anderen Sorgen, wie z. B. seine Wirtschaft, soziale Probleme, Gesundheit, Erziehung, Eingliederung der Immigranten usw. Insoweit bedeutete der Sechs-Tage-Krieg eine klare Zäsur. Die ersten 19 Jahre israelischer Geschichte lesen sich völlig anders als das Kapitel der folgenden 25 Jahre.

V.

Wachwechsel

Am 17. Mai 1977 um elf Uhr abends sendete das israelische Fernsehen eine Wahlprognose, in der es hieß, daß der oppositionelle Likud-Block die Wahl gewinnen und Menachim Begin, sein unangefochtener Führer, das nächste Kabinett bilden würde. In jener Nacht flossen in vielen israelischen Wohnungen die Tränen: Tränen der Bestürzung über das Ende einer 29jährigen Herrschaft der Labor-Partei. So mancher machte sich Sorgen. Da war nicht nur die Furcht vor dem Unbekannten – die Menschen hatten ganz konkret Angst vor dem, was Likud für sie an Überraschungen bereithielt. Ihre echte Sorge war – nach Jahrzehnten fortwährender Indoktrination –, daß die Wahl Begins Krieg bedeuten könnte. Denn so hatten ihn seine Rivalen von Labor stets hingestellt: als Kriegstreiber. Ich erinnere mich noch an die Reaktionen in meiner Familie, als wir vor dem Fernseher saßen und die Wahlergebnisse durchkamen: das ungläubige Schweigen, der erste Schock, unmittelbar gefolgt von Ärger, Furcht und Verwirrung.

Ein paar ältere Politiker der Labor-Partei weigerten sich in dieser Nacht schlicht, die demokratischen Spielregeln einzuhalten. Über den Bildschirm forderten sie die israelische Öffentlichkeit auf, das Wahlergebnis nicht zu akzeptieren: Das Ergebnis zeige nicht, daß die Regierung ausgewechselt werden solle, sondern daß die Leute den Verstand verloren hätten. Die Labor-Führung konnte sich in ihrer typischen Arroganz nicht von ihrer Überzeugung trennen, über Volk und Staat zu stehen – selbst dann nicht, als ihre Macht vor ihren Augen zerbrach. Die Labor-Partei war sich stets sicher gewesen, selbst der Staat zu sein.

Labors größte Angst war, Likud könnte jetzt versuchen, ihr Wirtschaftsimperium zu zerstören: Fabriken, Kibbuzim, Banken, Handelsgesellschaften, Baufirmen – alles, was die Labor-Partei und ihre gigantische Einheitsgewerkschaft, die Histadrut, in mehr als 50 Jahren aufgebaut hatten. Hinter der öffentlich zum Ausdruck gebrachten Bestürzung gab es innerhalb der Labor-Partei ein Raunen über Pläne, Besitztümer und Vermögen verschwinden zu lassen und vor den begehrlichen Augen des Likud zu verstecken.

Panik und Angst waren verständlich: Beide, Likud und Begin, waren Labor nicht geheuer, und der Normalbürger der israelischen Gesellschaft hatte sich unter der Labor-Regierung wohl gefühlt. Dennoch war Likuds Aufstieg zur Macht keine so völlige Überraschung. Er geschah vielmehr in einer natürlichen Entwicklung während der vorangegangenen zehn Jahre.

Als Levi Eschkol im Februar 1969 starb, erlebte Labor erneut einen jener für die 60er Jahre so charakteristischen parteiinternen Machtkämpfe. Man tat sich schwer, einen Nachfolger zu bestimmen. Die besten Chancen, zum Parteivorsitzenden und damit zum Premierminister gewählt zu werden, hatte Mosche Dayan, aber die alte Garde der Partei lehnte ihn ab. Sie fürchtete seine Unberechenbarkeit; seine Gegenwart behagte ihr nicht. Diese Leute kamen aus den jüdischen *Schteteln* Osteuropas, während er ein Sabra war, geboren und aufgewachsen in Erez Israel. Eschkol selbst hatte Dayan einmal halb im Scherz »den Wegelagerer« genannt. Dayan hatte keine starke Bindung an die Partei; er war sein eigener Herr. Die alten Parteimitglieder argwöhnten deshalb, er könnte eigenmächtig Beschlüsse fassen, ohne sich an das bolschewistische Ethos zu halten, das sie noch immer beherrschte und leitete. Als Kompromiß fiel die Wahl auf Golda Meir.

Sie hätten keine seltsamere Entscheidung treffen können. Golda Meir war damals eine leidende und alternde Frau Ende der 60. Sie litt an Krebs und unterzog sich gerade einer Strahlentherapie. In den USA und anderen westlichen Demokratien ist es allgemein üblich, Berichte über den Gesundheitszustand eines Staatsoberhauptes zu veröffentlichen. In Israel wird entsprechend einer älteren, verschwörerischen, politischen Tradition die Wahrheit über derartige Dinge sorgfältig verborgen. Und so wurde Golda Meirs Krankheit geheimgehalten – ebenso wie das Privatleben vieler anderer im Licht der Öffentlichkeit stehender Persönlichkeiten ihrer Generation. Um das Geheimnis zu wahren, wurde die Premierministerin in einem kleinen, alten Auto eines ihrer Mitarbeiter zur Behandlung ins Krankenhaus geschmuggelt.

Golda Meir hatte eine lange und interessante persönliche und politische Geschichte, die von ihrer Arbeit in der Labor-Bewegung und ihren entschieden sozialistischen Neigungen bestimmt war. Sie unterwarf sich streng der Parteidisziplin und machte entsprechend Karriere. 1947 und 1948, noch vor dem Unabhängigkeitskrieg, führte sie geheime Verhandlungen mit König Abdullah. Außerdem war sie Israels erste Botschafterin in der UdSSR und gehörte Ben Gurions Kabinett in verschiedenen Eigenschaften an, unter anderem als Außenministerin. Obgleich sie genug Gefühl besaß, um gelegentlich eine Träne zu vergießen, galt sie als zäh und stolz. König Abdullah gab ihr sogar die Schuld für seine Entscheidung, im arabischen Krieg 1948 gegen Israel teilzunehmen. Er erzählte seinen israelischen Kontaktleuten, die Konfrontation hätte vermieden werden können, wären da nicht Golda Meir und ihre halsstarrige Haltung gewesen. Der König war 1949 ausgesprochen erleichtert, als man ihm mitteilte, Golda Meir sei als Vertreterin Israels nach Moskau entsandt worden. »Laßt sie bloß da!« meinte er.

Als die Partei 1969 Golda Meir zur Vorsitzenden wählte, obgleich sie sich aus Alters- und Gesundheitsgründen bereits aus der Politik zurückgezogen hatte, war man sich im Grunde einig, daß dies nur eine Übergangslösung sein und sie lediglich als eine Art Platzhalterin fungieren sollte, bis Labor einen allgemein akzeptierten Kandidaten gefunden haben würde. Kurz bevor Golda Meir wieder aus der politischen Versenkung hervorgeholt wurde, war sie bei einer Publikumsumfrage, wen man sich als nächsten Premierminister wünsche, auf ganze drei Prozent gekommen. Dennoch wurde sie von den Israelis geliebt und verehrt. Inzwischen waren sechs Jahre vergangen, seitdem Ben Gurion das Amt des Premierministers abgegeben hatte, und die verwaisten Israelis sahen sich jetzt für den Verlust ihres großen Vaters mit einer starken Mutter getröstet. Die Öffentlichkeit schien in ihrer Gegenwart dahinzuschmelzen. Selbst der schreckliche Unruhestifter Dayan wurde zum Schmusekater, wenn Golda Meir in der Nähe war. Für die meisten Israelis und Diaspora-Juden verkörperte sie die jüdische Mutter schlechthin. Ihr Leben lieferte sogar den Stoff für ein am Broadway aufgeführtes Theaterstück mit Ingrid Bergman in der Hauptrolle. Ihre Leibwächter behandelte sie wir ihre Kinder. Sie achtete darauf, daß sie ihre Regenmäntel anzogen, wenn es zu regnen begann, und nahm sie mit zu sich nach Hause, um ihnen heiße Suppe zu servieren. Sie liebte es, in ihrer Küche zu sitzen und mit ihren Ministern bei einem Glas Tee und Kuchen die Tagesereignisse und anstehende Probleme zu diskutieren. Diese Zusammenkünfte waren als »Goldas Küchengespräche« bekannt und traten häufig an die Stelle formeller Kabinettssitzungen.

Golda Meir war keine Intellektuelle. Nach ihren Reden zu urteilen, war ihr Wortschatz begrenzt: Ihre Sätze waren einfach und kurz. Metaphern und Bilder, die sie benutzte, waren vorhersehbar. In den meisten ihrer öffentlichen Reden griff sie zurück auf das jüdische Ghetto als ihren Bezugspunkt. 1973 nach ihrer Audienz beim Papst im Vatikan erzählte sie stolz, daß sie ihm während der ganzen Stunde ihres Zusammenseins in die Augen gesehen und ihm von den Pogromen ihrer Kindheit erzählt habe. Sie empfand diese Begegnung als eine Art höherer Gerechtigkeit: ein Treffen zwischen dem Vertreter der christlichen Verfolger und ihr, der Abgesandten der jüdischen Opfer. Einmal behauptete sie sogar mit der für Labor gegenüber den Sephardim typischen Arroganz, wer das osteuropäische Ghetto nicht kennengelernt habe, könne kein guter Jude sein. Ihre Abneigung gegen die orientalischen Juden zeigte sich auch bei einer anderen Gelegenheit, als eine Gruppe junger Sephardim sich, um Aufmerksamkeit zu erregen, nach amerikanischem Vorbild »Black Panthers« nannte. »Sie können sich nicht anständig benehmen«, sagte sie über diese jungen Leute, die für die Gleichberechtigung der israelischen Sephardim eintraten.

Den Arabern begegnete Golda mit ähnlicher Selbstgerechtigkeit. »Es gibt kein palästinensisches Volk«, stellte sie 1970 fest. Ihre Amtszeit von 1969 bis 1974 war geprägt durch Selbstgefälligkeit. Weiterhin herrschte die Euphorie nach dem Sechs-Tage-Krieg.

Im Sommer 1970 wurde Anwar As Sadat zum neuen ägyptischen Präsidenten ernannt. Er verkündete, er sei bereit, mit Israel gegen die Herausgabe der Halbinsel Sinai einen Friedensvertrag abzuschließen. Sollte man jedoch nicht zu einer Einigung gelangen, so werde er nicht zögern, einen Krieg zu beginnen, selbst wenn dies das Opfer von »einer Million Soldaten« bedeuten würde. Golda Meir fehlte die Sensitivität, um zu begreifen, daß dies ganz neue Töne waren: keine Rede mehr davon, Israel zu vernichten und die Juden ins Meer zu treiben, sondern ein echtes Vertragsangebot von seiten des Präsidenten des mächtigsten Feindes Israels. In Goldas simples Weltbild, in dem die Araber wie die *gojim* (Nichtjuden) nichts als Judenhasser waren, die Israel schaden wollten, gab es keine Nuancen oder Schattierungen zwischen schwarz und weiß. Golda verließ sich auf die Aussage ihres Verteidigungsministers Mosche Dayan, daß »unsere Lage niemals besser war«.

Aufgrund dieser Einschätzung wiesen Golda Meir, Mosche Dayan und die gesamte Labor-Regierung mehrere Friedensangebote arabischer Führer zurück, sowohl von Jordaniens König Hussein als auch von einigen internationalen Vermittlern. Sie hielten eisern am Status quo fest. Was die israelische Führung wollte, war ein umfassender Friede gegen einen nur teilweisen Rückzug. König Hussein dagegen forderte bei den geheimen Verhandlungen mit Golda und Dayan genau das Gegenteil: einen totalen Rückzug gegen einen Teilfrieden. So wurde eine Reihe von Möglichkeiten, zu einem Frieden zu kommen, vertan.

In dieser von ihrer Führung sanktionierten Atmosphäre waren »Brot und Spiele« alles, wonach die Israelis verlangten. Nach 1967 ähnelte Israel dem alten, darniedergehenden Römischen Reich. Brot gab es im Überfluß; der Lebensstandard stieg ständig dank der großzügigen Unterstützung der USA und der billigen, aus den besetzten Gebieten importierten arabischen Arbeitskräfte. Was die Spiele anbelangte, so gab es Gesellschaftspartys.

Damals begannen die Israelis das Neujahrsfest zu feiern – nicht *Rosch ha-Schanah* nach dem jüdischen, sondern Neujahr nach dem Gregorianischen Kalender. Vielleicht geschah dies deshalb, weil die jüdischen Feiertage meist an traurige Ereignisse aus der jüdischen Geschichte erinnern. Vielleicht aber gab es den Israelis auch das Gefühl, zur westlichen Welt dazuzugehören. Paradoxerweise ist Israel eines der wenigen Länder, in denen man das christliche Neujahrsfest noch unter dem Namen des christlichen Heiligen als »Silvester-Nacht« feiert. Die funkelndsten Partys in Tel Aviv Anfang der 70er Jahre standen unter dem Motto »Die Sadat-Lachparade«. Fast die gesamte Nation machte sich über Sadats Ankündigung lustig. Man war überzeugt, daß er bluffte. Er sollte bald beweisen, daß er es ernst gemeint hatte. Unglücklicherweise merkten die Israelis dies aber erst, nachdem sie den hohen Preis von Tausenden toter und verwundeter junger Männer bezahlt hatten.

Als Sadat klar wurde, daß die Israelis sein Friedensangebot auf die leichte Schulter nahmen, entschloß er sich zu einem Täuschungsmanöver, einem der ganz großen in der Geschichte, vergleichbar dem Überfall der Japaner auf Pearl Harbor und dem Einmarsch der Nazis in die UdSSR im Zweiten Weltkrieg. Gemeinsam mit Syriens Präsident Hafis Assad plante Sadat einen gleichzeitigen und koordinierten Angriff auf die israelischen Linien und Stellungen entlang des Suezkanals und in den Golan-Höhen. Das in Aussicht genommene Datum war der 6. Oktober 1973: Jom Kippur, der heiligste Tag des jüdischen Kalenders. Es gelang ihm, die Israelis total zu überrumpeln, die selbstgefällig und arrogant glaubten, die Araber seien schwach und rückständig.

Tatsächlich stellte sich in den ersten Kriegstagen heraus, daß Israel weit mehr als nur überrascht war: Das Land befand sich in einem Schockzustand und reagierte mit Hysterie und Panik. Der schnelle Vormarsch der arabischen Armeen, die die israelischen Linien wie Butter durchschnitten, erschütterte Dayans Selbstvertrauen völlig. Am dritten Kriegstag glaubte er, das Ende des Staates Israel sei gekommen. Er sprach in apokalyptischen Redewendungen von der »Zerstörung des dritten Tempels« – den ersten hatten die Babylonier, den zweiten die Römer zerstört, und nun vernichteten die Araber den dritten. 1973, sechs Jahre nach dem Sechs-Tage-Krieg, war von Dayans Zuversicht und der des gesamten Landes nichts mehr zu merken. Die 1967 ausgebrochene Euphorie war in Defätismus und Schwermut umgeschlagen.

Die israelische Regierung sah sich zum Äußersten gezwungen: Zum erstenmal wurde das Atomwaffensystem in Bereitschaft versetzt. Die Entscheidung, einen Atomreaktor zu bauen und Nuklearwaffen zu produzieren, war ein Resultat des Holocaust. Jedenfalls leitete dieser Mitte der 1950er Jahre von Ben Gurion gefaßte Entschluß die bei weitem wichtigste Entwicklung in der Geschichte des modernen Israel und des jüdischen Volkes ein.

Die Diskussion über Israels Nuklearangelegenheiten ist tabu. Seit Ben Gurion und seine engsten Berater beschlossen hatten, dem Land ein eigenes Atomarsenal zu verschaffen, war stets nur eine Handvoll Entscheidungsträger, Spitzenwissenschaftler und Generäle in das Geheimnis eingeweiht. In der Öffentlichkeit ist das Thema nie offiziell diskutiert worden.

Viele Jahre lang wußten nicht einmal Kabinettsminister etwas von den gewaltigen Anlagen, die zwischen 1958 und 1963 im Herzen der Negev-Wüste auf halbem Weg zwischen Beerscheba und dem Toten Meer gebaut wurden. Dimona, eine triste Einheitsstadt, in der hauptsächlich sephardische Immigranten wohnen, wurde wegen ihrer Abgeschiedenheit als Standort für den Reaktor ausgewählt.

Der Grundstein für das Geheimprojekt wurde am 22. Oktober 1956 in einer Privatvilla im Pariser Vorort Sèvres gelegt. In ihren weitläufigen Räumen versammelten sich an diesem Tag Männer aus drei Nationen, darunter der französische Premierminister mit seinen engsten Beratern, der englische Außenminister und Israels Premierminister Ben Gurion, ebenfalls mit einigen seiner engsten Mitarbeiter. Man bereitete sich insgeheim auf einen Krieg vor, der in Israel als Sinai-Feldzug und weltweit als Suezkrise bekannt werden sollte. Eine Woche nach der Zusammenkunft landeten israelische Fallschirmjäger und Bodentruppen in der ägyptischen Sinai-Wüste und marschierten auf den Suezkanal zu. Entsprechend dem Sèvres-Komplott forderten daraufhin Frankreich und England Israel und Ägypten ultimativ auf, ihre Streitkräfte mehrere Meilen vor dem Kanal einzufrieren. Wie vorher verabredet, gab Israel sofort klein bei – Ägypten aber nicht. Diese Weigerung diente den Franzosen und den Engländern als Rechtfertigung, nun ihrerseits Fallschirmtruppen in der Kanalzone abzusetzen und die strategisch wichtige Wasserstraße in ihre Gewalt zu bringen. Unterdessen hatte die israelische Armee in nur vier Tagen die gesamte Sinai-Halbinsel erobert. Damit waren die Ziele der Sèvres-Konferenz erreicht: Die monatelange militärische und geheimdienstliche Planung und die diplomatische Koordination hatten Früchte getragen.

Ziel von Franzosen und Engländern war es gewesen, die Kontrolle über den Suezkanal zurückzugewinnen, der ein paar Monate vor Ausbruch der Krise von Ägypten verstaatlicht worden war. Sie waren besorgt über den zunehmenden arabischen Nationalismus, der von der ägyptischen Führung geschürt wurde. Ihre Interessen im Mittleren Osten, insbesondere an dessen Öl, hatten sie veranlaßt, einen Krieg vom Zaun zu brechen, der das Regime in Kairo stürzen sollte.

Das von Ben Gurion damals öffentlich erklärte Ziel Israels war die Vernichtung der ägyptischen Armee, die sich auf eine

»zweite Runde« gegen den jüdischen Staat vorbereitete, um sich zu rächen und ihre im Krieg 1948 verlorene Ehre wiederherzustellen. Als militärische Operation war der Sinai-Feldzug ein voller Erfolg. Als politisches Manöver jedoch war er ein Fehlschlag. Während Israel noch den Triumph seiner Streitkräfte feierte, mußte es nach wenigen Wochen auf amerikanischen Druck die Halbinsel Sinai an Ägypten zurückgeben. Vor allem aber hatte Israels Image als progressive, friedliebende Nation schweren Schaden erlitten. Die Operation wurde als imperialistischer Eroberungskrieg alten Stils angesehen; in den Augen der Welt hatte Israel an einem verwerflichen imperialistischen Komplott teilgenommen.

In Wahrheit hatte Ben Gurion an der Dreier-Konspiration nur deshalb teilgenommen, weil er unter allen Umständen die Atombombe haben wollte. Und tatsächlich, genau ein Jahr später, im Oktober 1957, zeigte sich die französische Regierung erkenntlich und lieferte Israel im Gegenzug einen großen Atomreaktor, technische Hilfe, Material und Arbeitskräfte. Das ermöglichte es Israel endlich, Atombomben zu bauen und – nach den USA, der UdSSR, Frankreich, England und China – als sechstes Mitglied dem angesehenen Nuklearclub beizutreten. Ben Gurions Traum hatte sich erfüllt. Atombomben, so glaubte er, würden Israel zu einer konkurrenzlosen Macht im Mittleren Osten machen und letztlich den Bestand des Staates Israel garantieren. Als Rechtfertigung diente Ben Gurion und seinen Verbündeten der Holocaust. Er war ihre Erklärung, ihr Vorwand und ihre Vollmacht, trotz aller Schwierigkeiten und selbst internationalen Drucks ihr Atomprojekt weiter zu verfolgen.

Die Geschichte Dimonas und sein Platz im Kollektivbewußtsein Israels ist ein zerbrechliches Gebilde aus Mythos und Tabu. Es rührt an unsere geheimsten Ängste, Sorgen und Zwangsvorstellungen, während die absolute Verschwiegenheit der staatlichen Stellen – gestützt von einer Militärzensur – das Atomprojekt mit einem dichten Schleier des Schweigens umgibt. Trotz dieser strikten Geheimhaltung gelang es der israelischen Führung jedoch durch ihr beredtes Schweigen, dem eigenen Volk, den Arabern und dem Rest der Welt mitzuteilen, daß Israels Existenz »irgendwie« gesichert sei.

Der Krieg 1973 gegen Ägypten war der erste Prüfstein für Israels Atompolitik. Der jüdische Staat war bereit, die Waffe einzusetzen, die er heimlich gebaut und im Reaktor in Dimona versteckt hielt. Jedoch war sie ausschließlich für den »letzten Tag« bestimmt, für den selbstmörderischen Schlußakt der Verteidigung. In letzter Minute jedoch kam die Führung zu dem Schluß, daß es noch nicht soweit sei und Israel trotz der kritischen Situation seine Gegner mit konventionellen Waffen schlagen könne.

Golda Meir und einige ihrer Generäle bewahrten während dieser Krise eine bemerkenswerte Gelassenheit, ganz im Gegensatz zu Dayan, der völlig die Selbstkontrolle verloren hatte. Jetzt erwiesen sich Goldas umstrittene Unnachgiebigkeit und ihr harter Wille als ihre große Stärke. Hatte ihre Inflexibilität vor dem Krieg jede politische Lösung vereitelt, so war es ebendieser Charakterzug, der Israel die Kraft gab, dem arabischen Angriff standzuhalten, nachdem der Krieg ausgebrochen war.

Zurückblickend können wir sagen, daß der Jom-Kippur-Krieg unentschieden endete. Vom militärischen Standpunkt brachte er Syrien und Ägypten nur sehr begrenzte Gewinne. Politisch gesehen errangen sie jedoch einen wichtigen Sieg: Die überwanden die Pattsituation und lösten den arabisch-israelischen Konflikt aus seiner Erstarrung. Präsident Sadat hatte den politischen Prozeß durch einen militärischen Schachzug wieder in Bewegung bringen wollen, und das war ihm gelungen.

Unglücklicherweise werden politische Lösungen häufig erst nach einem Krieg erreicht. Und so kam es nun auch nach 1973 – nicht zuletzt durch ein starkes politisches Engagement der USA, vertreten durch ihren dynamischen Außenminister Henry Kissinger – zwischen Israel und Ägypten sowie Syrien zu Interimsvereinbarungen. Israel begann, sich von der Halbinsel Sinai und aus den Golan-Höhen zurückzuziehen.

Jahrelang hatte Israel behauptet, die einzige Sprache, die die Araber verstünden, sei die der Gewalt. Und ganz genauso hatten die Araber geglaubt, sie könnten Israel mit Muskelkraft und Überraschungsangriffen in die Knie zwingen. Israels Rückzug aus Gebieten, die es sich vor dem Krieg 1973 beharrlich herauszugeben geweigert hatte, bewies nun, daß seine halsstarrige Führung durchaus auch zuhören und Kompromisse schließen konnte. Auf der anderen Seite konnte Israel nun argumentieren, daß sich die Araber anscheinend mit den tatsächlichen Gegebenheiten abzufinden begannen.

Es kam noch ein weiterer wichtiger Punkt hinzu: Wenn Präsident Sadat behauptete, 90 Prozent des Konflikts seien psychologischer Natur, so war dies absolut richtig. Die Araber hatten 1973 der Welt und sich selbst bewiesen, daß sie nicht die rückständigen Dummköpfe waren, als die sie die Israelis stets hingestellt hatten. Der Krieg hatte den Mythos von Israels Unbesiegbarkeit zerstört und den Arabern ihre Ehre und ihren Stolz zurückgegeben, die sie 1948 und 1967 eingebüßt hatten – und dies alles machte es ihnen jetzt möglich, sich mit Israel an den Verhandlungstisch zu setzen.

Zugleich fand auch in Israel eine tiefgreifende Veränderung statt. Die Öffentlichkeit lastete es dem israelischen Geheimdienst als Unfähigkeit an, die ägyptischen und syrischen Absichten nicht rechtzeitig erkannt zu haben. Die Israelis, die sich an den Gedanken der eigenen Unbesiegbarkeit gewöhnt hatten, waren durch den Krieg und seine vielen Opfer traumatisiert.

In einer kleinen, engverknüpften Gesellschaft wie Israel üben 2700 Tote ungefähr die gleiche Wirkung aus wie 200000 in den USA. Bei einigen Israelis, besonders der jüngeren Generation, machte sich ein gewisser Zynismus breit. Die vielen Friedhöfe mit den Gefallenen, die überall im Land verstreut waren, bezeichneten sie als »Jugendstädte«. Aber die Mehrheit der erschütterten Bevölkerung verlangte von ihren Führern eine Erklärung. Die Entschuldigungen und Ausflüchte, die Golda und Dayan vorbrachten, konnten die Protestwelle nicht aufhalten, die in jenem Winter über Israel hinwegging. Eltern von Gefallenen protestierten gegenüber Dayans Haus mit Spruchbändern, auf denen die Anklage »Mörder« zu lesen war. Golda und vor allem Dayan galten als die Verantwortlichen für diese schreckliche Auseinandersetzung und wurden im April 1974 zum Rücktritt gezwungen. »Das fürchterliche Wissen, daß ich diesen Krieg vielleicht hätte verhindern können«, schrieb Golda Meir in ihren Memoiren, »wird mich verfolgen, bis ich sterbe.«

Vier Jahre später war sie tot. Der Umschwung in der Haltung der israelischen Öffentlichkeit gegenüber Golda und Dayan war dramatisch und abrupt. 1967 wurden beide verehrt und bewundert; sechs Jahre später wurden sie verachtet und erniedrigt. Im Gegensatz zu anderen Nationen errichtet Israel seinen Führern oder militärischen Helden traditionsgemäß keine Denkmäler. Das mag etwas mit dem biblischen Gebot zu tun haben: »Du sollst dir kein Bildnis machen.« Israel zeichnet sich mit seinen schnell wechselnden Stimmungen eher dadurch aus, daß es seine Helden und Führer noch zu ihren Lebzeiten entweder grenzenlos verehrt oder ihnen schroff den Rücken kehrt. Golda und Dayan machten eine alte Erfahrung der Römer, die da lautet: »Sic transit gloria mundi« – »So vergeht der Ruhm der Welt«.

Im Oktober 1973 hatte die Labor-Partei bereits ihren beherrschenden Einfluß auf die israelische Politik verloren, auch wenn es noch dreieinhalb Jahre dauern sollte, bis der Machtübergang offiziell erfolgte. In Israel geschieht die politische Bestrafung – vielleicht öfter als in den meisten westlichen Demokratien – häufig mit einer Verzögerung von ein paar Jahren. Im Dezember 1973 gelang es der Partei noch einmal, die Wahlen zu gewinnen und die nächste Regierung zu stellen. Likuds Aufstieg zur Macht im Jahr 1977 war eine späte Antwort auf das Debakel von 1973. Zwischen 1973 und 1977, bevor Begin und seine Anhänger schließlich ihre Rivalen überflügelten, wurden noch ein paar zusätzliche Nägel in Labors Sarg geschlagen.

Im Frühjahr 1974 wurden Golda Meir und Dayan von einem angeblich neuen Kreis von Politikern unter Führung des ehemaligen Generals Jizchak Rabin abgelöst. Mit 51 Jahren war Rabin ein relativ junger und gutaussehender Mann, als er für den Posten des Premierministers ausgewählt wurde – eine Neuerung in der israelischen Politik, die an alte Führer gewöhnt war. Rabin repräsentierte die Generation der Söhne der Gründungsväter. Sein Lebenslauf entspricht dem des legendären Sabra par excellence. Er spricht stark akzentuiert und artikuliert seine Sätze sehr maßvoll. Er hat in den Eliteeinheiten des vorwiegend an Labor orientierten Untergrunds gegen die Engländer gekämpft und war der jüngste Oberst im Krieg 1948. 1967 erwarb er sich große Verdienste als Generalstabschef der israelischen Streitkräfte. Wie aus einer vom amerikanischen Geheimdienst CIA erstellten psychologischen Kurzbiographie hervorgeht, ist Rabin extrem introvertiert und verabscheut diplomatische Doppelzüngigkeit. Von 1967 bis 1971 war er israelischer Botschafter in Washington.

Auch unter Rabins Führung gelang es Labor jedoch nicht, die traumatisierte Bevölkerung wieder aufzurichten, zumal die Rivalität mit Verteidigungsminister Schimon Peres Rabins

Autorität untergrub. Die Inflation kletterte auf immer höhere Höhen, und das Land stürzte in eine ernste wirtschaftliche Krise. Aber am meisten schadete Rabins Regierung die Korruption einiger ihrer ranghöchsten Mitglieder. Der Höhepunkt war erreicht, als in der Öffentlichkeit bekannt wurde, daß Rabin und seine Frau selbst ein illegales Bankkonto über 20 000 Dollar in Washington besaßen. In den Augen der Israelis wurde die Labor-Partei immer mehr zum Symbol für Korruption, zu einer sektiererischen Organisation, die sich nur um sich selbst und ihre Mitglieder kümmerte, die Interessen der Nation jedoch vernachlässigte. Hatten sich in der Vergangenheit Partei und Öffentlichkeit gegenseitig als Einheit verstanden, so änderten jetzt viele Israelis ihre Meinung. Labors Machtbasis schwand rapide dahin, bis die Partei bei den Wahlen im Mai 1977 entmachtet und von Begins Likud abgelöst wurde.

Menachim Begin war ein Exot in Israels politischer Menagerie – schon seine Art war anders; unter den Politikern des Landes wirkte er geradezu wie ein Fremder. Er wurde 1913 in Polen geboren. Als Jugendlicher war Begin tief vom radikalen, »revisionistischen« Zionismus beeinflußt worden, wie er von seinem politischen und ideologischen Mentor Vladimir-Zeev Jabotinsky gepredigt wurde.

Jabotinsky wurde 1880 in der Hafenstadt Odessa geboren und war das Wunderkind des russischen Zionismus. Nach dem Ersten Weltkrieg arbeiteten Ben Gurion und Jabotinsky gemeinsam als politische Berater, Geldbeschaffer und Allround-Propagandisten für die zionistische Bewegung. 1923 begannen sich ihre Wege jedoch zu trennen. Jabotinskys Hoffnungen, daß die Engländer es ermöglichen würden, sofort einen unabhängigen jüdischen Staat zu gründen und eine Armee aufzubauen, erfüllten sich nicht. Er entfremdete sich immer mehr der von Ben Gurion angeführten Hauptrichtung des Zionismus und gründete schließlich eine eigene oppositionelle Gruppe innerhalb der Bewegung. Diese politische Organisation wurde als die revisionistische Bewegung bekannt. Dennoch verstand sie sich selbst nicht als radikale Abkehr vom traditionellen Zionismus. Im Gegenteil, Jabotinsky und seine Revisionisten hielten sich für die Fackelträger und die wahren Erben Herzls sowie des alten politischen Zionismus. Was nach Jabotinskys Meinung einer Revision bedurfte, war nicht der Zionismus, sondern dessen derzeitige Politik. Jabotinsky verehrte den italienischen Faschismus und seinen Führer Benito Mussolini.

Der Revisionismus entwickelte sich zu einem harten, gnadenlosen Zweig des Zionismus, gefühllos und ohne irgendeine Kompromißbereitschaft. Dieser skrupellose Zionismus kam auch in den Worten und Taten Menachim Begins und später Jizchak Schamirs zum Ausdruck. In den 30er Jahren versuchten Mitglieder von Jabotinskys revisionistischer Bewegung den politischen Stil und die politische Kultur der europäischen Rechten nachzuahmen. Da Liberalismus und Demokratie in ihren Augen etwas Verächtliches waren, optierten sie für einen jüdischen Faschismus. Wie ihre Vorbilder trugen sie braune Hemden, organisierten Paraden und Demonstrationen und verehrten ihren Führer. Einige erklärten sogar, wenn Hitler kein Antisemit wäre, würden sie seinen Nationalsozialismus unterstützen.

Seit 1923 sah Jabotinsky in dem Konflikt mit den Arabern ein »Nullsummenspiel«, bei dem jeder Gewinn des Feindes ein Verlust für die Juden war. Die einzigen Gegenmittel waren Stärke und Kampfbereitschaft. Er war überzeugt, daß der jüdische Staat nur durch Feuer und Schwert zu verwirklichen sei. Dementsprechend rief er in den 1930er Jahren dazu auf, Erez Israel in einem blutigen Kampf zu erobern. Jabotinsky war ferner der Ansicht, daß nur ein »Wall aus Eisen« – gebildet aus furchtlosen Zionisten – den arabischen Willen brechen könne und es dem jüdischen Staat ermöglichen würde, sich in einer von Feinden umgebenen Region zu behaupten.

Zwischen Ben Gurion und Jabotinsky gab es weitere Divergenzen, was ihre Mentalität und ihren Stil betraf. Jabotinsky war ein Tagträumer, ein Romantiker und ein risikofreudiger Abenteurer. Ben Gurion stand mit beiden Beinen auf dem Boden. Er dachte praktisch, verfolgte eine sachlichere Politik und war verantwortungsbewußt.

Von der Mitte der 1930er Jahre an wurden die Streitigkeiten zwischen den Revisionisten und den Sozialisten bitter und heftig. Beide Gruppen taten ihr Bestes, die Treffen und politischen Versammlungen der anderen Seite zu stören, wobei es häufig zu Schlägereien kam. Jabotinsky behauptete, daß Ben Gurion und seine sozialistischen Kollegen eine Versöhnungspolitik betrieben, und beschuldigte sie, sowohl den Engländern als auch den Arabern gegenüber zu nachgiebig zu sein. Jabotinsky schwebte ein Groß-Israel vor. Seiner Meinung nach hatten die Juden einen Anspruch auf das gesamte biblische Land Israel, einschließlich des Gebietes östlich des Jordan. Dieses Gebiet war der Haschemiten-Dynastie König Abdullahs von den Engländern überlassen worden als Gegenleistung für die Dienste, die jene ihnen im Krieg gegen die Türken geleistet hatten. So entstand hier 1923 das Emirat Transjordanien, das heute Jordanien heißt und von König Hussein regiert wird.

Ben Gurion und seine Förderer akzeptierten widerstrebend die Trennung Transjordaniens vom Hauptland Palästina. Jabotinsky jedoch und seine Anhänger im heutigen Israel – darunter Begin, Schamir und viele Likud-Mitglieder – meinen noch immer, das Gebiet des Königreichs Jordanien gehöre geschichtlich nach wie vor zu Israel.

Im April 1937 gründete Jabotinsky innerhalb seiner revisionistischen Bewegung eine militärische Abteilung, der er den Namen Etzel gab, ein hebräisches Akronym für Nationale Militärische Organisation. Diese Organisation wurde später als »Irgun« (= Organisation) bekannt. Sie attackierte britische Soldaten und militärische Einrichtungen und organisierte die illegale Einwanderung europäischer Juden nach Palästina. Gleichzeitig engagierten sich ihre Mitglieder in Terroraktionen, ermordeten unschuldige Araber, die die jüdischen Viertel durchquerten, und warfen Bomben auf arabische Busse und in arabische Märkte.

Der Ausbruch des Zweiten Weltkrieges und Jabotinskys Tod 1940 unterbrachen zeitweilig die militärischen Aktionen der Irgun. Diese wurde erst 1944 wieder aktiv. Menachim Begin wurde zum politischen Erben und Kommandanten der revisionistischen Bewegung ernannt. Während des Krieges war er 1942 von sowjetischen Agenten in Wilna verhaftet und unter der Beschuldigung zionistischer Propaganda ins Gefängnis gesperrt worden. Als er entlassen wurde, gestattete man ihm, der polnischen Exilarmee beizutreten. Diese von den Engländern unterstützte Armee wurde nach dem Rückzug aus ihrer von den Deutschen besetzten Heimat nach Rußland und Palästina verlegt. Viele von Begins jüdischen Kameraden nutzten damals die Gelegenheit zu desertieren und blieben in Erez Israel, aber Begin lehnte dies ab. Seine Ehre als polnischer Soldat verbot ihm diesen Schritt. Erst nachdem er offiziell aus der polnischen Armee ausgetreten war, war Begin bereit, das Kommando über die Irgun zu übernehmen.

Die gegenseitigen Animositäten zwischen den beiden Richtungen des Zionismus nahmen nach Jabotinskys Tod und besonders nach der Gründung Israels noch zu.

Jahrelang war Ben Gurions Abscheu gegenüber den Revisionisten so stark, daß er sich weigerte, Menachim Begins Namen auszusprechen, und bei parlamentarischen Debatten statt dessen von ihm als »der Mann, der neben … sitzt« sprach. Während des ersten Jahrzehnts des Staates Israel boykottierte die von Labor beherrschte Regierung Begins Anhänger und schloß sie von allen öffentlichen Ämtern aus. Man hinderte sie daran, Lehrer und Erzieher zu werden, damit die Gemüter der Kinder nicht »vergiftet« würden. Begins Anhänger wurden während ihres Militärdienstes nicht befördert, und Ben Gurion und seine sozialistischen Kollegen verweigerten ihnen die Mitarbeit im Schabak, Israels FBI. Andererseits scheute sich die Labor-Regierung nicht, den inländischen Geheimdienst für politische Ziele einzusetzen. In den frühen 1950er Jahren wurden Israels politische Parteien gezielt von Geheimagenten unterwandert, besonders natürlich Begins *Herut* (die »Friedenspartei«), die inzwischen die Nachfolge der revisionistischen Bewegung angetreten hatte und zu Beginn der 1970er Jahre in den neugebildeten Likud-Block integriert wurde.

Begin war das Produkt seiner Zeit, seines politischen Umfeldes und seiner persönlichen Erfahrungen. Sein glühender Haß galt dem Kommunismus und den Deutschen. Er hatte seine gesamte Familie im Holocaust verloren. Die Massenvernichtung des jüdischen Volkes wurde für ihn zur Fackel, die den Weg zu allen seinen politischen Entscheidungen wies. Begin sah im Holocaust eine dauernde, stets gegenwärtige Drohung. Er erwähnte ihn in fast allen seinen Reden. Aus ihm schöpfte er seine Sicherheit und Kraft. Darüber hinaus setzte er das »Erbe des Holocaust« als politisches Mittel im Kampf gegen Ben Gurion und seine Labor-Regierung ein. Dieser Kampf erreichte bereits 1952 einen Höhepunkt, als Begin in Jerusalem eine große Protestdemonstration organisierte. Der Protest endete mit Steinwürfen gegen das Gebäude der Knesseth als Reaktion auf die Entscheidung der Regierung, die deutschen Wiedergutmachungszahlungen anzunehmen. Dieser Zwischenfall half Begin, das Erbe des Holocaust als alternatives Wertsystem gegenüber Ben Gurions emotionsloser Realpolitik zu etablieren.

Auf ähnliche Weise verfolgten Begin und der Likud nach ih-

rer Machtübernahme 1977 ihre Vorstellung von »Erez Israel«
als Alternative zur Staatsidee der Labor-Partei. Man könnte
sagen, daß die Idee eines Erez Israel für Begin und den Likud-
Block als politische Waffe an die Stelle des Holocaust trat. In
Wahrheit war dies für den Likud ziemlich leicht. Immerhin
war »Erez Israel« seit dem Krieg 1967 bereits von der Labor-
Regierung ansatzweise in die Herzen und Gemüter der Israelis gepflanzt worden. Begin brauchte nur da weiterzumachen,
wo Labor aufgehört hatte.

Im Juli 1977, zwei Monate nach seinem Wahlsieg, reiste Begin nach Alon Moresch auf der West Bank. Es war seine erste
Reise in einer Serie melodramatischer Unternehmungen, die
zu seinem Markenzeichen wurden. Der Bibel zufolge ist Alon
Moresch der Ort, an dem Abraham nach Verlassen Mesopo-
tamiens in Kanaan zum erstenmal haltmachte und Gott einen
Altar errichtete. Für religiöse wie nationalistische Juden war
und ist Alon Moresch die Wiege der jüdischen Nation. 1975
hatten Israelis dort auf palästinensischem Boden eine Siedlung
errichtet, nachdem sie das Land konfisziert hatten. Bei seinem
Besuch 1977 nahm Begin demonstrativ an den Tänzen der en-
thusiastischen Siedler teil und versprach »viele weitere Alon
Moreschs«.

Dies war eine von Begins ersten Erklärungen an die Welt-
medien, eine symbolische Geste und ein Signal, daß sein Herz
für die Siedler schlug und sie seiner Unterstützung gewiß sein
konnten. Die Araber und die restliche Welt legten die Botschaft dahin aus, daß der Likud die West Bank nie wieder aufgeben werde. Aber unbeachtet vom Medienrummel sandte
Begin auch andere Signale aus. So tauschte er über die alten,
gutfunktionierenden Kanäle zwischen dem israelischen Geheimdienst, dem Mossad, und der arabischen Welt geheime
Botschaften mit dem ägyptischen Präsidenten Anwar As Sadat. Mit der Leitung dieser geheimen Verhandlungen betrau-
te er überraschenderweise Mosche Dayan. Begin beendete damit die politische Eiszeit, mit der die israelische Öffentlichkeit
den einäugigen General für seine Rolle im Krieg 1973 bestraft
hatte.

Dayan, den die Aussicht nicht schreckte, in seiner eigenen
Labor-Partei als Renegat zu gelten, wurde Begins Außenminister. Für Dayan war das *die* Chance: Durch die Friedensverhandlungen konnte er sein öffentliches Ansehen wiederher-

stellen, das durch seine Rolle bei der Fast-Katastrophe des Jom-Kippur-Krieges zerstört worden war. Für Begins Image dagegen wirkte sich die Wahl Dayans bei seiner eigenen Partei wie bei den Israelis eher negativ aus. Sah es doch fast so aus, als habe Begin das Gefühl, er und seine Partei könnten das Land nicht allein regieren. Offenbar aber fühlte sich Israels neuer Premierminister durch die ständige Verhetzung als »Kriegstreiber« unter Druck gesetzt. Begin wollte beweisen, daß er ein Mann des Friedens war. Und er vertraute den Vermittlerposten dem erfahrenen Dayan an, weil dieser bei den Arabern noch immer Respekt besaß. Begin glaubte, daß der Sabra Dayan besser wisse, wie man mit ihnen umgehen müsse. Und so war es auch: Dayan wurde zu Begins Friedensvermittler.

Begins provokative Bemerkung in Alon Moresch zu Beginn seiner Amtszeit als Premierminister berührte den ägyptischen Präsidenten wenig. Sadat wollte jedoch von anderen führenden Persönlichkeiten in der Welt wissen, ob Begin eine respektierte Führungspersönlichkeit war, von der man annehmen konnte, daß sie einen Frieden zustande bringen würde. Bei seinen bisherigen Verhandlungen mit der in seinen Augen schwachen Führung Rabins hatte Sadat zwar mit Israel eine Interimslösung erreicht, aber keinen echten Friedensvertrag. Die Antwort, die Sadat aus aller Welt bekam, war ein beruhigendes Ja. Und so begannen die Geheimverhandlungen zwischen Sadats Beratern und Dayan an einem Verhandlungsort, den der marokkanische König Hassan II. zur Verfügung gestellt hatte. Gemeinsam entwarf man einen ersten Entwurf für einen Friedensvertrag.

Während eines Interviews zur Hauptsendezeit im amerikanischen Fernsehen im November 1977 erklärte Sadat seine Bereitschaft, um des Friedens willen »bis ans Ende der Welt zu gehen, sogar nach Jerusalem«. Begin nahm ihn sofort beim Wort und lud Sadat ein, vor der Knesseth zu sprechen. Der ägyptische Präsident nahm die Einladung an.

In weniger als einer Woche bereiteten sich Israel, Ägypten und die ganze Welt auf den ersten offiziellen Besuch eines arabischen Führers in Israel vor. Es hatte frühere Besuche arabischer Führer gegeben, wie den König Husseins von Jordanien, aber sie waren immer geheim gewesen. An jenem Samstag abend, dem 17. November 1977, klebten alle Israelis vor ihren

Fernsehgeräten. Viele von uns hatten Tränen in den Augen, als die ägyptische Maschine auf dem Ben-Gurion-Flughafen landete und Sadat erschien, wie stets in einem tadellosen Maßanzug, und seinen bisherigen israelischen Feinden die Hand schüttelte. Darunter waren nicht nur Kabinettsmitglieder, sondern auch führende Oppositionelle, wie die alt gewordene Golda Meir. Sie alle hörten, wie ein ebenso bewegter Sadat sagte: »Ich bluffe nicht. Ich will Frieden.« Man hatte das Gefühl, daß hier vor den Augen der Welt Geschichte gemacht wurde.

Bei ihren Ansprachen vor der Knesseth gelobten beide, Begin und Sadat: »kein weiterer Krieg« und »kein Blutvergießen mehr«; der Friedensprozeß war in Gang gesetzt. Ein ganz wichtiger Faktor war dabei die Unterstützung des Präsidenten der USA, Jimmy Carter, der persönlich und mit starkem Engagement die Verhandlungen unterstützte. Getragen von einem tiefen religiösen Gefühl für das Heilige Land und seinem echten Wunsch, die Welt besser und sicherer zu machen, war es der Baptist Carter, der mehr als jeder andere das Friedensabkommen ermöglichte. Sobald die Situation kritisch zu werden drohte, mischte er sich ein. In einem bestimmten Stadium gelang es ihm sogar, Sadat und Begin mit ihren Beratern auf dem Sommersitz des Präsidenten in Camp David, Maryland, zu versammeln, zu einer seltsamen Mischung aus Gruppentherapie und Kindergarten, mit ihm selbst als Therapeuten und Babysitter. Er schmeichelte, drohte, überredete und zwang sie schließlich, ein Abkommen zu treffen.

Der historische Frieden zwischen Israel und Ägypten – der erste offizielle Friedensvertrag zwischen dem jüdischen Staat und einer arabischen Nation – wurde in einem großen, bunten Zelt auf dem Rasen des Weißen Hauses unterzeichnet und mit einem vom Fernsehen in alle Welt übertragenen Dreier-Händedruck zwischen Sadat, Begin und Carter besiegelt. Es war mehr als eine symbolische Geste: Die drei Staatsführer waren wirklich die Architekten eines Friedens.

Glücklicherweise hatten die beiden Kontrahenten trotz aller Verschiedenheit einiges gemeinsam – Begin, der streitsüchtige, kleinliche Anwalt, und Sadat, ein Mann, den die kleinen Details nicht interessierten: den Geschmack am Dramatischen, das Gespür für Historie und den Wunsch nach einem Platz in der Geschichte. Die acht Seiten umfassenden Vereinbarungen von Camp David waren äußerst detailliert, aber es wurde bald klar, daß sie von Begin und Sadat verschieden interpretiert wurden. Sadat glaubte, daß er über die Vereinbarungen finanzielle Hilfe von den USA bekommen würde – die er auch erhielt –, um die zusammenbrechende Wirtschaft seines Landes zu stützen. Außerdem bekam er die gesamte Halbinsel Sinai zurück, in die Israel seit 1967 20 Milliarden Dollar investiert hatte, einschließlich der Ölfelder und Ferienzentren am Roten Meer. Gleichzeitig glaubte Sadat, das Fundament für ein zukünftiges Übereinkommen zwischen Israel und den Palästinensern geschaffen zu haben. Dagegen war Begin der Ansicht, er habe nur einen – gesonderten – Frieden mit der stärksten und größten arabischen Nation geschlossen. Er hoffte, Sadat würde nach Rückgabe der Sinai-Halbinsel die Palästinenser fallenlassen und ihn in der Frage der West Bank und des Gaza-Streifens unterstützen. Die Sinai-Halbinsel glaubte er zurückgeben zu können, weil sie in seinen Augen kein Teil des biblischen Groß-Israel war. Weder Begins noch Sadats Hoffnungen erfüllten sich.

Am Ende war das Friedensabkommen trotz seiner historischen und praktischen Bedeutung – es ist seit nunmehr 13 Jahren in Kraft – das Resultat gegenseitiger Mißverständnisse zwischen Begin und Sadat. Präsident Sadat bemerkte einmal: »Begin bedauerte den Friedensvertrag drei Stunden, nachdem er ihn unterschrieben hatte.« Das ist so freilich nicht ganz richtig; aber Begin schien plötzlich im Hinblick auf die palästinensische Frage Angst vor den Konsequenzen zu haben. Aber die PLO lehnte den Vorschlag ab, dem Friedensabkommen beizutreten. Sie erklärte, sie werde sich nicht mit einer bloßen Autonomie zufriedengeben, weil dies nicht ihrer Sehnsucht nach einem eigenen Staat entspreche. Abba Eban, Israels bekanntester und äußerst geschätzter Diplomat, sagte einmal, die Araber und besonders die Palästinenser versäumten niemals die Gelegenheit, eine Gelegenheit zu versäumen.

Das Friedensabkommen von 1979 sah Verhandlungen über eine palästinensische Autonomie in den besetzten Gebieten für eine Übergangszeit von bis zu fünf Jahren vor. Danach sollten Israelis und Palästinenser über den endgültigen Status der palästinensischen Autonomie entscheiden. Obgleich Begin den Autonomieplan selbst entworfen hatte, bereitete ihm sein neues Image zunehmend Unbehagen. So wie er sich anfangs um Frieden bemüht hatte, um – unter anderem – seinen Rivalen zu beweisen, daß sie ihn falsch eingeschätzt hatten und daß er sich geändert hatte, so glaubte er sich jetzt genötigt, seinen Anhängern zeigen zu müssen, daß er trotz allem der alte Begin geblieben war. Viele seiner glühendsten Anhänger waren darüber schockiert, daß Begin, der Araber-Hasser, diesen gegenüber »weich« geworden war. Am schlimmsten war, daß ihr bewunderter Führer sich einverstanden erklärt hatte, ein Dutzend jüdische Siedlungen auf der Halbinsel Sinai zu räumen und Tausende von Siedlern auf dem Friedensaltar zu opfern. Plötzlich sah sich Begin im Konflikt mit vielen seiner Freunde und Verbündeten; Freunde, die jahrzehntelang an seiner Seite gestanden hatten, sahen in ihm jetzt einen »Verräter«, der die Saat für die Errichtung eines zukünftigen palästinensischen Staates legte. Ein paar seiner ihm ergebensten Kameraden schieden 1979 sogar aus dem Kabinett und dem Likud-Block aus und gründeten die neue Renaissance-Partei, die die Fackel des »Rejektionismus« trug. Schließlich wurde der Druck für Begin unerträglich. Er entschloß sich, die Richtung zu wechseln, bevor es zu spät war, und den zur palästinensischen Autonomie führenden Prozeß zu vereiteln.

Sein Hauptinstrument, um eine Lösung der palästinensischen Frage hinauszuschieben, war die Errichtung möglichst vieler jüdischer Siedlungen in den von Israel besetzten Gebieten. Begin entschloß sich, sein zwei Jahre zuvor in Alon Molesch noch vor Beginn der Friedensverhandlungen gegebenes Versprechen nun einzulösen. Seine Regierung begann, Dutzende neuer Siedlungen über die West Bank zu verstreuen. Neue Wohnviertel wurden mit voller Absicht dort errichtet, wo die arabische Bevölkerung am dichtesten war. Kein Wunder, daß die Palästinenser und die übrige Welt die Siedlungspolitik der israelischen Regierung als bewußte Sabotage des Friedensprozesses betrachteten.

Begin – und später Schamir – beabsichtigten, Israels Zugriff auf die besetzten Gebiete unumkehrbar zu machen. Der Erfolg des Likud war insoweit beachtlich: Jetzt, da die Labor-Regierung wieder die Macht übernommen hat, wird es für sie sehr schwer, wenn nicht unmöglich sein, einen Friedensvertrag abzuschließen auf der Basis eines territorialen Kompromisses, durch den der Hauptteil der West Bank an die Araber zurückfallen würde. Begin und der Likud haben das Gebiet praktisch in einen Flickenteppich verwandelt, auf dem die palästinensischen Dörfer entweder neben denen der jüdischen Siedler liegen oder von ihnen umgeben sind.

Der Mann, der Begins jüdisches Siedlungsprojekt leitete, war General Ariel Scharon. Scharon gehört zu jenen ranghohen Armeeoffizieren, die sich Anfang der 70er Jahre dem Likud anschlossen. Die Tatsache, daß Offiziere in den Likud eintraten, noch bevor er an die Macht gekommen war, beweist, daß er in der gesamten israelischen Gesellschaft schnell Fuß zu fassen begann. Tatsächlich war Scharon einer der Pfeiler der Likud-Partei, als sie 1973 mit den rechtsgerichteten Parteien und Gruppen einen Block bildete. Wütend darüber, daß er nicht zum Generalstabschef der Armee ernannt worden war, hatte er drei Monate vor Ausbruch des Jom-Kippur-Krieges seinen Abschied genommen und sich seither der Organisation der rechtsgerichteten Allianz gewidmet.

Als der Krieg ausbrach, wurde Scharon wie jeder andere Reservist eingezogen. Für die einfachen Soldaten wurde er zum Helden. Sie nannten ihn »Arik, König von Israel«, sehr im Gegensatz zur Meinung anderer Generäle, die ihm ein falsches Urteil und taktische Fehler vorwarfen. Wo immer Scharon auftauchte, sorgte er für Aufregung.

Scharon – ein Sabra – war der Sohn eines Farmers und stammte aus einem Dorf in der Nähe von Tel Aviv. Er nahm am Krieg 1948 teil, wurde verwundet und startete nach seiner Genesung eine lange Karriere in der israelischen Armee. Als Kommandant der ersten israelischen Eliteeinheit und der ersten Fallschirmtruppe des Landes erwarb er sich einen eher umstrittenen Ruf als tapferer Kämpfer. Er war dafür bekannt, sich auf einem schmalen Grat zwischen strikter Befehlsausführung und seiner eigenen Interpretation zu bewegen. Er nahm an einigen der brutalsten Kämpfe gegen die Araber teil. 1953 leitete er die Vergeltungsmaßnahmen gegen arabische Eindringlinge in die besetzten Gebiete, die Dutzende von Immigranten in den Grenzsiedlungen ermordet hatten. Besonders umstritten war der Rachefeldzug seiner Einheit gegen das jordanische Dorf Kibijah. Scharon und seine Leute hatten Befehl, eine bestimmte Anzahl Häuser zu besetzen, die Einwohner zu vertreiben und die Gebäude anschließend zu sprengen. Aber die Evakuierung wurde schlampig durchgeführt, und einige der Bewohner blieben in ihren Wohnungen. Infolgedessen starben bei den Sprengungen 49 Menschen. Die Welt war entsetzt. Ben Gurion verlegte sich deprimiert und besorgt aufs Lügen und behauptete, das Ganze sei eine nicht autorisierte Aktion »jüdischer Siedler« gewesen – und entzog so die Armee und sich selbst als Verteidigungsminister der Verantwortung. Diese Art der Tatsachenverdrehung war eine charakteristische Strategie der Gründungsväter. Es entsprach ihrem Stil, die schmutzige Arbeit der Rache, Bestrafung und Einschüchterung von jungen und begeisterten Männern wie Scharon besorgen zu lassen, während sie saubere Hände und ein moralisch korrektes Image behielten.

Hochrangige Offiziere sowie Labor-Politiker entwickelten eine zwiespältige Haltung gegenüber Scharon: Sie respektierten und fürchteten ihn zugleich. Als er aus der Armee ausschied, hätten es einige Labor-Politiker gern gesehen, wenn er sich ihrer Partei angeschlossen hätte. Ihre Haltung entsprach derjenigen, die man Präsident Lyndon B. Johnson nachsagte: Besser, der Bastard ist mit im Zelt und pinkelt nach draußen als umgekehrt. Sie wollten Scharon auf ihrer Seite haben, weil sie andernfalls von ihm Ärger befürchteten. Aber die Opposition gegen Scharon im Labor-Lager behielt die Oberhand, und er wurde nicht akzeptiert.

Als Begin 1977 sein Kabinett bildete, ernannte er Scharon zum Landwirtschaftsminister. Scharon, der eine große, gewinnbringende Farm im Süden Israels besitzt, sieht sich selbst in erster Linie als Farmer. Er betont stets, daß er im Grunde immer ein Labor-Mann geblieben sei, nur Labor selbst habe sich inzwischen gewandelt und sei von ihrem eigenen Credo abgewichen.

Scharon hatte gehofft, Verteidigungsminister zu werden, aber auch Begin hegte ihm gegenüber zwiespältige Gefühle. Auf der einen Seite nannte er Scharon »den größten General des jüdischen Volkes seit den Tagen der Makkabäer«; auf der anderen Seite fürchtete er ihn. Vor allem mißtraute er seinem übermäßigen Ehrgeiz. Einer von Begins Vertrauten erzählte einmal, der Premierminister habe sich besorgt darüber geäußert, daß Scharon, wenn er als Verteidigungsminister den Oberbefehl über die Armee bekäme, sofort das Büro des Premierministers mit Panzern umstellen und die absolute Macht für sich verlangen würde. Begin erklärte hastig, er habe natürlich gescherzt – aber nur wenige ließen sich täuschen.

Scharon bereitete den Bau neuer Siedlungen wie einen militärischen Angriff vor. Zwischen 1977 und 1981 gründete er 100 Siedlungen auf der West Bank und auf dem Gaza-Streifen. Viele dieser Gemeinden waren sehr klein und umfaßten nur zehn bis 20 Familien, aber zusammengenommen sorgten sie für einen Anstieg der jüdischen Bevölkerung in diesen Gebieten von 10 000 auf 50 000 Einwohner.

Das System, nach dem Begin – und später Scharon – vorgingen, war einfach: Unterstützt durch finanzielle Anreize und Hilfe der Regierung wurden billige Wohnungen erstellt. Diese erschwinglichen neuen Häuser in den besetzten Gebieten waren besonders bei jungen Familien gefragt, die aus den in den 50er Jahren errichteten, armseligen Wohngegenden kamen. Es ist kein Wunder, daß viele Israelis die Aktivitäten Begins, Schamirs und Scharons unterstützten. Was diese neuen Siedler anging, so bekamen sie eine neue Chance. Labor hatte sie in abstoßend arme Behausungen gesteckt, und der Likud holte sie dort heraus und gab ihnen die einmalige Gelegenheit, etwas Eigenes zu erwerben.

VI.

Die stille sephardische Revolution

Bereits 1964, drei Jahre vor dem Sechs-Tage-Krieg, hatte fast unbemerkt eine bedeutsame Veränderung in der Geschichte Israels stattgefunden: Zum erstenmal übertraf die Zahl der sephardischen Juden die der Aschkenasim. Erst zehn Jahre später, als der Likud an die Macht kam, wurde die Bedeutung dieses demographischen Umschwungs offensichtlich. Das Votum der Sephardim kehrte die Mehrheitsverhältnisse um, stürzte die Labor-Regierung und brachte Begins Likud an die Macht. Um den Einfluß dieser demographischen und ethnischen Entwicklung auf das heutige Israel zu verstehen, muß man sich, weitab vom Großstadtbetrieb Tel Avivs und der Machtpolitik Jerusalems, der bezaubernden, hügeligen Landschaft von Galiläa zuwenden.

Im Waldgebiet nahe Safed, der Bezirkshauptstadt der Region Galiläa, befindet sich eine Reihe von Schreinen. Angeblich handelt es sich um Gräber prominenter jüdischer Rabbis, die hier im Mittelalter oder noch früher gelebt haben, während die Mehrheit des jüdischen Volkes im Exil war. Viele Juden sephardischer Abstammung betrachten diese Schreine als Heiligtümer. Die Ansammlung so vieler »heiliger« Stätten rund um Safed ist nicht überraschend, da die Stadt eng mit der Geschichte und der Entwicklung der Kabbala verbunden ist.

Das hebräische Wort *kabbalah* bedeutet wörtlich übersetzt »Aufnahme«, »Annahme«, wird aber auch im Sinne von »Überlieferung« verwandt. Der Schlüsseltext der Kabbala wird einem jüdischen Gelehrten des 2. Jahrhunderts v. Chr. zugeschrieben, der in der Nähe von Safed lebte – einer der vier heiligen jüdischen Städte. Während die jüdische Theologie im Kern sehr realitätsbezogen ist, versucht die Kabbala die Dinge jenseits von Realität und Vernunft zu erfassen. Die Kabbala ist eine Art jüdischer Mystizismus mit dem höchsten Ziel, sich Gott mit der Seele zu nähern – ihn zu »fühlen« und ihn nicht nur begreifen zu wollen.

Im Sinne dieses Mystizismus schreiben seine Anhänger den Gräbern bei Safed magische Kräfte zu und verehren die dort Bestatteten als *tsadiks* oder Heilige. Die Heiligenverehrung entwickelte sich im 18. Jahrhundert unter den aschkenasischen Juden Osteuropas, erreichte aber auch die sephardischen Gemeinden, vor allem jene in Marokko. Der *tsadik* ist ein gerechter Mensch, der ein moralisch untadeliges Leben geführt und den armen, einfachen Leuten geholfen hat. Man glaubt, daß er über heilende Kräfte verfügt.

Zu vielen dieser Gräber wie dem des Rabbi Jonathan Ben Uziel wallfahrten Tausende von Frauen, die heiraten oder ein Kind bekommen wollen. Abgesehen von ihren Gebeten hinterlassen die Gläubigen ein Stückchen Stoff von ihrem Schultertuch oder entzünden am Grab eine Kerze. Gebete am Grab eines *tsadik,* so glaubt man, schlagen eine Brücke zwischen Gott und dem Betenden.

Diese Wallfahrten entwickeln sich häufig zu lauten, bunten Familienfesten. Aus tragbaren Radios und Kassettenrekordern plärrt Musik, und über dem Ganzen schwebt der dicke Dunst der Grillfeuer. Die sanitären Verhältnisse sind bei diesen umfunktionierten Wallfahrten ziemlich dürftig. Händler und Hausierer verkaufen Essen, Getränke, Bilder des *tsadik,* Musikkassetten und haufenweise irgendwelchen Plunder, der den bösen Blick abwenden soll.

Der Archäologe Meir Ben Dov erklärt, die Verehrung heiliger Gräber sei ein späteres Phänomen des Judaismus. Das Interesse und das Bedürfnis nach heiligen Schreinen und der Verehrung der Toten sei erst im Mittelalter entstanden. Die alte biblische Tradition aber habe derartige Praktiken abgelehnt. Es sei kein Zufall, daß Moses' Grab in der Bibel nicht erwähnt werde. So war es nicht möglich, anhand biblischer Beschreibungen seine Grabstätte zu monumentalisieren, zu verehren oder zu einem Wallfahrtsort zu machen.

Ursprünglich war der Totenkult ein heidnisches Ritual, das dann vom Christentum und vom Islam übernommen wurde. Schon die frühen Christen unternahmen große Anstrengungen, ihre Kirchen an Orten in Palästina zu bauen, die irgendeinen Bezug zu Christus, seinen Aposteln und seinen Schülern hatten. Am berühmtesten ist die Grabeskirche, die im 4. Jahrhundert n. Chr. in Jerusalem erbaut wurde – über der Stelle, wo Jesus nach der Überlieferung beigesetzt wurde.

Im 7. Jahrhundert eroberten die Moslems aufgrund einer Erscheinung ihres Propheten Mohammed Palästina. Sie errichteten zusätzlich eigene Grabstätten, verehrten aber gleichzeitig die alten christlichen Gräber, von denen sie glaubten, daß sie moslemische Heilige enthielten. Dagegen verdammte das Judentum lange Zeit derartige Praktiken, in denen es die Auswüchse einer verfallenden und minderwertigen Kultur sah. Um den Totenkult zu unterbinden, erklärte die Hauptrichtung des Judaismus sogar die Friedhöfe für unrein. Jeder, der sie besuchte, mußte sich anschließend einer rituellen Reinigung unterziehen.

Aber mit der Zeit wandelte sich die jüdische Tradition und nahm die Gebräuche von Christen und Moslems an. Der moslemische Einfluß zeigt sich besonders an den Gräbern in Galiläa, die eine große Ähnlichkeit mit arabischen Grabstätten haben und teilweise sogar arabische Inschriften aufweisen.

Heute sind mystische Kulte und Ausdrucksformen des Mystizismus in ganz Israel derart verbreitet, daß man sie in fast jeder sephardischen Gemeinde findet. Im Winter 1991 reiste ein Rabbi aus einer Stadt im Süden Israels zu den Gräbern seiner Vorfahren in Marokko, wo er vier Skelette ausgrub. Er packte die Knochen in einen gewöhnlichen Koffer und schmuggelte sie erfolgreich durch den marokkanischen und den französischen Zoll. Sein Handeln entsprang keineswegs einer Art Traditionsbesessenheit, die sterblichen Überreste der Juden heimzuholen: Der Rabbi glaubte, die vier Toten seien *tsadiks* gewesen, und wollte sie schlicht in seiner Nähe haben. Unglücklicherweise ging der Koffer in Israel verloren, und vorübergehend brach für den Rabbi eine Welt zusammen. Erst nach einer intensiven Suche wurde das verlorene Stück aufgespürt. Die Knochen wurden daraufhin in seiner Stadt wieder der Erde übergeben, und seit dieser Zeit haben sich die vier »heiligen Gräber« als Wallfahrtsstätte etabliert.

Die Faszination, die der Mystizismus auf die modernen Israelis ausübt, und der Glaube an Magie manifestieren sich auf die außergewöhnlichste und aufwendigste Art weiter südlich in Netivot. Die Fahrt von Tel Aviv dorthin ist keine einfache Autofahrt von 50 Meilen, sondern gleicht einer Reise mit der Zeitmaschine: von einer modernen, vitalen Stadt des 20. Jahrhunderts in einen verschlafenen, armen und rückständigen Ort in der Negev-Wüste. Die meisten seiner Bewohner sind religiös und stammen von marokkanischen Sephardim ab. 1992 betrug die Arbeitslosigkeit in Netivot 20 Prozent, etwa doppelt soviel wie der nationale Durchschnitt. Der Anteil der Analphabeten

113

unter den 20 000 Einwohnern ist sehr hoch, und weniger als 15 Prozent der Schulabsolventen bestehen die Aufnahmeprüfungen zum College – eine der niedrigsten Quoten im ganzen Land.

Unglücklicherweise ziehen Orte wie Netivot leicht Scharlatane und andere zwielichtige Gestalten an, die die einheimische Bevölkerung ausnehmen. Anfang der 80er Jahre salbte »Baba Baruch« Abu Hatzera, ein gerissener religiöser Unternehmer, sich selbst zum »Heiligen« und errichtete im Zentrum von Netivot einen Gebäudekomplex, der als Schrein für Wallfahrten dient. Zuvor hatte »Baba Baruch« in den 70er Jahren wegen Betruges drei Jahre im Gefängnis gesessen. Nach seiner Entlassung wurde aus dem unternehmungslustigen Straftäter und ehemaligen Politiker ein »wiedergeborener« Jude. Unter Verwendung seines Familiennamens – sein Vater, »Baba Sali«, war eine berühmte religiöse Autorität in Marokko gewesen – erklärte sich Abu Hatzera zum Erben seines Vaters. Mit der Behauptung, die Heiligkeit seines Vaters sei in seinem Körper und seiner Seele wiederauferstanden, verschaffte er sich Geld und baute erfolgreich ein großes Unternehmen auf.

Der Hof Baba Baruchs gleicht eher einem orientalischen Palast als einer Synagoge. Unter der Leitung von Baba Baruch und einer Handvoll Verwandter und Assistenten hat das Zentrum in Netivot einen rasanten Aufschwung genommen und ist zu einem gigantischen Unternehmen geworden. Man verkauft »heiliges« Wasser für die Kranken, Amulette, Poster, Tonbänder und andere Denkwürdigkeiten, die den Kult von »Baba Baruch« verherrlichen.

Einmal im Jahr, im Januar, nehmen Zehntausende von Menschen an einer speziellen Feier zu Ehren »Baba Salis« teil. Das Ganze ist eine Mischung aus Pop-Konzert und orientalischem Bazar und zieht inzwischen auch viele Politiker an, die der Gelegenheit nicht widerstehen können, sich unter den vielen möglichen Wählern zu zeigen. Baba Baruch, der selbsternannte Kronprinz, erhebt übrigens keine Einwände, wenn man ihn mit Rabbi anredet, obgleich er nie ordiniert wurde. Inzwischen ist die Feier finanziell ein solcher Erfolg, daß sie für die Stadt zu einer ihrer wichtigsten Einnahmequellen geworden ist.

Baba Baruchs Vorbild hat viele andere inspiriert, ebenfalls ihre »Heiligkeit« zu verkünden und sich der blühenden neuen israelischen Branche der Hexen, Astrologen, Heiler, Hellseher und Wahrsager hinzuzugesellen. Einige behaupten, ihre Kraft wurzele in der Kabbala. Diese Scharlatane versprechen die Heilung einer Vielzahl menschlicher Übel, von Unfruchtbarkeit bis zu tödlichen Krankeiten. Ihr Honorar kann bis zu Hunderten von Dollar betragen.

Das Ganze nahm derartige Ausmaße an, daß Israels Steuerbehörde 1991 eine Überprüfung der nichtversteuerten Einnahmen dieser Scharlatane und Schwindler durchführte. Auch die Polizei wurde in verschiedenen Fällen eingeschaltet. Zum Beispiel hatte einer dieser angeblichen Wunderheiler die Naivität und Dummheit einer seiner Patientinnen ausgenutzt, um sie zu vergewaltigen. Ein anderer wurde wegen unsittlichen Verhaltens und anderer sexueller Belästigungen strafrechtlich verfolgt. Und ein dritter hatte einigen Oberschülerinnen befohlen, etwas von ihrem Menstruationsblut in die Wasserflaschen zweier Jungen zu tun; nur so, redete er ihnen ein, könnten sie die Jungen dazu bringen, sich in sie zu verlieben.

Die gebildeten Israelis und die Medien veralbern dieses Phänomen und neigen dazu, in ihm den Beweis für die Blindheit Verzweifelter zu sehen. Da die bei diesen Wunderheilern Hilfe Suchenden in der Mehrzahl Sephardim sind, hat sich inzwischen ein gewisses Vorurteil hinsichtlich der sogenannten sephardischen Primitivität und Rückständigkeit entwickelt. Der Glaube an das Übernatürliche ist jedoch mit Sicherheit keine ausschließliche Domäne der sephardischen Bevölkerung Israels. Es gibt Zehn-, wenn nicht Hunderttausende von aschkenasischen Juden, die ebenfalls solchem Aberglauben anhängen. Bei den orientalischen Juden Israels ist indessen ihre relativ plötzliche Neigung zum Mystizismus angesichts ihres sozialen Umfelds und ihrer historischen Herkunft interessant.

Als zu Beginn der 50er Jahre die ersten sephardischen Juden aus dem Jemen, dem Irak und Marokka nach Israel kamen, sorgte die von der Labor-Partei gestützte aschkenasische Günstlingswirtschaft dafür, die Sephardim zu Bürgern zweiter Klasse zu machen. Die sephardischen Gemeinden waren in der Politik, der Wirtschaft und der Armee unterrepräsentiert. Sephardische Juden verdienen weniger Geld: Es gibt weniger Sephardim in leitenden Positionen als Aschkenasim. Sie haben im Verhältnis häufiger schlechtbezahlte Jobs als Arbeiter beim Bau, in den Fabriken und auf den Farmen. Ihre Kinder erhalten eine schlechtere Ausbildung, und so ist es kaum überraschend, daß der Prozentsatz an Straftätern in den sephardischen Gemeinden ebenfalls höher ist als anderswo. Orientalische Musik wurde im israelischen Rundfunk und Fernsehen lange Zeit nicht gespielt, weil die Verantwortlichen sie als »minderwertig« und Teil einer »Subkultur« einstuften. Ben Gurion sagte 1951, die israelische Gesellschaft werde erst dann zu einer wirklichen Einheit gefunden haben, wenn ein Sephardim Generalstabschef der Armee sei. Die Zeit läuft noch.

Die meisten sephardischen Einwanderer kamen ohne ihre kulturelle Elite nach Israel. Die intellektuellen, hochqualifizierten Beamten und Geschäftsleute – besonders unter den marokkanischen Juden – zogen es vor, in den Westen zu gehen. In Paris und Montreal findet man Namensschilder von Ärzten, Rechtsanwälten und Steuerberatern mit traditionellen marokkanischen Namen. In Israel dagegen waren diese Namen noch Jahre nach Abschluß der marokkanischen Alijah nur selten in Arztpraxen, Anwaltsbüros oder unter den Geschäftsleuten zu finden. Erst vor kurzem, seit der sephardischen Revolution, hat sich dies deutlich gewandelt. Obwohl die Zahl der sephardischen Ärzte, Anwälte, Ingenieure und Journalisten in Israel noch immer relativ klein ist, ist sie im Wachsen begriffen.

Ohne erkennbare Oberschicht sahen sich die Sephardim Vorurteilen und Rassismus ausgesetzt. Ihre aschkenasischen Gastgeber haben sich ihnen immer klar überlegen gefühlt. Ich erinnere mich noch an die überhebliche Haltung meiner eigenen Familie gegenüber unseren irakischen Nachbarn. Oberflächlich betrachtet waren unsere Beziehungen gut: Wir grüßten einander im Treppenhaus und lächelten dabei höflich. Aber hinter ihrem Rücken redeten wir dauernd über ihre Unwissenheit und – wie wir meinten – ihre Vulgarität. Eines Tages mußte ihre Tochter plötzlich ins Krankenhaus. Ein paar Tage lang schwebte sie zwischen Leben und Tod, aber schließlich wurde sie wieder gesund. Bei ihrer Rückkehr organisierte ihre Familie eine lärmende Party auf dem gemeinsamen Rasen unseres Wohnhauses. Die Frauen steckten die Finger in den Mund und stießen Freudentriller aus, und zur Feier des Tages wurde ein Lamm geschlachtet. Blutstropfen waren im ganzen Treppenhaus verschmiert, und Essensreste garnierten den Rasen. Meine Familie sah entsetzt vom Fenster aus zu, als seien wir Zeugen einer Art Hexensabbat. Wir waren wie hypnotisiert. Statt das Ereignis respektvoll als Teil einer fremden Tradition zu akzeptieren, sahen wir uns in unserem Urteil bestätigt, daß unsere Nachbarn – wie alle Juden orientalischer Abstammung – tatsächlich einer minderwertigen Kultur angehörten. Heute, nach 30 Jahren nachbarschaftlichen Zusammenlebens, haben wir einander endlich kennen- und respektieren gelernt. Die Lage der Sephardim in Israel läßt schmerzlich erkennen, daß niemand gegen potentiellen Rassismus gefeit ist, nicht einmal jene, die selbst noch vor kurzem Opfer rassistischer Verfolgung waren.

Die negative Haltung gegenüber den Sephardim ist in der israelischen Gesellschaft tief verwurzelt. Sie wurden stigmatisiert, und es haben sich überall rassistische Klischees sowie grobe, beleidigende Verallgemeinerungen breitgemacht. Man hat ihnen nationale Charakteristika zugeordnet, zum Beispiel, daß alle Marokkaner »Verbrecher« seien. Selbst Ben Gurion hat 1949 die marokkanischen Immigranten als »Wilde« bezeichnet. Ihre Aussprache des Hebräischen wird als »guttural und arabisch klingend« bemängelt.

Anfangs neigte die israelische Gesellschaft dazu, die Sephardim umzuerziehen, um sie der »richtigen« israelischen Lebensform anzupassen. Der ideale Bürger war der *sabra,* dem alle Israelis nacheifern sollten. Die Regierung war immer der Überzeugung, daß fremde Kulturen auf dem Weg der Modernisierung integriert werden könnten. Wer dem modernen Fortschritt nicht gewachsen war, galt als Versager. Im Rahmen dieser Ideologie hielt sich niemand mit der Überlegung auf, welchen enormen Schwierigkeiten sich plötzlich die Menschen gegenübersahen, die aus völlig fremden Kulturen kamen und von denen man erwartete, daß sie Entwicklungsstufen von Jahrhunderten in wenigen Monaten überspringen sollten.

Dieses Vorgehen erinnert in etwa an die bolschewistische Revolution. Als die Sowjets 1917 den Industrialisierungsprozeß in Gang setzten, wurden die russischen Bauern schlagartig ins 20. Jahrhundert versetzt. In ähnlicher Form wurden die sephardischen Einwanderer bei ihrer Ankunft in Israel ihres geistigen Gepäcks, ihres Erbes beraubt. Ihre traditionellen Gewänder wurden durch langweiliges Khaki ersetzt, das damals sehr modern war und als eine Art inoffizieller nationaler Uni-

117

form fungierte. Viele Immigranten stellten bei ihrer Ankunft fest, daß ihre wertvollen Besitztümer, wie alte Bücher und Schmuck, »verlorengegangen waren«. Über irgendwelche Kanäle endeten die meisten dieser Dinge am Ende in Souvenirläden und in den Regalen der Sammler. Wenn die Einwanderungsbeamten mit der Aussprache eines Namens Schwierigkeiten hatten, wurde er sogleich in einen »einfacheren« geändert. Ironischerweise wiederholte sich hier, was die osteuropäischen Bürokraten zwei oder drei Jahrhunderte zuvor mit den umherziehenden Juden gemacht hatten. Das Ganze war eine konzertierte Aktion, um die Sephardim ihrer Vergangenheit zu berauben.

Die meisten sephardischen Einwanderer kamen aus strenggläubigen Gemeinden. Um sie von ihren religiösen Gewohnheiten abzubringen, nahmen die weltlichen Behörden keine Rücksicht auf ihre Traditionen. Ihre Kinder kamen in staatliche Schulen, und den jemenitischen Jungen wurden die Schläfenlocken abgeschnitten.

Besonders eine Episode blieb bisher unaufgeklärt und versetzt die jemenitische Gemeinde noch heute in Wut: Auf mysteriöse Weise verschwanden zwischen 1949 und 1950 in Israel annähernd 350 jemenitische Kinder. Die Babys, die vermutlich in Krankenhäuser im ganzen Land transportiert wurden, kamen nach ihrer »Behandlung« nicht wieder zurück. Ihren Eltern wurde mitgeteilt, sie seien gestorben, aber man sagte ihnen nicht, wo sie beerdigt seien. Einige Gemeindeoberhäupter beharren deshalb auf der Erklärung, die Babys seien zur Adoption an Aschkenasim und ausländische Familien verkauft worden.

Selbst wenn gelegentlich Rücksicht auf religiöse Gefühle genommen wurde, geschah dies in einer herablassenden Art und Weise. Die religiösen Organisationen der Aschkenasim boten den Kindern der sephardischen Immigranten zwar eine religiöse Erziehung, aber in einer Form, die für sie nicht weniger einschneidend war als die weltliche. Wiederum verlangte man von den Immigranten, ihre traditionellen Gewänder und Gebräuche abzulegen – diesmal im Namen Gottes, nicht des Staates. Die religiöse Tradition der Sephardim wurde zumeist durch die osteuropäische Tradition der Aschkenasim ersetzt. So kann man heute auf eine eigenartige Anomalie stoßen: orthodoxe Sephardim, gekleidet in schwarze Gewänder und Hüte, die so selbstverständlich jiddisch sprechen, als kämen sie aus einem polnischen Ghetto.

Religiöse wie weltliche Politiker haben in den Immigranten Stimmvieh für ihre politischen Interessen gesehen. Politische Redner aller Parteien haben mit falschen Versprechungen und durch Bestechung versucht, ihre Wahlstimmen zu gewinnen. Während der 50er und 60er Jahre kam es durch solche Tricks zu seltsamen Wahlergebnissen.

Seit Beginn der 50er Jahre haben sich in Israel »zwei Nationen« herauskristallisiert – eine sephardische und eine aschkenasische. Wegen der beherrschenden Stellung der Aschkenasim wurde niemals ernsthaft versucht, die beiden Kulturen zu integrieren. So waren im Gegenteil Mischehen bei den Aschkenasim in der Regel verpönt: Seinen Sohn oder seine Tochter mit einer oder einem Sephardim zu verheiraten galt als ausgesprochene Mesalliance. Neue, ethnisch »saubere« Städte wurden angelegt. Für die Sephardim wurden eigene Stadtviertel geschaffen, sorgfältig getrennt von denen der Aschkenasim. Häufig wurden sie in bäuerliche Siedlungen in rauhen und weniger ertragreichen Gegenden des Landes gesteckt, wie die Gebirgsregion um Jerusalem oder die glühende, unfruchtbare Negev-Wüste. Der fruchtbarere Küstenstreifen war für die Aschkenasim reserviert.

Nur eine kleine Gruppe gebildeter Aschkenasim hat damals versucht, die Regierung vor dem Zorn und dem Wunsch nach Vergeltung zu warnen, die eine solche Bevormundung eines Tages auslösen könnte. Zu ihnen gehörte bereits 1949 David Horowitz, ein ranghoher Beamter des Finanzministeriums, der einen faszinierenden Bericht über die ersten Pionierjahre in der Jugendbewegung geschrieben hat. Er warnte schon 1949 davor, daß die neuen Immigranten »eine Art zweiter Nation bilden – eine revoltierende Nation –, die uns als Plutokratie betrachtet. Hinzu kommt, daß wir ihnen gegenüber eine ganz bestimmte Haltung entwickelt haben – eine Art Überheblichkeit. In gewisser Weise nehmen sie den Platz der Araber ein. Hier liegt ein gefährlicher Zündstoff – ein Potential für Herrn Begin und seine Partei ...« Horowitz' Worte beschworen die Schatten des zukünftigen Israel. Wieso eigentlich, könnte man fragen, waren im Mai 1977 so viele Israelis überrascht, als Menachim Begin mit der überwältigenden Unterstützung seitens der Sephardim zum Premierminister gewählt wurde?

Warum sind noch heute so viele Israelis fassungslos, wenn sie die traditionellen Zusammenkünfte der Sephardim am Hof Baba Baruchs in Netivot sehen oder das wieder auflebende Interesse der Sephardim am Mystizismus? Warum überraschten sie die Wut und der Protest gegen das aschkenasische Establishment? Vor 43 Jahren bereits hat David Horowitz vor den möglichen Folgen einer Unterdrückung der Sephardim gewarnt – ihr heutiges Verhalten ist nichts als eine verspätete Reaktion.

In dieser Hinsicht hat die Likud-Regierung in den letzten 15 Jahren viel für die Rehabilitierung der israelischen Sephardim getan. Der Likud hat ihnen ihre Ehre und ihren Stolz wiedergegeben und ihnen die gleichen wirtschaftlichen, sozialen und politischen Möglichkeiten eingeräumt. Während Labor in 29 Regierungsjahren nur drei Sephardim als Kabinettsminister gehabt hat, waren sie allein in der letzten Likud-Regierung durch fünf von 20 Mitgliedern vertreten.

Heute kann man die Entstehung einer neuen sozialen Schicht beobachten: die sephardische Mittelklasse oder »sephardische Bourgeoisie«, wie sie der Schriftsteller Amos Oz genannt hat: Israelis der ersten oder zweiten Generation, die es inzwischen zu etwas gebracht haben und ein angenehmes Leben führen. Auch am Rande unseres eigenen Viertels entstehen immer neue Straßenzüge. Die dortigen Eigentumswohnungen sind unverschämt teuer, manchmal mehr als eine halbe Million Dollar, aber es gibt genug Käufer. Viele der neuen Bewohner kommen aus den ärmeren Gegenden Groß-Tel-Avivs, die für ihre überwiegend sephardische Bevölkerung bekannt sind. Die Neuankömmlinge und ihre Kinder kleiden sich nach der letzten Mode: Sie tragen teure Kleider und Sportschuhe der Marke Reebok oder Nike und fahren Luxusautos. Im Winter besuchen sie elegante Skiorte und im Sommer die norditalienischen Seen.

Innenpolitisch hatte Begin »den Leuten eine anständige Behandlung« versprochen: Er hat die Steuern gesenkt und damit den niedrigeren Einkommensklassen – hauptsächlich den Sephardim – ermöglicht, ihren Lebensstandard zu verbessern. Die Preise für Video- und Fernsehgeräte wurden um 30 Prozent gesenkt, und auch andere Waren wurden bald erschwinglich. Ähnlich wie Wall Street während der Reagan-Ära blühte auch die kleine Börse von Tel Aviv auf. Für israelische Spekulanten – wie für ihre amerikanischen Kollegen, wenngleich in kleinerem Maßstab – brachen herrliche Zeiten an.

Die Likud-Regierung führte eine freie Marktwirtschaft ein, senkte die Steuern, ermutigte zu wirtschaftlicher Initiative und privatisierte staatliche Unternehmen. Mit amerikanischer Finanzhilfe von fast 50 Milliarden Dollar in den letzten 15 Jahren gelang es ihr dank einer erfolgreichen Diplomatie, einen deutlichen Aufschwung des israelischen Lebensstandards herbeizuführen. Die Hauptnutznießer dieser Entwicklung waren Israels Sephardim.

Dennoch hat der wirtschaftliche und soziale Aufstieg der Sephardim nicht vermocht, die ihrerseits bestehenden Zweifel an ihrer kulturellen Gleichberechtigung auszuräumen. Immer noch leiden sie unter der Vorstellung, daß die Aschkenasim sie für kulturell und sozial rückständig halten. Ihre Seele trägt noch die Narben ihrer eigenen traumatischen Erfahrungen und der ihrer Eltern. Aber heute bekennen sich die Sephardim wieder zu ihren folkloristischen und kulturellen Wurzeln. Sie schämen sich nicht mehr ihrer speziellen Eßgewohnheiten, ihrer Musik und ihres Erbes. Ein besonderes Merkmal der sephardischen Tradition war die Art und Weise, in der selbst jene, die kein ausgesprochen orthodoxes Leben führten, ihre religiösen Empfindungen in fast allen Dingen des täglichen Lebens zum Ausdruck gebracht haben. So hat die sephardische Gemeinde zum Wiedererstarken der Religiosität im heutigen Israel beigetragen. Diese Glaubenshaltung steht im krassen Gegensatz zum Judaismus aschkenasischen Stils, wo der Unterschied zwischen orthodoxem und nichtreligiösem Leben sehr ausgeprägt ist.

VII.

Mit Gottvertrauen

»Schneiden!« befahl der Rabbi, und die Leichenbestatter gehorchten eilig. An einem lieblichen Frühlingstag im April 1991 fand eins der groteskesten Rituale in der Geschichte des Judentums statt: Die Leichenbestatter hatten soeben eine Beschneidung an einem Leichnam vorgenommen.

Das Ganze begann einen Tag zuvor, als Alexander Basov, ein Architekt aus der ehemaligen UdSSR und frisch eingetroffener Immigrant in Israel, voll Hoffnungen nach Tel Aviv gereist war. Basov war wie viele seiner Miteinwanderer arbeitslos. An seinem Wohnort Naharijah, einer kleinen, verschlafenen Küstenstadt, war ein Arbeitsmarkt so gut wie nicht vorhanden. Also ging er nach Tel Aviv. Dort hatte er nach langer Suche endlich Glück und fand einen Job. Aber als der frohgesinnte, 43 Jahre alte Immigrant eine der verkehrsreichen Straßen Tel Avivs überquerte, wurde er von einem Auto angefahren und getötet. Sein Leichnam wurde zur Beerdigung nach Naharijah gebracht.

In Israel hat jeder Friedhof einen kleinen angeschlossenen Anbau, das sogenannte »Reinigungshaus«. Hier wird der Leichnam nach jüdischer Tradition entkleidet, gewaschen und in ein Tuch gehüllt, bevor er zur letzten Ruhe gebettet wird. Anders als die Christen werden Juden ohne Sarg beerdigt, um die Worte der Genesis zu erfüllen: »Denn du bist Staub, und zu Staub sollst du wieder werden.«

Ästhetische Einfachheit ist eins der Merkmale des Judentums. Aber israelisch-jüdische Beerdigungen sind bedauerlich unästhetisch. Allzu oft sind die Leichenbestatter schäbig angezogen und hinterlassen bei den Trauernden das unbehagliche Gefühl, gerade an einer unwürdigen Zeremonie teilgenommen zu haben. Weltliche Israelis haben jedoch keine Chance, hieran etwas zu ändern. Das religiöse Establishment hat alle Friedhöfe fest unter seiner Kontrolle, ebenso wie den Ablauf der gesamten Beisetzungsfeier.

Während Alexander Basovs Leichnam für die rituelle Reinigung vorbereitet wurde, entdeckten die Leichenbestatter, daß er nicht beschnitten war. Bestürzt meinten sie, daß sie ihm

»so« kaum ein jüdisches Begräbnis geben könnten. Also beschlossen sie, eine Beschneidung vorzunehmen – ein uraltes Ritual, das jeder jüdische Junge im Alter von acht Jahren über sich ergehen lassen muß. Dieser Ritus symbolisiert die Aufnahme in die Glaubensgemeinschaft der Juden in Erinnerung an den Bund zwischen Abraham und seinem Herrn.

Diese makabre Episode ist bezeichnend für die Macht der religiösen und orthodoxen Kreise. Tatsächlich ist Israel eins der wenigen Länder der westlichen Welt, in dem es keine reale Trennung zwischen der Kirche – oder besser der Synagoge – und dem Staat gibt. Der starke Einfluß der Religion könnte den Eindruck entstehen lassen, daß Israel – ähnlich wie der Iran – von Fundamentalisten kontrolliert und geleitet wird. Diese Analogie ist zwar verführerisch, aber die Verhältnisse in Israel sind doch weit komplizierter. Israels derzeitige Realität, wo Staat und Religion zu einem gordischen Knoten verschlungen sind, ist äußerst komplex und nur aus der Vergangenheit heraus zu verstehen. Hinzu kommt, daß das Problem nicht nur Fragen der Gesellschaft und des weltlichen Staates einerseits sowie der Religion andererseits betrifft. In Wahrheit reicht es zurück bis zu den Grundfragen israelischer und jüdischer Identität, zu Konzepten und Definitionen des Nationalismus, der Erlösung und der Staatlichkeit.

Auch wäre es unangemessen, wollte man allein die Allianz zwischen Begins Likud und den religiösen Parteien für den derzeitigen Zustand verantwortlich machen. Obgleich es offensichtlich ist, daß diese Verbindung zwischen rechtem Flügel und klerikalen Politikern sorgfältig gehegt worden ist und seit 1977 recht harmonisch funktioniert, kann sich der Likud hier, wie auch in anderen Dingen, zu Recht auf einen Vorgänger berufen: Es war Labor, die das Fundament für die besonderen Beziehungen zwischen weltlichem Zionismus und Religion gelegt hat.

Gegen Ende des 19. Jahrhunderts, als sich der Zionismus zu entwickeln begann, wurde er nicht nur von den Rabbis in den osteuropäischen *Schteteln,* sondern auch in Westeuropa und den USA als ketzerische Bewegung betrachtet. Obgleich der Zionismus von Juden für Juden formuliert wurde, war er für die Mehrheit der jüdischen Gemeinde eine Sünde. Erstens stemmten sich die Orthodoxen generell gegen jeden weltlichen, modernisierenden Einfluß. Darüber hinaus sahen die

Rabbis im Zionismus einen bedrohlichen Anschlag auf ihre Führung und Autorität, der darauf abzielte, den Judaismus durch eine moderne und weltliche Religionsform zu ersetzen. Am schlimmsten aber war in den Augen der Rabbis, daß der Zionismus als Messias auftrat.

Einer der auffälligsten Unterschiede zwischen dem Christentum und dem Judentum betrifft das Erscheinen des Messias: Während die Christen in Jesus Christus ihren Erlöser sehen, warten die Juden noch immer auf dessen Kommen. Nach jüdischem Glauben wird der Heiland erst erscheinen, wenn die göttliche Vorsehung die Zeit für reif erachtet. Diese Entscheidung kann und wird nur im Himmel getroffen und nicht auf Erden von einfachen Sterblichen. Da die Ankunft des Messias für »das Ende der Tage« angekündigt ist, haben die Juden während ihrer ganzen Geschichte zwar immer auf sein Kommen gehofft, ihn aber nie wirklich erwartet. Sie haben ihn sowohl herbeigesehnt als auch gefürchtet. Und so verstanden sie die Gestalt des Messias eher abstrakt als körperlich: Er war dazu da, Hoffnung in ihre tägliche Misere zu bringen und ihr eingeschränktes Leben in der Diaspora um eine utopische und spirituelle Dimension zu erweitern.

Dennoch kennt die jüdische Geschichte Fälle, in denen sich die abstrakte Hoffnung vorübergehend in Illusionen verrannte. Die Sehnsucht nach Zion und die gleichzeitige spürbare Verzweiflung des jüdischen Volkes haben eine Reihe selbsternannter Erlöser hervorgebracht. Als solcher gilt den Juden auch Jesus; auch der Aufstand gegen das Römische Reich im 1. Jahrhundert war von messianischer Inbrunst getragen. Im Jahr 1665 hatte dann Schabtai Zvi, der Sohn einer reichen türkischen Kaufmannsfamilie, eine göttliche Vision, die ihn veranlaßte, sich für den Messias zu halten. Hysterische Erregungszustände, Hyperaktivität und Ekstase wechselten mit plötzlichen Anfällen tiefer Schwermut. Ein moderner Psychiater hätte vielleicht eine manische Depression diagnostiziert, aber wahrscheinlich war er lediglich ein betrügerischer Scharlatan und Schwindler. Seinen Anhängern jedoch schien er ein Erleuchteter mit außergewöhnlichen Kräften. Er fesselte das Interesse vieler osteuropäischer Juden und versprach, den Ruhm des jüdischen Volkes wiederherzustellen und die Juden in das Land ihrer Vorfahren zurückzuführen. Sie begrüßten ihn bereitwillig als Messias und gaben ihm ihr Geld und ihre

Juwelen; natürlich betrog er sie und enttäuschte sie schwer. 1666 ließ der türkische Sultan Schabtai Zvi und seine Begleitung verhaften. Vor die Wahl gestellt, zu sterben oder zum Islam überzutreten, entschied sich Schabtai für Mohammed. Er setzte sich einen Turban auf, änderte seinen Namen in Mehmet Effendi Aziz und bezog für den Rest seines Lebens eine Staatspension.

Der Übertritt Schabtai Zvis zum Islam und der damit verbundene Zusammenbruch seiner Bewegung versetzte den Juden weltweit einen tiefen Schock und weckte in ihnen ein heftiges Mißtrauen gegen jeden zukünftigen selbstproklamierten Pseudomessias. Am Ende des 19. Jahrhunderts sah das orthodoxe Establishment daher im Zionismus lediglich eine Neuauflage des Schabtai-Zvi-Debakels. Zwar war die zionistische Führung von einem nüchternen Realismus geleitet, dem jedes messianische Sendungsbewußtsein fehlte. Aber mit ihrer Überzeugung, daß nur menschliche Tatkraft das jüdische Volk erlösen könne und man nicht länger auf ein göttliches Eingreifen warten dürfe, säkularisierte sie praktisch die Vorstellung vom Messias. Sie spannte den Erlösungsgedanken für ihre eigenen politisch-weltlichen Ziele ein und entleerte ihn seines religiösen Inhalts. Für die Rabbis war das zionistische Konzept unverzeihlich, das da behauptete, Gottes Wille zu kennen. Es war zu verdammen und abzulehnen.

Die Intensität der orthodoxen Opposition gegen den Zionismus ließ jedoch mit der Zeit nach. Heute kann man drei Hauptrichtungen in der Haltung der religiösen Orthodoxen gegenüber dem weltlichen Zionismus unterscheiden. Alle drei Richtungen sind weitgehend zum Bestandteil der komplizierten Beziehung zwischen Religion, Zionismus und dem Staat Israel geworden.

Die erste dieser Haltungen war in ihrem Kern ideologisch: die Ablehnung des Zionismus wegen seiner Einmischung in den göttlichen Plan der Erlösung. Diese Philosophie und ihre Anhänger betrachten den Zionismus und den Staat Israel als Mächte des Bösen, die das traditionelle Judentum korrumpieren. Mittlerweile wird diese Lehre nur noch von einer kleinen religiösen Gruppe in Israel vertreten. Ihre Anhänger leben in einem engen Viertel von Jerusalem. Die Israelis betrachten sie mit Verwunderung, und für Ausländer sind sie eine Touristenattraktion. Ihre Enklave nennt sich »Mea Schearim« (Hundert

Tore), und ihre Bewohner sind ultra-orthodoxe Juden, die »Neturai Karta« (Wächter der Mauer). Das Wort »Mauer« hat dabei eine doppelte Bedeutung: Einmal bezieht es sich auf die Mauern der Stadt Jerusalem, und im übertragenen Sinn meint es die Mauer, die jene »Wächter« als Fackelträger des traditionellen Judentums bilden. Sie tragen die langen schwarzen Gewänder der Ghetto-Juden und sehen im Zionismus und im Staat Israel eine ernsthafte Abirrung vom Glauben. Ihre Haltung gegenüber Israel ist: »Nichts von deinem Honig, nichts von deinen Stichen«; wir wollen nichts von dir, und wir schulden dir nichts. Sie weigern sich, Steuern zu zahlen, und verwehren der Jerusalemer Müllabfuhr den Zugang zu ihrem Viertel. Sie verbrennen die israelische Flagge und stimmen niemals in die Nationalhymne ein. Statt dessen unterstützen sie die arabische Forderung nach »Vernichtung des zionistischen Gebildes«. Auf der im Oktober 1991 abgehaltenen Friedenskonferenz für den Mittleren Osten in Madrid haben sich ihre Vertreter der palästinensischen Delegation angeschlossen.

Die zweite Richtung steht in scharfem Kontrast zu der ersten und hat zur Entwicklung eines national-religiösen Zweiges des Zionismus geführt. Sie entstand um eine politische Gruppe namens Mizrahi, ein hebräisches Akronym für »geistiges Zentrum«. Ihre Mitglieder sind religiöse Juden, die den Zionismus auch politisch unterstützen. Ihrer Meinung nach gibt es zwischen Zionismus und Religion keinen Widerspruch. Vielmehr glauben die Mizrahi, daß der Zionismus Teil des Erlösungsprozesses ist. Die Mehrheit ihrer Mitglieder vertritt den Standpunkt, daß die »große Erlösung« selbstverständlich dem Messias überlassen bleiben müsse, daß aber der Zionismus zu deren Realisierung auf einer niedrigeren Stufe beitrage. Durch ihr Alltagsleben in Erez Israel fänden die Juden ihre individuelle Erfüllung. Eine Minderheit hinter den Rabbis Kok – Vater und Sohn – ging sogar noch einen Schritt weiter. Sie umarmte den Zionismus von ganzem Herzen aus religiösideologischen Gründen. Sie meinte, die Zionisten fungierten unwissentlich als Hand Gottes und erfüllten den göttlichen Auftrag, die Erlösung vorzubereiten. Durch die Auswanderung nach Erez Israel, die Ansiedlung und die Bearbeitung des Bodens sowie den Aufbau einer Armee zum Schutz des Landes hätten sie ganz unabsichtlich Gott in seinen Werken unterstützt, die ihren Höhepunkt in der »großen Erlösung« finden würden. Nach Ansicht der Koks und ihrer Anhänger sollten die Gläubigen dem Zionismus nicht allein zur Seite stehen: Ihre heilige Pflicht sei es, sich dem zionistischen Unternehmen voll anzuschließen. Und so gründeten die religiösen Zionisten Kibbuzim und bäuerliche Gemeinden und wurden zu begeisterten Pionieren ähnlich Ben Gurions Sozialisten. Sie legten ihre Schtetel- und Ghettokleidung ab und trugen die gleichen Sachen wie ihre sozialistischen Kameraden, mit Ausnahme des kleinen gehäkelten Scheitelkäppchens – das einzige äußere Unterscheidungsmerkmal.

Die dritte Reaktion auf den Zionismus war die Gründung von Agudat Israel, hebräisch für »Association of Israel«, eine Dachorganisation, deren Ziel es war, die Ausbreitung des Zionismus unter den Orthodoxen zu stoppen. In Wirklichkeit war sie eine Synthese und ein Kompromiß zwischen den beiden anderen religiösen Haltungen gegenüber dem Zionismus. Ideologisch lehnte sie den Zionismus ab, unterstützte aber in der Praxis dessen politische und organisatorische Ziele. Agudat Israels ideologische Ablehnung ging Hand in Hand mit pragmatischer Resignation: Wenn du sie nicht schlagen kannst, dich ihnen aber auch nicht anschließen willst, dann mußt du sie eben hinnehmen.

Nach dem Holocaust und am Vorabend von Israels Unabhängigkeit, als die weltlichen Zionisten an Einfluß gewannen, kam es zwischen Ben Gurions Labor-Bewegung, den religiösen Zionisten und Agudat Israel zu einer klaren Abmachung. Sie basierte auf der Anerkennung des Status quo. Grundlage der Abmachung ist ein Brief Ben Gurions und eines Mizrahi-Führers an Agudat Israel, in dem sie sich verpflichten, die Bedingungen für die religiöse Bevölkerung im neuen Staat nicht zu verschlechtern. Ben Gurion wollte bei den Engländern und den Arabern den Eindruck erwecken, daß das gesamte jüdische Volk hinter ihm stehe, und wollte sich die Unterstützung aller religiösen Parteien für seine Labor-Regierung sichern. So kam es zu einer 30 Jahre dauernden Allianz – bis zu den Wahlen 1977.

Sobald der Staat Israel geboren war, einigten sich Ben Gurion und die religiösen Parteien auf eine sehr großzügige Auslegung des Briefes von 1947. Die religiösen Parteien erhielten das Recht, im ganzen Land als alleinige Vermittler in Fragen von Staat und Religion tätig zu werden. Ben Gurions wichtigstes Zugeständnis an die religiösen Parteien aber lag auf dem Gebiet der Erziehung. Während Labors eigenes Erziehungssystem aufgelöst und durch ein einheitliches, weltliches System ersetzt wurde, erhielten Mizrahi und Agudat Israel die Befugnis, daneben ihr eigenes unabhängiges Erziehungssystem aufzubauen.

Mit dem Tag der Unabhängigkeit wurde der Samstag oder Sabbat zum offiziellen Ruhetag erklärt: Das öffentliche Leben kam an diesem Tag in jüdischen Gegenden mehr oder weniger zum völligen Erliegen. Nur Kraftwerke, Flughäfen und Telefone durften in minimalem Umfang betrieben werden. Es gab keine öffentlichen Verkehrsmittel, was die Bewegungsfreiheit der Israelis außerordentlich einschränkte, die kein Auto hatten. Ben Gurion erklärte sich ferner einverstanden, daß Cafés, Kinos und Theater – buchstäblich jede öffentliche Vergnügungsstätte – am Sabbat geschlossen blieben. Ferner kam man überein, daß in Hotels, Krankenhäusern und Kasernen nur koscheres Essen serviert werden durfte.

Die umstrittenste Konzession Ben Gurions war die Freistellung einer begrenzten Zahl von *Jeschiwa*-Studenten – jüdischen Seminaristen – vom Wehrdienst. Anfangs waren es nicht mehr als 400, die von diesem Privileg Gebrauch machten. Mit den Jahren jedoch ist ihre Zahl raketenartig in die Höhe geschossen. Durch diese Ausnahmeregelung spalteten Ben Gurion und die Labor-Partei die Hochschulstudentenschaft in zwei Klassen: jene, die drei Jahre als Wehrpflichtige Dienst tun müssen, und die, die vom Wehrdienst befreit sind.

Ferner wurden den religiösen Parteien finanzielle Vorteile zugebilligt. So wies die Regierung 1966 den Zentralbankpräsidenten an, Agudat Israel die Lizenz für die Eröffnung einer eigenen Bank zu erteilen.

Alle diese Sonderabsprachen zugunsten der religiösen Parteien verschafften Israel in den ersten Jahren eine politische Atempause, sorgten für Stabilität und sicherten Labors Führung. Aber sie machten gleichzeitig aus Israel eine eigenartige Nation, die bis auf den heutigen Tag mit vielen Widersprüchlichkeiten und Identitätsproblemen zu kämpfen hat.

Israel besitzt keine Verfassung. Auch hat es bisher seine Staatsgrenzen nicht festgelegt und daher Schwierigkeiten mit der Kennzeichnung seiner Bürger. Die Unabhängigkeitserklärung vom Mai 1948 ist die Hauptgrundlage der staatlichen Machtbefugnisse. Der ehemalige Richter am Obersten Gericht, Zvi Berenson, einer der Väter der Erklärung, hat geschildert, wie sie in aller Eile innerhalb von 48 Stunden und unter schwierigen Umständen abgefaßt wurde: »Es war mir nicht einmal möglich, die notwendigen Informationen zu bekommen und die verschiedenen Verfassungen und Unabhängigkeitserklärungen anderer Staaten miteinander zu vergleichen.« Dennoch ist die Erklärung von hoher Qualität, durchdacht und sinnvoll.

Der Verzicht auf eine klare Beschreibung der Grenzen Israels in der Deklaration geschah ganz bewußt. Während ihrer Skizzierung hatten die Juristen Ben Gurion gedrängt, die Grenzen entsprechend dem Teilungsplan der UN von 1947 festzulegen. Sie argumentierten, ein Verzicht verstoße gegen Rechtsprinzipien und bringe Israel in den Augen der übrigen Welt in eine mißliche Lage. Aber Ben Gurion wies ihre Bedenken aus zwei Gründen zurück. Er fürchtete die religiöse Opposition, die den Standpunkt vertrat, daß Israels Grenzen mit denen übereinstimmen sollten, die Gott Abraham versprochen hatte. Und zum anderen war er überzeugt, daß sie sich nach dem sich abzeichnenden Krieg mit den Arabern ohnehin verändern würden. In der Tat hat Israel seine Grenzen seit der Unabhängigkeit mehrmals vorgeschoben. Dieses auffällige Schweigen aber hat den arabischen Behauptungen immer wieder Nahrung gegeben, Israel habe von Anfang an expansionistische Träume gehegt.

Die Tatsache, daß Israel keine Verfassung besitzt, hat ihren Grund ebenfalls in Ben Gurions Rücksichtnahme auf die religiösen Parteien. Diese haben stets argumentiert, wenn Israel wirklich eine Verfassung wolle, dann solle es die Gesetze der Bibel übernehmen sowie den rechtlich komplexen alten Kodex der Halacha, der während des 2000 Jahre dauernden Exils von berühmten Rabbis entwickelt wurde. Selbstverständlich konnten Ben Gurion und seine Labor-Genossen, die sich Israel nur als weltliche Demokratie vorstellen konnten, keiner religiösen Verfassung zustimmen, die das Land zu einer Theokratie gemacht hätte. Die Lösung des Problems war – für Israel typisch –, die Frage offenzulassen. Seit der Unabhängigkeit ist immer wieder gefordert worden, Israel endlich eine ordnungsgemäße Verfassung zu geben, um Verstößen gegen Bürger- und Menschenrechte vorzubeugen. Die Juristen streiten jedoch darüber, ob eine moderne Demokratie zum Schutz der Rechte und Freiheiten ihrer Bürger einer Verfassung bedarf oder nicht. Auf der einen Seite haben sich die französische und die amerikanische Verfassung in dieser Hinsicht hervorragend bewährt. Auf der anderen Seite ist unschwer zu erkennen, daß eine Verfassung noch nicht automatisch eine Tyrannei verhindert – man braucht nur Südafrika oder Syrien zu nehmen, beides Länder mit einer Verfassung, in denen weitgehend Unterdrückung herrscht. Und schließlich hat auch England keine Verfassung und gilt trotzdem als fortschrittliches Land, das die Gesetze achtet und die Rechte seiner Bürger schützt.

Die israelische Unabhängigkeitserklärung legt ausdrücklich fest, daß Minderheiten in Israel nicht diskriminiert werden dürfen, sondern volle und gleiche Rechte genießen: Freiheit der Religionsausübung, Erziehung und alle anderen Freiheiten einer zivilisierten, modernen Demokratie. Israel hat keine Staatsreligion, und das israelische Gesetz gibt den religiösen Gemeinden das Recht, nach ihren Traditionen zu leben und ihre eigenen Ehegesetze anzuwenden. So haben die Juden ihre rabbinischen Gerichte, die Moslems ihre *Scharija*-Gerichte, und auch die Christen haben das Recht, ihre eigenen Religionsgesetze für ihre Gemeinden aufzustellen. Andererseits bestimmt die Unabhängigkeitserklärung ausdrücklich, daß Israel ein jüdischer Staat ist.

Richter Berenson ist überzeugt, daß Israels Gründungsväter in keiner Weise die Absicht hatten, dem Staat einen jüdisch-religiösen Charakter zu geben. Er argumentiert, daß das Wort »religiös« in der Deklaration niemals im Zusammenhang mit dem Ausdruck »jüdischer Staat« gebraucht wird. Aber Israel ist in jeder Hinsicht ein zionistisch-jüdischer Staat: Die blau-weiße israelische Fahne ziert der Davidstern, und die traditionelle *menorah* ist Staatsemblem. Vor allem aber enthält die Unabhängigkeitserklärung den Satz: »Der Staat Israel steht allen jüdischen Einwanderern offen.« Dieses Recht wurde 1950 mit der Verabschiedung des Rückkehr-Gesetzes noch besonders betont, das Diaspora-Juden privilegiert, die den Wunsch haben, Israelis zu werden. Seit 1950 kann jeder Jude, der dies möchte, automatisch einen israelischen Paß bekommen. Auf Nichtjuden findet das Gesetz keine Anwendung.

Das Rückkehr-Gesetz hat bei vielen Arabern und Menschen im Westen Mißtrauen gegen Israel und seine Rassentrennungspolitik geweckt. Tatsächlich aber kennt das israelische Recht, abgesehen von diesem Gesetz, keine weitere Ausnahmeregelung für Juden. In der Sprachregelung der israelischen Jurisprudenz gibt es jedoch zahlreiche Schlupflöcher, die die arabisch-israelische Minorität in der Praxis benachteiligen. Obgleich man ständig bemüht war, die Fassade legaler Gerechtigkeit und Gleichheit zu wahren und Diskriminierungen aufgrund von Religion, Rasse oder ethnischer und nationaler Abstammung zu verhindern, besteht nach wie vor eine effektive Ungleichheit.

Die Situation wird durch die Tatsache verschärft, daß im israelischen Personalausweis (den jeder Bürger bei sich trägt), die Religion des Ausgewiesenen in der Rubrik »Nationalität« eingetragen ist. Ben Gurion und seine Berater fürchteten, daß sich die nach 1948 innerhalb der israelischen Grenzen verbleibende arabische Minorität nicht loyal verhalten könnte, und suchten daher nach einer einfachen Möglichkeit, die Araber von den Israelis zu unterscheiden. Hinzu kam, daß die religiöse Gemeinde empört war, daß die Nationalität der jüdischen Bevölkerung lediglich als »Israeli« registriert werden sollte – sie meinte, dies würde dem jüdischen Charakter des Staates nicht gerecht. Und so kam es, daß Ben Gurions fester Wille, die religiöse Gemeinde zu beschwichtigen, und seine Besorgnis um die Sicherheit des Staates zur Registrierung zweier Nationalitäten führten: einer israelisch-arabischen und einer israelisch-jüdischen.

Dieses Durcheinander führt zu amüsanten Anomalien, aber auch beklagenswerten gesetzlichen Unklarheiten. So kann ein Israeli zum Beispiel gleichzeitig unter zwei Religionen geführt werden. Der Sohn eines moslemischen Vaters (nach moslemischer Tradition »vererbt« der Vater den Glauben) und einer jüdischen Mutter (im Judentum ist es genau umgekehrt) gehört beiden Religionsgemeinschaften an. Der unglückliche Sohn einer moslemischen Mutter und eines jüdischen Vaters wird von keiner der beiden Religionsgemeinschaften zur Kenntnis genommen. Es ist kein Wunder, daß viele Israelis ernste Identitätsprobleme haben. So wirft das ungelöste Spannungsverhältnis zwischen der weltlichen Mehrheit und der religiösen Minderheit durchaus ernste Fragen auf, deren Lösung die israelische Führung bisher vermieden hat.

Was ist Israel? Wenn es sich als Staat definiert, in dem Israelis leben, warum spiegelt das System dies nicht wider? Ist es also ein Staat der Juden – ein Staat für jüdische Menschen? Wenn das so ist, warum leben dann die meisten Juden außerhalb Israels und weigern sich herzukommen? Und wenn wir Juden in einem jüdischen Staat sind, wodurch unterscheiden wir uns dann von den New Yorker, Londoner oder Moskauer Juden? Was ist mit den Nichtjuden, die hier leben? Welche Nationalität oder welchen Status haben sie?

Die Frage ist: Wer sind die Israelis? Gibt es überhaupt so etwas wie einen Israeli? Und schließlich, was bedeutet es, Jude zu sein? Ist das Judentum Religion oder eine Nationalität? Vielleicht ist es beides gleichzeitig. Es gibt keine eindeutigen Antworten auf diese Fragen, die den Staat Israel verfolgen.

Der interessanteste und einleuchtendste Vorschlag aus dem weltlichen Lager zur Beilegung dieser Widersprüche kam von einer Gruppe, die als »Kanaaniter« bekannt sind – eine kleine, aber einflußreiche Bewegung zumeist Intellektueller, Schriftsteller und Künstler. Der Name geht zwar auf die Bibel zurück, aber die kanaanitische Bewegung entstand erst in den 30er Jahren, als klar wurde, daß der Zionismus sich nicht von der jüdischen Vergangenheit, Tradition und Religion lösen würde. Die Kanaaniter verstanden den Zionismus als eine nationale Erneuerungsbewegung, lehnten aber die jüdische Religion entschieden ab, die sie als Wurzel allen Übels und der Korruption in der jüdischen Gesellschaft ansahen. Der erste Ideologe der Bewegung war Adolph Gurevitz, ein russischer Jude, der Geschichte und semitische Sprachen an der Sorbonne in Paris studiert hatte und lehrte und zwischen Palästina und den USA pendelte. Gurevitz, der seinen Namen in Gur-Horon hebräisierte, gewann ein paar junge Anhänger, die seine Botschaft verbreiteten. Der prominenteste von ihnen war der Dichter Jonathan Ratosh.

Ratosh, 1909 in Polen als Uriel Halperin geboren, war als Junge mit seinen Eltern nach Israel ausgewandert. Von klein auf war er in der hebräischen Sprache unterrichtet worden, die er mit Begeisterung sprach, während er seine polnische Muttersprache und das Jiddische völlig ablegte. Viele original hebräische Wörter sind ihm zu verdanken. Sein kreatives Talent jedoch war seine Poesie, die von bemerkenswert erotischer und sinnlicher Intensität ist. Anerkennung fand sein Werk jedoch erst, als er bereits ein alter Mann war und vor allem nach seinem Tod 1981. Berühmter war er wegen seines auffällig genußfreudigen Lebensstils. Ratosh war ein starker Trinker, verbrachte viel Zeit damit, in den Cafés von Tel Aviv Frauenbekanntschaften zu suchen, und verachtete das literarische Establishment, das ihn ablehnte. 1942 gründete Ratosh die Bewegung Junge Hebräer. Sie mokierte sich über die jüdische Religion, ihre Rituale und das Jiddische. Obgleich die meisten von ihnen aus Osteuropa kamen, bestanden sie darauf, ihr Hebräisch auf eine gutturale Art zu prononcieren, die wahrscheinlich eher der ihrer früheren Vorfahren entsprach. Die Jungen Hebräer hatten eine unersättliche Sehnsucht nach mystischen Symbolen, besonders solchen, die Kraft, Natur und das Band zwischen Mensch und Ackerscholle repräsentierten. Ihre Bildhauer und Maler schilderten das Leben der Bauern und Jäger und befaßten sich mit den alten kanaanitischen Gottheiten und Riten. Ihre Schriftsteller und Dichter ließen sich von biblischen Schilderungen inspirieren, entwickelten ziemlich sentimentale, abstrakte Visionen von Orten und Geburtsstätten und verklärten die Mittelmeerkulturen. In ihrer Vorstellung spielten das Meer, die Strände und die Fischer eine herausragende Rolle, wobei sie stets die Harmonie zwischen Mensch und Natur betonten. Es überrascht daher nicht, daß sie sich der »Besessenheit« der Zionisten widersetzten, zu bauen, zu kolonisieren und von der Natur Besitz zu ergreifen.

Es war eine kleine Organisation ohne finanziellen Rückhalt, und trotzdem wurde sie von den Zionisten wegen ihres wachsenden Einflusses auf die jungen Israelis gefürchtet. Um die aufstrebende Bewegung zu diskreditieren, bezeichneten die Zionisten deren Anhänger als einen Haufen unzüchtiger, genußsüchtiger Narren, die Orgien feierten im Stil altertümlicher Götzendiener, die sie verehrten. Zum Hohn gaben sie ihren Rivalen den Spitznamen »Kanaaniter«, und zum Ärger der Jungen Hebräer blieb dieser Name an ihnen hängen.

Für Ratosh und seine Freunde war Zionismus gleich Judaismus. Sie unterschieden zwischen den in der Diaspora geborenen »Juden« und den Menschen, die in Erez Israel lebten. Die Kanaaniter wollten keinen jüdischen, sondern einen hebräischen Staat, der die Renaissance der goldenen Tage der alten Hebräer einleiten sollte. Und wie einst die alten Hebräer ein Teil der sie umgebenden kanaanitischen Stämme waren, von denen sie das Land erobert hatten, so sollte die neue hebräische Nation sich bemühen, ein integrierter Teil des Mittleren Ostens zu werden und hier Wurzeln zu schlagen, statt aus einer – in den Augen der Kanaaniter – künstlichen Bindung an fremde europäische Kulturen festzuhalten. Israel sollte die wahre Dreieinigkeit von hebräischer Sprache, hebräischer Nation und hebräischem Land verkörpern – die Alternative zu dem, was sie als falschverstandene Kombination aus hebräischer Sprache, jüdischem Volk und zionistischem Schicksal empfanden. Nach der kanaanitischen Ideologie sollte die Nation über eine eindeutige Identität, eine territoriale Basis und eine sprachliche und kulturelle Einheit verfügen. Kurz, sie wollten ihre Nation nach den modernen Prinzipien des Nationalstaates aufbauen, in dem sich Staatsgebiet, Volk und ethnische Herkunft decken. Trotz ihrer beachtlichen und fortdauernden Attraktivität sind die Kanaaniter jedoch in der israelischen Gesellschaft kaum auf Gegenliebe gestoßen. Der politische Zement des Status quo, wie ihn die Koalition aus Labor und den religiösen Parteien predigte, bremste jede Initiative, das Problem der israelisch-jüdischen Identität einer Lösung näherzubringen.

Obgleich sich der Status quo vielfach als echtes Hindernis und ärgerliche Plage erweist, haben sich in der Praxis interessanterweise Dutzende von Möglichkeiten entwickelt, um die Beschränkungen zu umgehen, die den weltlichen Israelis von den religiösen Parteien aufgezwungen werden. Oft scheinen diese Umwege inzwischen selbst ein Teil des Status quo geworden zu sein. So durften und dürfen am Sabbat anstelle der öffentlichen Busse nur Taxis und private Mietwagendienste Fahrgäste auf den ausgewiesenen Busstrecken innerhalb der Orte und zwischen den einzelnen Städten befördern. Und obgleich die meisten Vergnügungsstätten am Sabbat geschlossen sind, finden Fußballspiele und Sportveranstaltungen statt. Zehntausende von Zuschauern, die zum Stadion fahren, setzen sich damit der Anklage aus, den Sabbat zu »entweihen«. Auch die Strände sind während der langen Sommersaison am Sabbat für Hunderttausende von Badenden geöffnet.

Obgleich es in Israel keine Ziviltrauung gibt, weisen die weltlichen Gerichte (deren Kompetenz über die der religiösen Gerichte hinausgeht) das Innenministerium an (das seinerseits von den religiösen Parteien geleitet wird), im Ausland zivilrechtlich geschlossene Ehen anzuerkennen und zu registrieren. Bis 1967 kam es zwischen den weltlichen und den religiösen Behörden selten zu Streitigkeiten. Dennoch ging es bei den meisten Kabinettskrisen jener Zeit um religiöse Fragen. Meistens waren es die religiösen Parteien, die mit der Politik der Regierung nicht einverstanden waren. Ihnen ging es vor allem um die religiöse Erziehung, die Finanzierung der religiösen Institute und die Grundsatzfrage: »Wer ist ein Jude?«

Zur Klärung dieser Frage forderten sie eine Änderung des Rückkehr-Gesetzes und der Personenstandsregistrierung, dahingehend, daß nur jene als Juden anzusehen seien, deren Mutter Jüdin war oder die nach Maßgabe der Halacha konvertiert waren. Und nach der Halacha, der jüdischen Gesetzessammlung, habe eine Konversion stets vor einem orthodoxen Rabbi zu erfolgen. In Israel hat es von Anfang an nur eine religiöse Einrichtung gegeben: das orthodoxe Rabbinat. Und diese Rabbis fanden es unerträglich, daß der Staat Israel einen Glaubensübertritt anerkennen könnte, der vor einem Konservativen oder einem Reformrabbi im Ausland vorgenommen worden war. Daher ihre Forderung nach einer Änderung des israelischen Rechts; aber weder Labor noch später Likud gaben ihrem Druck nach.

In den Jahren bis 1967 entwickelte sich eine klare soziale Schichtung. Wie in einem professionell inszenierten Theaterstück hatten jeder Bereich und jede Gruppe ihre genau festgelegte Rolle. Die aschkenasische Elite regierte die sephardische Majorität, die ihren Status als Bürger zweiter Klasse gehorsam akzeptierte. Den dritten Stand bildeten die israelischen Araber. Dieses stillschweigende Übereinkommen wurde kaum in Frage gestellt, außer von ein paar unbedeutenden Dissidenten. Die Unruhestifter im religiösen Lager kamen aus der jüngeren Generation.

Diese jungen religiösen Leute waren unzufrieden mit der Rolle, die man ihnen im politischen Gerangel mit Labor zugedacht hatte. Die meisten Jeschiwa-Studenten von Agudat Israel dienten nicht in der Armee, während die jungen Mizrahi ihren Wehrdienst erfüllten – wenn auch meist nur für eine kürzere Zeit und in religionsbezogenen Funktionen, wie der des Leichenbestatters, der Kontrolle der koscheren Küche und der Verteilung von Gebetsbüchern.

In einer chauvinistischen Männergesellschaft wie Israel, in

der der Armeedienst einen sozialen Status verleiht, wurden die religiösen jungen Leute als Außenseiter belächelt. Selbst die Kinder belegten ihre religiösen Altersgenossen mit Schimpfworten und verachteten sie. Einige, besonders die radikalen unter den Religiösen warteten nur darauf, es ihnen heimzahlen zu können. Ihre Stunde kam im Juni 1967 mit dem Ausbruch des Sechs-Tage-Krieges.

Die meisten religiösen Israelis sahen in dem schnellen Sieg ein göttliches Wunder, das darin gipfelte, daß die Soldaten Ost-Jerusalem eroberten und vor der Klagemauer standen. An die Stelle der Demütigung der religiösen Jugend trat jetzt eine Erhöhung, ja fast Ekstase. In der Folge entwickelte die zionistisch-religiöse Jugend ein völlig neues Selbstverständnis. Dieser Prozeß zeigte 1974 seine Wirkung: Die zionistisch-religiöse Jugend ging nach dem Versagen der letzten Labor-Regierung aus dem traumatischen Jom-Kippur-Krieg als eigentlicher Sieger hervor. Statt religiöse Funktionäre zu werden, übernahmen sie die Vorreiterrolle bei der Kolonisierung der West Bank.

Der harte Kern, die Führungsspitze der religiösen und militanten Siedler der besetzten palästinensischen Territorien, nannte sich Gusch Emunim oder der Block der Treuen. Als elitäre Gruppe von Zeloten glaubt Gusch Emunim, nur sie allein könne die theologisch-historische Bedeutung der Ereignisse in Israel erfassen. Gusch Emunims neue religiöse Kraft und ihr Selbstbewußtsein drücken sich auch in ihren Scheitelkäppchen aus. Man hat die kleinen flachen, fast unsichtbaren *jarmulkes* gegen große, farbenfrohe Kopfbedeckungen ausgetauscht. Die meisten der Führer kommen aus einer in Jerusalem gegründeten *jeschiwa,* »The Rabbi's Center«, deren Präsident Rabbi Yehuda Zvi Kok ist. 40 Jahre zuvor hatte sein Vater die messianische Dialektik entwickelt, nach der die sozialistischen Pioniere – wenngleich unabsichtlich – zur Erlösung des jüdischen Volkes und der historischen Enthüllung der geheimen Pläne Gottes beigetragen hätten.

Für Gusch Emunim war die Regierung bis 1977 – solange Labor an der Macht war – der Feind im Innern. Sie nahm das Recht daher selbst in die Hand und errichtete in Opposition zur Regierungspolitik illegale Siedlungen. Mit den Soldaten, die daraufhin von der Regierung entsandt wurden, um sie zu vertreiben, kam es zu heftigen Zusammenstößen, und als der amerikanische Außenminister Henry Kissinger (den sie als »Judenbengel« beschimpften) 1974 bis 1975 versuchte, ein Interimsabkommen mit Ägypten und Syrien zu vermitteln, organisierte sie gewalttätige Demonstrationen und blockierte die Straßen.

Als Rabins Kabinett stürzte und Begin Premierminister wurde, bekam Gusch Emunim eine zusätzliche, beachtliche Unterstützung von seiten der Regierung. Die historische Allianz zwischen religiösem Zionismus und Labor-Bewegung wurde durch einen neuen Pakt zwischen Likud und Israels religiösen Parteien abgelöst. Gusch Emunim verfügt heute über eine der stärksten und geschicktesten politischen Lobbys in Israel. Sie kennt sich in der Geldbeschaffung aus und hat es erfolgreich verstanden, sich der israelischen Öffentlichkeit als Nachfolger der alten Zionisten zu präsentieren. Wie vor ihr die zionistischen Pioniere kolonisiert nun sie das Land.

Aber schließlich wurde Gusch Emunims Appetit selbst für Begins Likud zu groß: Ihrer Meinung nach verhält sich die israelische Militärregierung in den besetzten Gebieten nicht brutal und aggressiv genug. Schon bald erhob sie gegen die Begin-Regierung denselben Vorwurf wie zuvor gegen Rabin: Sie sei zu weich gegenüber den Palästinensern. Und als ihre Forderung unbeantwortet blieb, die nationalen Bestrebungen der Palästinenser zu unterdrücken, entschloß sie sich, die Gangart zu verschärfen und ihre Aktionen zu radikalisieren.

Im Frühjahr 1980 schlossen sich 20 Mitglieder aus dem harten Kern von Gusch Emunim nach einer Beratung mit ihren Rabbis zu einer Terrororganisation zusammen. Bei Attentaten verletzte die Gruppe drei bekannte palästinensische Bürgermeister und beging in den nächsten vier Jahren zahlreiche weitere rücksichtslose Gewalttaten. So wurden in einem islamischen College in Hebron kaltblütig drei palästinensische Studenten ermordet. Ein anderer Plan, Schulbusse mit Kindern in die Luft zu sprengen, mißlang glücklicherweise.

Innerhalb der Terroristengang war noch eine kleinere Gruppe aktiv. Sie hatte sich zum Ziel gesetzt, die Moscheen auf dem Tempelberg in Jerusalem zu sprengen. Diese Moscheen stehen auf dem Platz des von den Römern zerstörten zweiten jüdischen Tempels. Die jüdischen Fanatiker planten, die Moscheen zu vernichten, um Platz für den dritten Tempel zu schaffen. Dabei waren sie von der Idee besessen, die An-

kunft des Messias und die Erlösung würden erst nach Fertig-
stellung des dritten Tempels kommen. Für die Moslems jedoch
zählen diese beiden Moscheen zum Heiligsten überhaupt – abgesehen von Mekka und Medina in Saudi-Arabien, der Wiege
des Islam. Man braucht nicht viel Phantasie, um sich vorzu-
stellen, was passiert wäre, wenn die jüdischen Extremisten Erfolg gehabt hätten. Wären die Moscheen gesprengt worden, so
hätte zweifellos die gesamte islamische Welt – mehr als 300
Millionen Gläubige in 48 Ländern – zu einem *jihad* aufgerufen, einem heiligen Krieg gegen Israel.

Solche apokalyptischen Aussichten waren selbst dem militanten Likud-Kabinett zuviel. Bis dahin hatte Likud die jüdischen Terroristen offiziell nicht zur Kenntnis genommen, ja
sogar ihre Existenz geleugnet und behauptet, die Morde seien
von palästinensischen Terroristen provoziert worden. Im Mai
1984 jedoch wurden 20 junge, religiöse, mit Gusch Emunim in
Verbindung stehende Extremisten verhaftet. Die meisten kamen mit leichten Strafen davon. Nur drei, die des Mordes für
schuldig befunden wurden, erhielten eine lebenslängliche Gefängnisstrafe. Inzwischen sind alle wieder auf freiem Fuß.

Aber die Idee, einen dritten Tempel zu bauen, ist noch nicht
vom Tisch. Im moslemischen Viertel der Jerusalemer Altstadt
liegen die Gebäude der Ateret Kohanim Jeschiwa. Deren Studenten spezialisieren sich auf das Studium des ersten und
zweiten Tempels. Sie haben Modelle der beiden Gebäude sowie Kopien von den rituellen Anlagen hergestellt: dem Altar,
dem Königsthron und sogar den Roben der Hohenpriester
nach den detaillierten Beschreibungen der Bibel. In einem Zustand messianischen Glaubenseifers haben einige der Studenten einmal versucht, heimlich auf den Tempelberg zu gelangen, um rituelle Opfer darzubringen. Weder die Studenten
noch ihre Tutoren sprechen sich öffentlich für eine Zerstörung
der Moscheen aus; sie glauben aber, daß es irgendwie geschehen
hen wird. Ein Besuch in der Jeschiwa macht deutlich, daß für
diese Menschen der Bau des dritten Tempels nur eine Frage
der Zeit ist.

Neben diesem radikalisierenden Trend, der der zionistisch-
religiösen Bewegung anstelle ihrer pragmatischen eine militante Richtung gegeben hat, hat auch bei den Orthodoxen ein
ähnlicher Prozeß stattgefunden. Von einer passiven Akzeptanz des Zionismus und des Staates in der Labor-Ära sind die

Orthodoxen dazu übergegangen, sich verstärkt in die Staatsangelegenheiten einzumischen. Als der Likud 1977 an die Macht kam, wurden sie von der Regierung zunehmend finanziell unterstützt. Dieser Umstand hat sich sogar auf das Geschäft meines Vaters ausgewirkt, eine Fabrik für Großküchen. Die meisten Aufträge waren bis dahin von der Armee, den Krankenhäusern, Hotels und der Industrie gekommen, aber 1977 traten nun auch die orthodoxen Jeschiwas an meinen Vater heran.

Die aufeinander folgenden Likud-Regierungen haben den Orthodoxen Hunderte von Millionen Dollar zukommen lassen. Dieser plötzliche Reichtum ermöglichte ihnen, die Studentenzahlen zu erhöhen – mehr Jeschiwas und mehr Studenten aber bedeuteten mehr Küchen und ähnliches. Gleichzeitig stieg aber auch die Zahl der jungen Männer, die sich vor dem Militärdienst drückten. In den besten Tagen von Labor gab es ein paar tausend Jeschiwa-Studenten, heute geht ihre Zahl in die Zehntausende.

»Die neuen Orthodoxen«, meint der Autor Chaim Beer, der in einem orthodoxen Viertel lebt und dessen Novellen das dortige Alltagsleben beschreiben, »benutzen Israel wie einen Geldautomaten«: Wann immer sie Geld brauchen – und ihr Bedarf ist nahezu unersättlich –, gehen sie zum Automaten, drücken ein paar Knöpfe und bekommen die gewünschte Summe. Statt eine Plastikkarte einzuschieben, bedienen sie sich der Einschüchterung. Da die Orthodoxen das Zünglein an der Waage sind – Likud kann ohne sie nicht regieren –, können sie sich kurz fassen: Gebt uns dies, verschont uns damit, oder wir stimmen nicht mehr für euch.

Die Beziehung der neuen Orthodoxen zum Staat gleicht einer Einbahnstraße. Präsident John F. Kennedy bemerkte einmal: »Frag nicht, was dein Land für dich tun kann; frag, was du für dein Land tun kannst.« Die Orthodoxen scheinen den zweiten Teil seines Satzes überhört zu haben und konzentrieren sich allein auf das, was der Staat ihnen ihrer Meinung nach schuldet.

Die Haltung der Orthodoxen, die durch eine aktive Einmischung im Kabinett verbunden mit einer nicht zu stillenden Habgier gekennzeichnet ist, änderte sich auch durch die Gründung der Schas-Partei. Dies ist eine relativ neue orthodoxe Partei, die hauptsächlich die sephardische Bevölkerung repräsentiert. Die Partei wurde vor den Wahlen 1983 gegründet, um gegen die Diskriminierung der Sephardim zu kämpfen, und zwar ausgerechnet von einem aschkenasischen Rabbi, der Streit mit seinen Kollegen hatte. Die meisten ihrer politischen und geistigen Führer sind marokkanische Rabbis, die an orthodoxen aschkenasischen Jeschiwas ausgebildet wurden. Sie übernahmen den Lebensstil ihrer Lehrer, hatten aber dennoch ständig das Gefühl, benachteiligt zu sein.

Ihr nomineller Führer war ein junger Rabbi namens Jizchak Perez, der die Partei aber 1991 verließ. Als sich Schas 1988 der Likud-Regierung anschloß, wurde Perez zum Innenminister berufen. Später leitete er das Ministerium für Eingliederung. Nach ihrem phänomenalen Erfolg – 30 Prozent sämtlicher religiöser Abgeordneter in der Knesseth – machte Schas mit den religiösen Parteien, was Likud mit Labor gemacht hatte: Sie nutzte das ethnische Sektierertum und die Erbitterung der orientalischen Juden.

Im Gegensatz zu den anderen religiösen Parteien, besonders zu Agudat Israel, die sich stets auf eine mehr oder weniger homogene Wählerschaft stützte, ist die Schas-Partei für einen weit größeren Bevölkerungskreis attraktiv. Ihre Anhänger rekrutieren sich aus der sephardischen Bevölkerung im weitesten Sinn, nicht nur aus den Orthodoxen unter ihnen. Viele Sephardim, die im streng aschkenasischen Sinn nicht als religiös gelten würden, betrachten sich selbst durchaus als gläubig und traditionell. Sie identifizieren sich zumindest mit einigen Aspekten der Religion und befolgen einige ihrer Vorschriften. Mit einem Minister, sechs Knesseth-Abgeordneten und mehreren ranghohen Regierungsbeamten ist Schas auf dem besten Wege, eine große Volkspartei zu werden. Die meiste Arbeit steckt Schas in die Konsolidierung des parteieigenen unabhängigen Erziehungssystems, das sie in den letzten acht Jahren geschaffen hat. Das bedeutet, daß drei der vier Schulsysteme Israels von religiösen Parteien geführt werden.

Die Führer der Schas-Partei geben sich im Gegensatz zu den etwas weltfremden und strengen Agudat-Israel-Rabbis volkstümlich. Sie benutzen Slangausdrücke und mischen sich gern unter ihre Anhänger. Da es den Orthodoxen verboten ist, fernzusehen, hat sich ihre alte Führungsgarde stets geweigert, im Fernsehen aufzutreten. Die Schas-Führer begriffen dagegen sehr schnell die Bedeutung der Medien und geben häufig im Fernsehen Interviews. Sie setzten das Fernsehen ganz bewußt bei ihren Bemühungen ein, die weltlichen Israelis zu ihren religiösen Wurzeln zurückzuführen.

In diesem Sinn ist Schas die stärkste missionierende Partei des Landes und hat das Ritual der Reue in eine Massenindustrie verwandelt. Die Partei versammelt jährlich Tausende ihrer Sympathisanten in großen Sportarenen. Mehr als allem anderen ähneln diese Ereignisse öffentlichen Rockkonzerten. Zwischen den Darbietungen populärer religiöser Musik werden den Zuhörern von ekstatischen Rabbis starke Dosen einprägsamer Predigten verabreicht – ganz im Stil der Evangelisten im amerikanischen Fernsehen. Die »Seelenfänger« der Schas bedienen sich aller Werkzeuge und Techniken des modernen Marketing: Werbespots, Anzeigen sowie Audio- und Videokassetten. Sie sind Experten im Aufspüren und Auswerten der Schwachstellen, die sich aus Israels Identitätskrise ergeben. Sie prangern die angebliche Leere, Korruption und Dekadenz des weltlichen israelischen Lebensstils an und versprechen diese Leere sinnvoll auszufüllen. Es gibt keine Daten über die genaue Zahl der »wiedergeborenen« Israelis, aber gemessen an der Aufmerksamkeit, die sie in den Medien erfahren, scheint es, als würden sie in den 90er Jahren einen Boom erleben. Es gibt viele Beispiele dafür, daß berühmte wie einfache Israelis »das Licht erblickt« und sich Schas angeschlossen haben.

Der Erfolg trug der Schas-Partei den Neid und Zorn ihrer religiösen Rivalen ein und entfesselte unter den religiösen Parteien einen erbitterten Kampf um die politische Vorherrschaft. Es scheint, als haßten die religiösen Parteien sich gegenseitig mehr als ihre weltlichen Opponenten. Zu einem komischen Höhepunkt in dieser religiösen Rivalität kam es im Wahlkampf 1988. Zu einem ihrer Fernsehauftritte erschienen die Schas-Rabbis in langen goldbestickten Roben und Turbanen, um Sünden zu erlassen, den bösen Blick zu bannen sowie Verwünschungen, Exkommunikationen und Flüche aufzuheben. Es stellte sich heraus, daß Agudat Israel Wählern einen Treueid abgenommen und jedem Eidbrüchigen gedroht hatte, ihn mitsamt seiner Familie zu verfluchen und zu bestrafen.

Der Fernsehauftritt der Schas-Rabbis amüsierte die weltlichen Israelis, die darin einen weiteren exaltierten Akt in der politischen Seifenoper der Parteien sahen. Aber diese Episode beleuchtete zugleich eine dunklere und primitivere Seite der religiösen Politik in Israel: die zynische Ausnutzung der Rückständigkeit und der mystischen Neigungen eines Teils der Wählerschaft.

Der erste politische Führer der Schas, Rabbi Perez, zeichnet sich ganz besonders durch seine wilden Ausfälle gegen die weltliche Lebensart aus. Als 20 Schulkinder auf einem Ausflug beim Zusammenstoß eines Busses mit einem Zug ums Leben kamen, tönte Rabbi Perez, dies sei die Strafe Gottes für den Mangel an Geistigkeit unter den Israelis. Bei anderer Gelegenheit griff er das israelische Erziehungswesen und vor allem die Universitäten an, da sie die Lehre Charles Darwins verbreiteten. Er verlangte die Streichung der Evolutionslehre und der schöpfungsfeindlichen Wissenschaft, da sie lehrten, daß »der Mensch vom Affen abstammt«. Rabbi Perez gab seiner Hoffnung Ausdruck, daß Israel eines Tages seinen Studenten beibringen werde, daß die Welt und die menschliche Rasse allein von Gott geschaffen worden seien. Aber was die Israelis wirklich schockierte, war seine beispiellose und bösartige Attacke gegen die Kibbuzim. Im Juni 1991 versuchte Rabbi Perez Kibbuzim daran zu hindern, äthiopische Juden aufzunehmen. Er argumentierte, den Kibbuzim mangele es nicht nur an jeder jüdischen Kultur, sondern sie ermutigten die Gläubigen auch noch dazu, ihre Religion aufzugeben. Er beklagte, daß seine Schwester in einem Kibbuz aufgewachsen, seither – im Gegensatz zu ihm – nicht mehr religiös und Tänzerin und Malerin geworden sei. »Ihr im Kibbuz seid schuld am Ruin meiner Schwester«, rief er dramatisch bei einem Live-Interview im Fernsehen.

Neben ihrer Rhetorik scheuen sich die religiösen Politiker auch nicht, ihre Muskeln spielen zu lassen in endlosen Bemühungen um die Einführung einer religiösen Gesetzgebung, die darauf abzielt, modernes Leben, den Fortschritt und die bürgerlichen Grundrechte zu untergraben. Sie verlangen eine weitere Einschränkung der Abtreibung, der archäologischen Ausgrabungen, der Organtransplantationen und der Obduktionen. Sie setzten für den Sabbat ein Flugverbot bei EL AL – Israels nationaler Fluglinie – durch. Andere, bisher vergebliche Versuche gehen dahin, Produktion und Verkauf von Schweinefleisch gänzlich zu verbieten und den Verkauf von Brot in der Osterwoche zu untersagen. »Im Augenblick wollen die Religiösen nur in eure Küchen«, warnte Shulamit Aloni, die Führerin der Bewegung für Menschenrechte und Frieden, »bald aber werden sie überall hinwollen: in eure Straße, eure Strände, eure Schulen und eure Schlafzimmer.«

Während Aloni, die eine von Israels freimütigsten Politikerinnen ist, durch »den anmaßenden Einfluß der Religiösen« alarmiert ist, sieht der Historiker Emanuel Sivan das Ganze aus einem anderen Blickwinkel. Für ihn sind der religiöse Glaubenseifer der Schas und der Nationalismus der Gusch Emunim lediglich israelische Varianten des religiösen Fundamentalismus und des Fanatismus, wie sie auch in anderen Gesellschaften existieren. »Christlicher, islamischer und jüdischer Fundamentalismus«, erklärt er, »haben miteinander die Sehnsucht nach einem theokratischen Regime gemein sowie eine starke Opposition gegen jede Form des sogenannten westlichen Materialismus und der Korruption.«

Korruption ist jedoch nicht allein ein weltliches Problem. Polizei und Staatsanwalt haben bereits gegen Schas-Minister und Knesseth-Abgeordnete wegen Mißbrauchs und illegaler Verwendung öffentlicher Gelder ermittelt. Es stellte sich auch heraus, daß einige Schas-Führer, die aus armen Verhältnissen stammten, sehr schnell recht wohlhabend wurden. Sie leben in Luxusappartements, fahren auffällige Autos und verkehren in schicken Hotels und teuren Restaurants. »Das Benehmen der religiösen Politiker und ihre Aktivitäten«, meint Ora Namir, Minister in Rabins neuem Kabinett, »lehren die Menschen, die Religion zu hassen.«

Auch ihre Doppelmoral und ihre heuchlerische Haltung gegenüber dem modernen Leben machen die Orthodoxen in den Augen der Nichtgläubigen verächtlich. Auf der einen Seite lehnen sie alles Moderne ab und betrachten es als ihren Feind – auf der anderen Seite bedienen sie sich jederzeit des technischen Fortschritts, wobei die Orthodoxen stets geeignete Wege gefunden haben, um die von ihnen angeblich hochgehaltenen Traditionen zu umgehen. So verbietet ihnen die Tradition viele Tätigkeiten am heiligen Sabbat, weil die Bibel die Arbeit sowie das Feuermachen an diesem Tag ausdrücklich untersagt. Diese alten Verbote wurden im 20. Jahrhundert auf die Benutzung elektrischer Geräte ausgedehnt. Die Orthodoxen fanden nun einen einfachen Trick, wie sie das Verbot des Feuermachens am Sabbat umgehen können. Sie erfanden eine spezielle Lampe, die vor Beginn des Sabbats entzündet wird und Tag und Nacht brennt. Für die Gläubigen gibt es ein besonderes Telefon, womit ihnen erlaubt ist, Gespräche zu empfangen und selbst zu telefonieren. Eine Genehmigung des Oberrabbis von Israel aus dem Winter 1921 gestattet ihnen die Benutzung des Telefons in Notfällen, sofern beim Wählen kein direkter physischer Kontakt mit dem Apparat hergestellt wird. Ein Bleisitft leistet da gute Dienste.

In der Vergangenheit gab es im Judentum gelehrte und schöpferische Rabbis. Der berühmteste von allen war Rabbi Moses ben Maimon, der im 11. Jahrhundert in Spanien lebte. Er legte die Bibel aus und erweiterte die Tradition in einer Weise, die bis in unsere Zeit maßgebend war. Jahrhundertelang hat der orthodoxe Judaismus jedoch keine maßgeblichen Persönlichkeiten von seinem Rang mehr hervorgebracht, die die Verantwortung für eine zeitgemäße Anpassung und Modernisierung der Tradition übernommen hätten. Statt dessen beschäftigen sich die Rabbis heute mit faktischen Randproblemen, die überflüssig und manchmal sogar lächerlich sind.

Dies alles hat zu Beginn der 90er Jahre zu einer zunehmenden Spannung zwischen der weltlichen Majorität und der religiösen Minderheit geführt. In der Vergangenheit haben die nichtgläubigen Israelis die religiösen Aktivitäten meist teilnahmslos hingenommen. Hier und da wurden Organisationen wie die Kanaaniter gegründet, um »religiösem Zwang« zu begegnen, aber sie haben nichts wirklich Entscheidendes bewirkt. Seit kurzem jedoch hat sich ein Wandel vollzogen: Mehr und mehr sind die weltlichen Israelis bereit, für ihre Ansichten und ihren Lebensstil zu kämpfen. Die Familien von Verstorbenen verlangen, daß auf den Grabsteinen die nichtjüdischen Daten neben denen des jüdischen Kalenders angebracht werden. Gegen heftigen Widerstand des orthodoxen Establishments sind Reform- und konservative Gemeinden und Synagogen eröffnet worden. Die Forderung einer dieser Kongregationen nach einem eigenen Friedhof hat in der Öffentlichkeit breite Unterstützung gefunden. Linksgerichtete Parteien und sogar Teile der Labor-Partei haben eine Trennung von Staat und Religion verlangt, was zivile Trauungen, Scheidungen und Beerdigungen erlauben würde.

Diese neue Stimmung hat viele weltliche Israelis angeregt, aus der Passivität herauszutreten und sich zu wehren. Jerusalem ist zum Hauptschlachtfeld in dieser Auseinandersetzung geworden. In einem Teil der Stadt zerstören militante Orthodoxe Reklametafeln, auf denen halbnackte Mannequins abgebildet sind, und bewerfen am Sabbat die vorbeifahrenden Autos mit Steinen. In einem anderen kämpfen junge Protestler gegen das, was sie »die Belagerung des weltlichen Jerusalem durch die Angriffstruppen der Jerusalemer Fundamentalisten« nennen. Die Gruppen führen unkonventionelle politische Aktionen durch und schrecken gelegentlich auch nicht vor Straßenschlachten zurück. Um »die Belagerung« aufzuheben, fallen die weltlichen Krieger in orthodoxe Viertel ein und beschmieren die Wände mit antireligiösen Parolen. Teil ihrer Kriegführung ist auch das Öffnen von Kinos, Theatern und Restaurants am Freitag abend sowie die Aufrechterhaltung des öffentlichen Busverkehrs am Sabbat. Der Gipfel war erreicht, als sie im Frühjahr 1991 einen Schweinekopf auf die Türschwelle einer Synagoge legten. Es war klar: Wer immer dieses Vergehen zu verantworten hatte, war übers Ziel hinausgeschossen. Niemand übernahm die Verantwortung.

Die Orthodoxen argumentieren häufig, das Verhalten der weltlichen Israelis erinnere an den Antisemitismus. Nirgends, so scheint es, werden die orthodoxen Juden mehr gefürchtet und gehaßt als im jüdischen Staat. »Wenn ich diese Orthodoxen nur sehe, kann ich die Antisemiten verstehen«, ist eine ziemlich verbreitete Redensart unter den weltlichen Israelis. Sie bezeichnen die Orthodoxen wegen ihrer vorwiegend schwarzen Kleidung als »schwarze Juden« oder schlicht »die Schwarzen«. Die Wochenzeitung der Linken gab ihnen den Spitznamen »Die schwarzen Panther«. Man betrachtet die Orthodoxen als Parasiten, die der weltlichen Gesellschaft den Lebenssaft aussaugen.

In Wahrheit sind jedoch die religiösen Parteien weniger mächtig und verwundbarer, als man gemeinhin annimmt. Seit den ersten Wahlen im Jahr 1949 haben sie die Zahl ihrer Knesseth-Abgeordneten nicht wesentlich erhöhen können – obgleich Israels jüdische Bevölkerung inzwischen siebenmal so groß ist. Sie waren stets mit 15 bis 18 Sitzen von 120 in der Knesseth vertreten.

Hinzu kommt, daß jene, die zu ihren religiösen Wurzeln zurückkehren, sich in etwa die Waage halten mit denen, die ihre Scheitelkäppchen und ihre traditionelle Kleidung ablegen und einen modernen Lebensstil annehmen. Auch der Versuch, den Status quo durch die Einführung einer neuen religiösen Gesetzgebung zu unterlaufen, ist mehr oder weniger gescheitert.

Daß der Status quo indessen zu bröckeln beginnt, geben auch die Religiösen verärgert zu – nämlich zu ihrem Nachteil. Sie sehen, daß immer mehr Kinos, Restaurants und Bars am Samstag geöffnet sind und ihren heiligen Sabbat stören, sogar in Jerusalem, ihrer Heiligen Stadt.

Besonders schmerzlich trifft die religiöse Gemeinde ein unlängst aufgetauchtes Phänomen: das sogenannte »Jom-Kippur-Fahrrad-Syndrom«. An diesem heiligsten Tag des jüdischen Kalenders steht der gesamte Straßenverkehr im Lande still. Statt der Autos drängten sich früher in den Straßen weltliche wie religiöse Familien auf ihrem Weg in die Synagoge. Es herrschte eine ganz besondere, fast heilige Atmosphäre. Aber diese Stimmung hat sich verändert, und die Zahl der Synagogengänger ist geschrumpft. Obgleich noch immer keine Autos fahren, sind die Straßen jetzt voller Radfahrer. Dieser Trend wurde von den Kindern eingeleitet, die der Versuchung einer autofreien Straße nicht widerstehen konnten. Inzwischen sind ganze Familien davon angesteckt, die die Gelegenheit zu einem Fahrradausflug wahrnehmen. Die Strände sind mit Badenden überfüllt, die noch vor kurzem Hemmungen gehabt hätten, die heilige Atmosphäre zu stören. Jom Kippur ist auf dem besten Wege, zu einem nationalen Ferientag zu werden.

Vor diesem Hintergrund erscheinen die religiösen Protestaktionen in einem anderen Licht. Statt Aggressionen und Machthunger kann man in ihnen auch die verzweifelte Reaktion von Menschen sehen, die fühlen, daß sie im kulturellen Kampf an Boden verlieren.

Das Klima der religiös-weltlichen Beziehungen leidet zunehmend unter Reibereien und wachsender gegenseitiger Abgrenzung. Einerseits scheinen beide Seiten täglich militanter zu werden und gewillt zu sein, bei der Konfrontation Risiken einzugehen. Andererseits konzentriert sich jede Gruppe immer mehr auf sich selbst und auf ihre eigene, in sich geschlossene Gemeinde. Die Kinder gehen in getrennte Schulen und heiraten in der Regel innerhalb ihrer Gruppe. Zwischen den beiden Seiten gibt es derzeit keine ernsthaften Ansätze zu einem fruchtbaren Gedankenaustausch, um ein besseres und friedliches Zusammenleben und eine geistige Versöhnung herbeizuführen.

Während die der Mittelklasse angehörenden weltlichen Israelis in ihren Vorstädten beständig einem höheren Lebensstandard nachlaufen, ziehen sich die Anhänger von Schas, Agudat Israel und Gusch Emunim immer mehr in ihre eigenen Viertel, ihre Siedlungen und in die gegenseitige Ignoranz zurück. Emanuel Sivan hat dieses Phänomen als »die Kultur der Enklaven« bezeichnet.

VIII.

Verteidigung

Zu Beginn der 70er Jahre hat der amerikanische Künstler George Segal eine große Skulptur geschaffen: Ein Vater hält ein Messer in der Hand, während sein Sohn zusammengekauert zu seinen Füßen liegt. Das Motiv ist offensichtlich der Bibel entnommen: Abraham setzt an, seinen Sohn Isaak zu töten – in dieser Geschichte stellt Gott Abrahams Ergebenheit auf die Probe, indem er ihm befiehlt, seinen Sohn auf einen Hügel in Jerusalem zu führen und ihn zu opfern.

Segals Skulptur steht seit fast 20 Jahren im Keller des Museums von Tel Aviv. Die Öffentlichkeit bekommt sie kaum zu Gesicht, weil die Kuratoren des Museums und ihre politischen Chefs im Rathaus von Tel Aviv in dem Kunstwerk eine Kritik Segals an der israelischen Realität sehen: ein Staat, der bereit ist, seine Söhne im Krieg zu opfern. Die Skulptur zieht eine Parallele zwischen der Entschlossenheit des Patriarchen, seinen Sohn zu töten, um Gott zufriedenzustellen, und der Bereitschaft der israelischen Eltern, ihre Kinder für einen eigenen jüdischen Staat sterben zu lassen.

Israel hat für sein Überleben einen sehr hohen Preis bezahlt: die Körper und Seelen seiner jungen Generation. Nach offiziellen Angaben des Verteidigungsministeriums vom Mai 1992 sind in den sieben Kriegen und sonstigen Auseinandersetzungen 17 500 Israelis gefallen und mehr als 56 000 verwundet worden.

Israel gehört zu den am stärksten mobilisierten Gesellschaften der Welt. Die Sicherheit des Landes nimmt noch immer die entscheidende Position im nationalen Bewußtsein ein. Die Mobilisierung wurde durch ein sorgfältig durchdachtes Erziehungsprogramm erreicht, das bereits im Kindergarten beginnt.

Das wichtigste Ziel des Staates war, einen allgemeinen Konsens zu erreichen, seine Bürger von der Richtigkeit seiner Maßnahmen zu überzeugen und Zweifel möglichst nicht aufkommen zu lassen. Solange die Menschen motiviert sind und an eine Sache glauben, kann man mit ihrem uneingeschränkten Engagement rechnen. Eine Gesellschaft aber, so wurde argumentiert – deren Mitglieder an den Zielen der Regierung zweifeln und ihre Zweifel auch äußern, hält weniger gut zusammen und ist daher verwundbarer, besonders, wenn sie ringsum von Feinden umgeben und permanent bedroht ist.

Dem israelischen Volk wurde eine einseitige Version der eigenen Geschichte präsentiert – angefangen mit der jüdischen Kolonisierung Erez Israels –, aber vor allem der Ereignisse des Unabhängigkeitskrieges und der Nachkriegszeit. Ähnlich der amerikanischen Geschichtsschreibung, die sorgfältig die unbequeme Wahrheit über die Massaker an den Ureinwohnern Amerikas verschwiegen hat, kennt auch die israelische Geschichte nur schwarz oder weiß. Israelische Mythen haben ihre eigenen Helden und Bösewichter. Nach dem Muster der Westernfilme, in denen bekanntlich immer das Gute siegt, erzählt auch die israelische Geschichtsschreibung von einer unfehlbar rechtschaffenen Nation, die sich stets nur nach Frieden gesehnt hat. Dieselbe Legende berichtet davon, daß Israel unermüdlich versucht hat, dem Frieden die Tore zu öffnen. Aber die Araber, diese Bösewichter, verrammelten die Tore und wollten Krieg.

Eines Abends im Mai 1992, als ich meinen achtjährigen Sohn zur Feier des Tages des Gedenkens in seine Schule begleitete, wurde ich wieder daran erinnert, wie sehr das israelische Schulsystem geprägt ist durch das Bestreben, dieses Denkschema jedem einzelnen einzuimpfen. Individualismus und unabhängiges Denken werden in diesem System nicht gefördert; weit eher regt es zu Gruppendenken und Konformismus an – gleich einem Fließband in einer Fabrik, an dessen Ende ein Standardprodukt steht: unsere Kinder.

Es gibt tatsächlich keine israelische Grundschule oder höhere Schule, die nicht Kriegsverluste erlitten hat. Die Gedenkstätte in der Schule meines Sohnes zeigt einen einfachen Stein mit den eingravierten Namen der ehemaligen Schüler, die in Israels Kriegen gefallen sind. Am Tag des Gedenkens versammeln sich die Menschen in jedem Dorf und in jeder Stadt auf Israels zahlreichen Friedhöfen, um der Toten zu gedenken. Der Tag des Gedenkens ist der Tag vor dem Unabhängigkeitstag. Die Entscheidung, Israels Unabhängigkeit unmittelbar am Tag nach der Erinnerung zu feiern, enthält eine klare Botschaft an die Bevölkerung: Diese gefallenen Soldaten haben Israels Unabhängigkeit erkämpft. Oder mit den Worten des berühmten Dichters Nathan Altermann: »Sie sind das Silbertablett, auf dem euch der Staat überreicht wurde.«

Der Tag des Gedenkens beginnt mit dem Heulen der Sirenen – derselben, die in Kriegszeiten zum Einsatz kamen und während der Golfkrise, als sie vor den anfliegenden Scud-Raketen warnten. Sobald am Tag des Gedenkens die Sirenen ertönen, steht für zwei Minuten alles still in Israel. Die Nationalflagge geht auf halbmast, und die Erinnerungsfackel wird entzündet, in der Regel vom Vater eines Gefallenen. Die offiziellen Feierlichkeiten enden nach etwa einer halben Stunde mit dem Singen der Nationalhymne.

Alle nationalen Friedhöfe und Denkmäler haben zumindest eines gemeinsam, wie George Mosse bemerkte: »Da sie die gefallenen Helden ehren, fungieren Soldatenfriedhöfe zunehmend als Orte der nationalen Identifikation.« So haben viele der in Europa errichteten Denkmäler nicht nur die Toten verewigt, sondern zugleich die Greuel des Krieges verschleiert, dem Tod eine erhabene Würde verliehen und ihn durch eine historisch-nationale Sinngebung verklärt. Solange die Opfer als Heilige erscheinen, ist es leichter, sich mit ihrem Tod abzufinden. Die Mehrzahl dieser Denkmäler sind Übungen in Beerdigungskitsch: Sie zeigen die Soldaten als schwertschwingende Ritter oder in ruhmvoller neoklassizistischer Nacktheit, um die männlich-chauvinistische Botschaft zu übermitteln. So wie der Krieg auf diesen Friedhöfen dargestellt wird, verkörpert er die menschlichen und nationalistischen Werte des Heldenmuts, des höchsten Opfers und der brüderlichen Gemeinschaft der Soldaten.

Israels großartigste Heldenlegende ist die von Masada, einem eindrucksvollen, über 400 Meter hohen Felsplateau am Rande der Wüste von Judäa mit Aussicht auf das Tote Meer. Vor mehr als 1900 Jahren wurde hier oben von einer Randgruppe jüdischer Extremisten und religiöser Fanatiker eine Festung errichtet. Von ihr aus inszenierten sie einen verzweifelten und aussichtslosen Aufstand gegen die Legionen des Römischen Reiches. Nach der allgemein akzeptierten Version haben die jüdischen Verteidiger, als sie erkennen mußten, daß sie der römischen Belagerung nicht länger standhalten konnten, beschlossen, gemeinsam Selbstmord zu begehen, um nicht in Gefangenschaft zu geraten. Es gibt jedoch Historiker, die behaupten, es habe sich in Masada keineswegs um einen Massenselbstmord gehandelt, sondern eher um ein Massaker der Römer an den Juden. Jedenfalls sind hier im Jahr 72 n. Chr.

960 Juden gestorben – einschließlich Frauen, Kindern und alten Leuten. Jahrhundertelang jedoch war das Drama von Masada sorgfältig aus der jüdischen Erinnerung getilgt: Der Judaismus verbietet den Selbstmord. Selbstmörder werden außerhalb der Friedhofsumzäunung beerdigt.

Erst als das zionistische Kolonisierungsprojekt in Gang kam, griffen jüdische Schriftsteller, Historiker und Politiker die Sage von Masada wieder auf. 1927 erreichte die Legendenbildung ihren Höhepunkt, als der zionistische Dichter Jakob Lamdan schrieb: »Nie wieder wird Masada fallen.« Dieser Satz wurde zum Leitmotiv für die nachfolgenden Generationen von Zionisten und Masada zum Symbol des wiedererstarkten Heldentums des jüdischen Volkes im Kampf um seine Unabhängigkeit.

Schon den Schulkindern wird beigebracht, den Heldenmut der Verteidiger zu bewundern. Alle Jugendorganisationen besuchen den Ort und bewältigen den steilen, heißen Aufstieg, um den Odem jüdischer Tapferkeit zu atmen. Die neuen Rekruten werden für ihre Vereidigungszeremonie auf dem kargen Felsen versammelt – um zugleich die strategischen Einzelheiten der Belagerung von Masada zu studieren.

Die Verehrung von Masada nahm weiter zu, als in den 60er Jahren in der Nähe des Platzes menschliche Knochen gefunden wurden. Unter der Schirmherrschaft der Labor-Regierung ergriffen Israels orthodoxe Rabbis eilig die Gelegenheit, ihrem so beliebten Wiederbeerdigungsritual zu frönen. Die Knochen wurden während eines Staatsakts in Würdigung der selbstmörderischen Verteidiger beigesetzt. Selbstredend hat die Verehrung des Ortes die finanzielle Vermarktung des Mythos für Handel und Tourismus nicht gehemmt. Zusammen mit Jad Waschem, der Holocaust-Gedenkstätte in Jerusalem, ist Masada vom Ministerium für Tourismus zum Muß erklärt worden. Als Likud 1977 an die Macht kam, wurde die volkstümliche Attraktion Masada noch stärker instrumentalisiert: Seine Geschichte ließ sich besonders gut vereinnahmen für Ideologie und Politik des Likud, dessen Botschaft zunehmend dahin geht, daß im israelischen Überlebenskampf kein Raum mehr für Kompromisse bleibt, nachdem alle Welt gegen das jüdische Volk sei. Kurz, die Israelis sind darauf programmiert, zu glauben, es sei in bestimmten Fällen besser, in Freiheit zu sterben als in Abhängigkeit zu leben.

Diese Verherrlichung und Heiligsprechung des Todes erreicht einen weiteren Höhepunkt in dem Denkmal für Josef Trumpeldor in Galiläa, den berühmtesten Helden der zionistischen Mythologie und des Märtyrertums.

In Rußland geboren, diente Trumpeldor in der zaristischen Armee. Im Krieg gegen Japan verlor er 1905 einen Arm. Nach seiner Genesung schloß er sich den Zionisten an, wanderte nach Palästina aus und freundete sich mit Jabotinsky an, dem er half, die jüdische Legion in der englischen Armee aufzubauen. Nach dem Ersten Weltkrieg leitete Trumpeldor eine Gruppe von Pionieren, die sich in einer kleinen Siedlung im oberen Galiläa niederließ und das Land kultivierte. 1919 gab es Streit mit den ansässigen Arabern, die Trumpeldor und seine Freunde verdächtigten, französische und englische Offiziere zu unterstützen. Die Araber stürmten die Farm und töteten acht der Bewohner. Einer von ihnen war Trumpeldor, dessen Tod eine zählebige Legende gebar. Selbst Lieder entstanden, um den Pionier zu preisen, »der mit seinem einen Arm tagsüber den Pflug führte und nachts das Gewehr hielt«. Ein Löwe mit einem für immer zu steinernem Gebrüll aufgerissenen Rachen erinnert dort an Trumpeldor und seine Freunde. Um der Legendenbildung Vorschub zu leisten und den zionistischen und israelischen Patriotismus anzufachen, legten die Zionisten ihrem Helden noch ein paar letzte Worte in den Mund. Generationen israelischer Kinder lernen, daß Trumpeldor, von einer tödlichen arabischen Kugel getroffen, den Satz von sich gab: »Es ist schön, für unser Land zu sterben.« Diese Worte sind auch auf dem Steinlöwen eingemeißelt.

Es überrascht daher nicht, daß die israelischen Kinder den Patriotismus bereits mit der Muttermilch einsaugen. Israelische Städte »adoptieren« Armee-Einheiten und feiern deren »Geburtstag« auf ihren Marktplätzen. Solche Schauspiele, die dazu dienen sollen, das Band zwischen den Reservisten und der Front zu stärken, wird man in der übrigen westlichen Welt kaum finden. Sie richten sich in erster Linie an die Kinder. Während sich ihre Altersgenossen anderswo in Vergnügungsparks amüsieren, werden die israelischen Kinder animiert, sich Armee- und Waffenausstellungen anzusehen.

Die Stadt Tel Aviv hat für sich die Panzerkorps »adoptiert«. Jedes Jahr im Herbst, am Tag der Armeekorps, fahren Panzer und Transportfahrzeuge auf dem zentralen Marktplatz auf, um der Bevölkerung mit ihrer Stärke zu imponieren. Zehntausende von Kindern besichtigen in Begleitung ihrer Eltern den Platz, klettern auf den Vernichtungsgeräten herum und plaudern mit den Besatzungen. Vielen Israelis erscheint dieses Verhältnis ganz natürlich – als ob Kinder zur Verehrung des Militärs geboren würden. Und es ist kein Wunder, daß diese Jungen fünf oder zehn Jahre später im wehrpflichtigen Alter scharf darauf sind, sich der Luftwaffe, den Panzertruppen, den Fallschirmjägern und allen anderen Einheiten anzuschließen, die auf dem Marktplatz für sich werben.

In den ersten drei Jahrzehnten war Israels Erziehung vor allem darauf gerichtet, die Jugend des Landes zu indoktrinieren und zu ermutigen, sich freiwillig zu den Elite- und Kommandoeinheiten zu melden. Diese Spezialeinheiten legen großen Wert darauf, ihre einzigartigen Fähigkeiten herauszustreichen. Ihre Soldaten erhalten besondere Orden, Medaillen, Schwingen und tragen andere Uniformen. Die Schulkinder wurden von klein auf mit Heldenerzählungen gefüttert und dazu angehalten, die Eliteeinheiten zu verehren.

So wie amerikanische Hochschulstudenten von der Aufnahme in eine Ivy-League-Universität träumen, so sehnen sich ihre israelischen Altersgenossen nach den prestigeverheißenden, elitären Einheiten ihrer Streitkräfte. Jene, die nicht in einer Kampfeinheit gedient haben, werden herablassend als »Jobniks« bezeichnet. Bereits in den 50er Jahren bediente sich die israelische Luftwaffe des anspornenden Slogans: »Die Guten werden Flieger.«

Ich erinnere mich noch sehr gut, wie versessen ich als Schüler war, in eine dieser Eliteeinheiten zu kommen. Für mich, als frischen Immigranten, bedeutete dies endlich die Aufnahme in den elitären Kreis der wahrhaft guten, patriotischen Israelis. Meine Grundausbildung war ausgesprochen hart – die erbarmungslose Umerziehung vom Jungen zum Mann. Belohnung erhielten wir in Form kurzer Urlaube, in denen wir uns mit vor Stolz schwellender Brust unter die Zivilisten mischten und unsere Flügelabzeichen zur Schau stellten, die uns als Kämpfer auswiesen.

In diesen Einheiten kann man aber auch die Wurzeln für den israelischen »Machismo« finden. Die jungen Soldaten werden darauf gedrillt, Leiden zu erdulden. Jede Form von Emotion ist zu unterdrücken, und militärische Befehle werden in einem

Stakkatorhythmus erteilt. Ich erinnere mich, daß man uns nächtelang nicht schlafen ließ. Wer sein Gewehr fallen ließ, wurde auf der Stelle zu stundenlangem Strammstehen verdonnert, wobei er seine Waffe hoch über den Kopf halten mußte, bis die Arme nachgaben. Wer das Training zu leicht nahm, wurde als »tot« gebrandmarkt und mußte die ganze Nacht lang eine Grube ausheben – sein »Grab«. Oft ist es schwer, die Grenze zwischen »militärischer Übung« und ausgesprochenem Sadismus zu ziehen. Die Überzeugung, daß ständige Schinderei die Soldaten widerstandsfähiger und erst richtige Männer aus ihnen macht, ist eine verbreitete Auffassung bei den Streitkräften – und führt dazu, daß sie ihre Rekruten zwingen, Sand zu essen, nackt über steiniges Gelände zu kriechen oder barfuß durch dornige Büsche zu laufen. Der Preis, den die Jungs für diese »Initiationsriten« zahlen, ist oft hoch. Einige, die dem psychologischen Druck nicht standhalten, begehen Selbstmord, andere sind häufig für ihr Leben traumatisiert. Der Militärdienst ist auch für 18jährige Mädchen obligatorisch. Aber im Gegensatz zu den Männern dienen sie nur zwei Jahre und hauptsächlich in nichtkämpfenden Funktionen, obgleich man seit etwa fünf Jahren – unter dem zunehmenden Einfluß des Feminismus – immer mehr Frauen auf traditionellen Männerposten findet, zum Beispiel als Ausbilderinnen bei Panzereinheiten.

In der israelischen Gesellschaft gilt der Militärdienst als eine Art Lizenz für das Leben. Wer, aus welchem Grund auch immer, nicht gedient hat, wird benachteiligt und hat zumeist keine Chance, eine gutbezahlte Stellung in der Wirtschaft zu bekommen. Wer dagegen gedient hat – vorzugsweise in einer Eliteeinheit –, wird relativ leicht einen guten Job finden. Ex-soldaten aus den Eliteeinheiten bilden das menschliche Reservoir für Israels ausgedehnte Sicherheitsindustrie und den Geheimdienst, vor allem den Mossad. Dieses System funktioniert ähnlich wie bei den englischen »old boys«: Einem Israeli, der in der richtigen Militäreinheit war, ist der Weg zum Erfolg geebnet.

Die späten 50er und frühen 60er Jahre brachten wirtschaftlichen Aufschwung und militärische Stärke. Zwei Milliarden Dollar aus Deutschland als Wiedergutmachung für die Naziverbrechen an den Juden sorgten für einen bis dahin ungewohnten Wohlstand. Der Staat Israel wurde als legitimer

Nachfolger des jüdischen Volkes angesehen – sowohl der Opfer als auch der Überlebenden des Holocaust; der Löwenanteil des Geldes kam daher der Regierung zugute. Dies bedeutete das Ende von Lebensmittelrationierungen und Lebensmittelkarten. Es gab wieder Fleisch zu den Mahlzeiten. Israel war noch immer bis zu einem gewissen Grad eine Gemeinschaft von Idealisten, obgleich sich bereits erste Anzeichen von Materialismus und Habgier bemerkbar machten. Die Mehrheit der israelischen Jugend war jedoch gehorsam, angepaßt und bereit, Autorität blindlings anzuerkennen.

Während die jungen Leute im Westen von der Konsumgesellschaft und ihrem Materialismus enttäuscht waren, dabei politisch immer aktiver wurden und dem Establishment den Kampf ansagten, träumte die Jugend Israels davon, dem Establishment anzugehören. Als die Studenten in Paris Barrikaden errichteten und sich Gefechte mit der Polizei lieferten, lasen ihre Kommilitonen in Israel darüber in der Zeitung und gingen weiterhin in ihre Hörsäle und Seminare. Zur gleichen Zeit, als die amerikanischen Studenten gegen den Vietnamkrieg protestierten und ihre Einberufungsbefehle verbrannten, freuten sich ihre Altersgenossen in Israel auf ihren Wehrdienst.

Die Verehrung des Militärs erreichte den Zenit nach dem Sieg im Sechs-Tage-Krieg. Im Gegensatz zu anderen Streitkräften belastet sich die israelische Armee kaum damit, den Rücktransport ihrer entlassenen Soldaten zu organisieren. In Israel ist es daher nicht ungewöhnlich, Soldaten mitsamt ihren Gewehren und Tornistern als Anhalter am Straßenrand stehen zu sehen. Normalerweise hält niemand an, um sie mitzunehmen, aber nach dem Sechs-Tage-Krieg stoppte fast jedes Auto. Die Soldaten wurden von den Zivilisten festlich bewirtet; man gab ihnen zu essen und zu trinken. Männer mit Gebetschals segneten die Streitkräfte. Die Zeitungen waren voll von Berichten über die Tapferkeit der Soldaten, und reaktionsschnelle Verleger brachten »Siegeralben« mit Kriegsfotos heraus. Die Generäle standen in besonders hohem Ansehen und wurden geradezu verehrt Die Leute hielten die Soldaten auf der Straße an und luden sie in Restaurants und zu ihren Partys ein. Einige Enthusiasten wuschen sich tagelang nicht die Hände, wenn ihnen ein General die Hand geschüttelt hatte.

Der große Held der 60er Jahre war Mosche Dayan. Nach 1967 wurde er für jeden Israeli zum Idol. Im Gegensatz zur Generation Eschkols und Golda Meirs verkörperte Dayan Geist und Mythos des in Israel geborenen *sabra*. 1915 als Sohn von Pionieren auf einer Farm geboren, entwickelte sich Dayan schon früh zum Farmer-Soldaten. Seine Haut war stets von der Sonne verbrannt, und man sagte, er habe die Hände eines Bauern. Dayan schloß sich der Hauptrichtung der jüdischen Untergrundkämpfer an, der Hagana, und nahm 1941 auf englischer Seite an den Kämpfen gegen die nazifreundlichen französischen Einheiten in Syrien teil, wobei er ein Auge verlor. Die Augenklappe, die er seither trug, wurde zu seinem Markenzeichen.

Dayan machte in der israelischen Armee Karriere. 1956 war er Generalstabschef und leitete den Sinai-Feldzug. Nach seinem Ausscheiden aus der Armee wurde er unter Ben Gurion Landwirtschaftsminister. 1963 schied er mit ihm zusammen aus der Regierung aus. Am Vorabend des Sechs-Tage-Krieges wurde er auf allgemeinen Wunsch zurückgeholt, und Eschkol ernannte ihn unter dem Druck der Öffentlichkeit zum Verteidigungsminister.

Nach dem Sieg, den man fälschlich allein Dayan zuschrieb, wurde sein Ruhm in der israelischen Gesellschaft geradezu legendär. Man betrachtete ihn als Halbgott, und Dayan verstand es hervorragend, hieraus Kapital zu schlagen. Ohne jede Hemmung oder Zurückhaltung mißachtete er offen das Gesetz. Manchmal, wenn er mit seinem Dienstwagen an eine Straßensperre der Polizei kam, hielt er einfach an, beseitigte das Hindernis und fuhr weiter. Er mißbrauchte sein Amt als Verteidigungsminister und setzte Soldaten und Heeresgerät – einschließlich Hubschrauber – illegal für seine Arbeiten als Hobbyarchäologe ein. Er war ein professioneller Sammler von seltenen Stücken alter Keramik und sonstigen Artefakten. Nach seinem Tod verkaufte seine zweite Frau seine Sammlung, bei der es sich um Staatseigentum handelte, entsprechend seinem Testament für mehr als eine Million Dollar an das Israelische Museum in Jerusalem.

Dayan war ein Einzelgänger. Er hatte keine wirklichen Freunde. Im Restaurant der Knesseth habe ich ihn oft allein am Tisch sitzen sehen. Die Leute respektierten ihn, aber er war egoistisch und zynisch. Obgleich er ein tapferer Soldat war, war er in der Politik ein Feigling. Er weigerte sich, die Verantwortung für seine Aktionen zu übernehmen, und widersprach sich selbst. Wenn er mehr Initiative und politischen Mut gezeigt hätte, hätte er leicht Premierminister werden können. Aber Dayan zog es vor, unter Eschkol und Meir die Nummer zwei zu sein. Als Pragmatist und Pessimist ahnte er, daß die Aufrechterhaltung des Status quo in den besetzten Gebieten nach dem Krieg 1967 verhängnisvoll sein könnte; dennoch sanktionierte er diesen Status quo – ebenso wie Ben Gurion, sein Mentor, nach dem Krieg 1948. Für Dayan hatte sich die Sache zum Selbstzweck entwickelt.

Während der 60er und frühen 70er Jahre unterstanden die elektronischen Medien der absoluten Kontrolle und Aufsicht des Premierministers. Heute genießt Israel alle Vor- und Nachteile sämtlicher amerikanischer und europäischer Fernsehkanäle, von CNN bis Geraldo Rivera. Vor 25 Jahren jedoch gab es in Israel kein Fernsehen. Die Regierung befürchtete, seine Einführung würde die Gemüter ihrer gehorsamen Untertanen korrumpieren und vergiften. Sie hatte noch nicht die enormen Möglichkeiten des Fernsehens als Propagandamittel erkannt. Israel war lange Zeit das einzige Land, dessen Bürger nicht in den Kasten guckten. Fernsehgeräte wurden hoch besteuert, und selbst die paar Leute, die sich einen Apparat leisten konnten, bekamen nichts zu sehen außer verschwommenen Sendungen aus den benachbarten arabischen Ländern.

Auch das Radio spielte unter dem wachsamen Auge der zentralistischen, sozialistischen Regierung kaum jemals westliche Popmusik. Wenn Israels heranwachsende Jugend die neueste Musik hören wollte, mußte sie einen arabischen Sender einstellen. Die Labor-Ältesten meinten, es sei für die jungen Leute besser, den israelischen, russisch inspirierten Liedern zu lauschen. Die Führung wünschte, daß die jungen Leute sich zum Volkstanz zusammenfanden, und tat alles in ihrer Macht Stehende, um die Eröffnung von Diskotheken zu verhindern. Diese strikte Haltung führte 1964 zum Verbot einer Tournee der Beatles durch das Heilige Land. Ein privater Veranstalter hatte einen Vertrag ausgehandelt, der die »famosen Vier« zu einem Konzert ins größte Fußballstadion Israels bringen sollte. Die Regierung befürchtete, das Konzert könne die israelische Jugend ermutigen, lange Haare und Jeans zu tragen und laute Musik zu hören. Also legte sie ihr Veto ein.

Die bösen Ahnungen der besorgten alten Labor-Garde bestätigten sich. Nach dem Sechs-Tage-Krieg wurden Israel und seine Armee im Westen sehr bewundert. Zehntausende junger Touristen kamen nach Israel. Als Botschafter der swingenden sechziger Jahre verführten sie die Israelis zu Drogen- und Alkoholkonsum und anderen »Freiheiten« der westlichen Kultur.

In den ersten 30 Jahren seines Bestehens gab es in Israel kaum Bars und Pubs, in denen Bier oder andere alkoholische Getränke ausgeschenkt wurden. Sie galten als anrüchige, zwielichtige Etablissements, in denen Kriminelle und Prostituierte verkehrten. Die Israelis tranken ohnehin kaum Alkohol, abgesehen von dem traditionellen Schluck süßen, rituellen Weins nach den Freitagabendsegnungen oder an religiösen Feiertagen. Eine Trinkkultur war in Israel völlig unbekannt. 1965 wurde Eschkols Finanzminister zu einem Abendessen auf das Schloß des Baron Rothschild in Frankreich eingeladen. Zu Ehren seines Gastes ließ der Baron eine besonders exquisite Flasche Wein aus einem Privatkeller holen. Stolz machte er seinen Gast auf den hervorragenden Jahrgang aufmerksam, aber der israelische Minister zeigte sich wenig beeindruckt: Er goß sich ein halbes Glas davon ein und füllte den Rest mit Sodawasser auf. Die Vermischung von Sodawasser mit Wein war bei den Israelis sehr beliebt und galt als Gipfel kulinarischer Kultiviertheit. Inzwischen hat der Alkoholkonsum enorm zugenommen, besonders unter den Jugendlichen, wenngleich die Israelis im Jahr 1990 durchschnittlich nur vier Dollar für alkoholische Getränke ausgegeben haben – was immer noch weit unter dem Niveau von Westeuropa oder den USA liegt. Aber die Tendenz ist steigend. Ein Grund hierfür ist der Anstieg des israelischen Lebensstandards: Kein moderner Gastgeber kann heute eine Party geben, ohne eine entsprechende Anzahl an Getränken zu servieren. Die neuen Trinkgewohnheiten haben in allen sozialen Schichten Fuß gefaßt, was sich vor allem auf das Verhalten der jungen Leute auswirkt. Immer weniger schließen sich der Jugendbewegung an. Statt dessen ziehen sie es vor, ihre Zeit in Bars und Pubs zu verbringen. Der bedenkliche Anstieg der Verkehrsunfälle geht zum Teil auf Trunkenheit am Steuer zurück. Dies ist zu einem echten Problem geworden und hat die Polizei gezwungen, den unter 20jährigen am Wochenende das Fahren nach ein Uhr nachts zu verbieten. Demnächst sollen auch Alkoholkontrollen eingeführt werden.

Ein weiterer Import der israelischen Gesellschaft sind Drogen. Nach den von der iraelischen Gesundheitsbehörde herausgegebenen Statistiken sind drei Prozent der Israelis heute rauschgiftabhängig. Insgesamt nehmen 250 000 Leute schwere und weniger schwere Drogen. Viele von ihnen sind unter 20. Heroin- und Kokainsucht nehmen ständig zu, und das Problem beschränkt sich nicht nur auf die ärmeren Viertel und Slums. Nach einer Studie der Universität von Tel Aviv gibt es auch in unserem mittelständischen Viertel Gegenden, die als Brutstätten des Drogenkonsums gelten.

Die Israelis reisen vermehrt ins Ausland, um Abstand von der entnervenden Monotonie des Kriegszustandes zu gewinnen. Die Soldaten träumen davon, nach ihrer dreijährigen Militärzeit weit weg von den brennenden Schlachtfeldern des Mittleren Ostens zu reisen. Häufig verwirklichen sie ihre Träume, indem sie an exotische Orte fahren. Zu reisen, bevor man das Studium beginnt oder sich nach einer festen Arbeit umsieht, ist fast zum Ritual geworden: In Gruppen oder zu Paaren machen sie sich auf in die Regenwälder Südamerikas oder nach Nepal auf den Himalaja. Außer einem Rucksack und ein paar tausend sorgfältig gesparter Dollars nehmen sie nichts mit. Für sie grenzt ein solcher Trip fast an eine religiöse Pflicht, und jeder, der ihn versäumt, wird als eine Art bedauernswerter Verlierer angesehen. In den letzten zehn Jahren haben Israelis in der ganzen Welt Jobs angenommen, die sie an ihre Nachfolger weitergeben – von einem israelischen Reisenden zum nächsten. Schafzüchter in Australien, Eisverkäufer in Houston, Fischer in Alaska und Möbelpacker in New York sind ihre neuen Berufe geworden.

Natürlich sind es nicht nur Israelis, die dem Zauber des Reisens verfallen – im südamerikanischen Regenwald und auf den Straßen Asiens kann man junge Leute aus aller Herren Länder treffen. Aber im Gegensatz zu ihren europäischen und amerikanischen Kollegen, deren Flucht auch eine weltanschaulich-intellektuelle Seite hat, reisen die jungen Israelis aus reiner Abenteuerlust, als handele es sich um eine räumliche Erweiterung ihres Militärdienstes. Sie bemühen sich nicht, die Sprache der besuchten Länder zu lernen, und es fehlt ihnen jede Neugier, sich mit den örtlichen Gebräuchen und der Geschichte dieser Gegenden bekannt zu machen und sie respektieren zu lernen.

Symptomatisch für den Fluchtdrang der Israelis ist ihr Verhältnis zum internationalen Flughafen. Israel hat nur einen einzigen internationalen Flughafen, der nach Ben Gurion benannt wurde und etwa zehn Meilen von Tel Aviv entfernt liegt. Mit seiner wegen der überall patrouillierenden Soldaten spannungsgeladenen Atmosphäre könnte er als Metapher für Israels gesamte Existenz dienen. In einem Land, dessen Bürger nicht einfach in ihre Autos steigen und über die Grenze fahren können, ist der Flughafen ein starkes Symbol der Freiheit. Ganze Familien treffen sich dort, um von ihren Lieben Abschied zu nehmen oder sie bei ihrer Rückkehr zu begrüßen. Selbst Geschäftsreisende werden in der Regel von Frau und Kindern begleitet, und manchmal auch von der gesamten Verwandtschaft. Die rauhe Wirklichkeit – mit dem Mittelmeer im Rücken und den feindseligen Nachbarn vor Augen – hat in den Israelis ein starkes Gefühl der Isolierung und eine Belagerungsmentalität entstehen lassen, die zu einer ständigen Anspannung und Klaustrophobie führen.

Der Einfluß des Auslands, die Ernüchterung über die festgefahrene Verteidigungspolitik und das Bestreben, der Isolation zu entkommen, haben in den letzten Jahren vermehrt Zweifel an den einseitigen Aussagen der Heldenlegenden aufkommen lassen – wie der über Mosche Dayan, Josef Trumpeldor und Masada. Es entwickelt sich zunehmend die Forderung nach einem »neuen Geschichtsbild«, nach einer umfassenderen und komplexeren Darstellung der Vergangenheit.

Heute wird Dayan in Büchern und Zeitschriftenartikeln als schamloser Frauenheld dargestellt, dem die Meinung der Öffentlichkeit herzlich gleichgültig war – um seine Geliebten zu beeindrucken, verriet ihnen Dayan Staatsgeheimnisse und vergaß gelegentlich sogar Verschlußdokumente in ihren Betten. Er wird als habgierig geschildert und soll für Interviews Geld verlangt haben. Als er an Krebs starb, verkaufte er noch seine »letzten Gedanken« an Israels größte Tageszeitung. Sein Sohn reagierte hierauf mit der zynischen Bemerkung, sein Vater habe seine Eingeweide an die Presse verkauft.

Diese Worte sind für das Verhältnis zwischen dem Vater und seinen Kindern bezeichnend. Dayan war nicht gerade ein sorgender Familienvater und hat sich kaum um seine drei Kinder gekümmert. Bei seinem Tod im Oktober 1986 boomte die Regenbogenpresse auf ihre Kosten – Dayans Familiengeschichte entwickelte sich zu einer Art israelischer Seifenoper.

Die heutigen Bilderstürmer mokieren sich genauso über Trumpeldors berühmte letzte Worte. Um seine Legende zu zerstören, erklären sie, es sei sehr viel wahrscheinlicher, daß Trumpeldor auf seinem Totenbett die ganze Welt verflucht habe, anstatt sein Schicksal freudig zu akzeptieren. Außerdem hätte er, der Anti-Held, der nur sehr wenig Hebräisch sprach, für einen saftigen Fluch seine Muttersprache benutzt, nämlich Russisch.

Seit der Likud den Masada-Mythos so enthusiastisch vermarktet, bemühen sich die linksgerichteten Intellektuellen, die eher offensiven Aspekte dieses Symbols zu beleuchten. Nachdem sie jahrelang der zweckdienlichen Ausschlachtung der Legende seitens Labor stillschweigend zugesehen haben, scheint ihnen plötzlich aufgegangen zu sein, daß der Mythos den nationalen Chauvinismus und die Identifikation mit den fundamentalistischen Extremisten anheizt.

Anzeichen für Unzufriedenheit und eine Kampfansage an die Obrigkeit kann man auch auf Israels Friedhöfen und seinen Gedenkstätten entdecken. Israel hat etwa 1000 Kriegerdenkmäler – ungefähr eines für jeweils 17 Gefallene. Der Historiker George Mosse hat ausgerechnet, daß dies auf Europa übertragen einem Verhältnis von 1 zu 1000 und auf Amerika von 1 zu 15000 entsprechen würde. Unter diesem Aspekt steht Israel in seiner Heldenverehrung konkurrenzlos da. Vielleicht läßt sich dies dadurch erklären, daß Israel ein kleines Land und man so vertraut miteinander ist, daß fast jeder jeden kennt. Hier hat jeder »seinen« gefallenen Soldaten – Verwandte, Nachbarn oder Freunde. Israels Gedenkkultur stellt das Individuum ins Zentrum und versucht nicht, ihm seine Identität zu nehmen. Anderswo konzentriert sich das Gedenken auf das Ganze und nicht auf den einzelnen. In Washington D. C. verzeichnet die Gedenkstätte für die Opfer des Vietnamkrieges die Namen *sämtlicher* Gefallener. Auf europäischen Soldatenfriedhöfen findet man auf den Grabsteinen keine Vornamen. Auch auf den englischen Soldatenfriedhöfen in Israel – wo die Soldaten ruhen, die im Ersten Weltkrieg im Kampf gegen die Türken gefallen sind – hat man sich auf die Initialen beschränkt: J. Smith, B. Jones.

Oberflächlich betrachtet haben auch die Grabsteine der israelischen Gefallenen eine einheitliche Form, die vom Verteidigungsministerium entworfen wurde. Aber Mosses geübtes

Auge entdeckte bei Friedhofsbesuchen, daß fast jedes Grab dennoch seinen eigenen, besonderen Charakter hat. Einige Steine besagen, daß der Soldat »im Kampf fiel«, auf anderen steht »in Ausübung seiner Pflicht« und auf wieder anderen »im Dienst«. Da Israel ein kleines Land ist, können die Familien ihre geliebten Toten häufig besuchen. Das gibt ihnen die Möglichkeit, die Gräber in Ordnung zu halten und mit frischen Blumen in Vasen oder Plastikbechern zu schmücken. Manche Gräber sind wahre Kunstwerke. Auch dies steht in krassem Gegensatz zur Praxis im Ausland. Bei den Engländern zum Beispiel ist diese Art von Grabgestaltung verboten: Dort geht man sogar so weit, die Blumensorte vorzuschreiben.

Auf den israelischen Grabsteinen fand Mosse nicht nur Vornamen, sondern sogar Kosenamen. Um ein anderes, ernsteres Vorrecht haben zwei Familien einen neun Jahre dauernden Kampf geführt: Die israelische Regierung unter Menachim Begin und Ariel Scharon hatte der Invasion in den Libanon im Jahr 1982 den Namen »Frieden für Galiläa« gegeben. Dementsprechend konnte man auf den Grabsteinen der in diesem Krieg gefallenen Soldaten die Inschrift lesen: »Gefallen im Kampf um den Frieden für Galiläa«. Die Familien Spiegel und Zipker, deren Söhne im Libanonkrieg 1982 getötet worden waren, fanden diese Worte heuchlerisch und irreführend. Der israelische Angriff auf den Libanon war der umstrittenste Krieg von allen. Er war den Israelis nicht von den Arabern aufgezwungen, sondern von ihnen selbst begonnen worden. Die von der Regierung gewählte Bezeichnung »Frieden für Galiläa« vermittelte zumindest den Eindruck, es habe sich um eine militärische Aktion zur Selbstverteidigung gehandelt, aber viele Israelis sahen in ihr eine überflüssige Eskapade, die nicht dem Überleben, sondern politischen Zielen gedient hatte. Viele mißbilligten diesen Krieg entschieden, in dem 700 israelische Soldaten gefallen sind. Die Familien Spiegel und Zipker verlangten, daß das Wort »Frieden« auf den Grabsteinen ihrer Söhne entfernt und die Inschrift in »gefallen im Libanon in Erfüllung ihrer Pflicht« geändert wurde. Die Regierung lehnte ab. Die Familien wandten sich an das Oberste Gericht und gewannen. Im Juni 1991 wurde ihrer Klage stattgegeben. Ein weiterer Stein war aus dem Bollwerk des israelischen Konsenses herausgebrochen.

Mosse ist zu dem Schluß gekommen, daß die israelischen

Kriegerdenkmäler und Soldatenfriedhöfe dem Wunsch nach Frieden Ausdruck verleihen. Eine steigende Zahl von Eltern zieht öffentlich den Sinn des Opfers ihrer gefallenen Söhne in Zweifel. Junge Ehepaare, die sorgenvoll an den Tag der Einberufung ihrer Kinder denken, haben Angst davor, daß ihre Sprößlinge gezwungen sein könnten, Interessen zu dienen, die sich nicht mit ihren Ansichten decken. Dies ist der Grund, warum sich immer mehr Eltern für eine Änderung der Lehrpläne an den Schulen einsetzen, um endlich die Indoktrination durch den Staat abzubauen. Die Folge ist, daß der Unterricht langsam toleranter, liberaler und unbefangener wird.

Israel wird in den 90er Jahren mehr denn je mit Fragen konfrontiert, die seine strengsten Tabus zu sprengen drohen. Mehr Menschen als früher möchten Geschichtsbücher vom Staub befreien und stellen erneut dieselben Fragen, auf die sie in der Vergangenheit nur stereotype Antworten erhalten haben. War es wirklich so, daß alle diese Kriege Israel aufgezwungen wurden? Gab es nicht auch Kriege, die Israel angezettelt hat? Ist der Frieden wirklich immer unser wahres Ziel gewesen?

In Wahrheit ist Israel ein Land, in dem Krieg und Frieden zusammen und voneinander abhängig existieren. Und nirgends wird dies deutlicher als auf Tel Avivs Prachtboulevard Schaul Hamelekh, einem der breitesten und elegantesten Boulevards der Stadt, der benannt ist nach dem ersten Herrscher des alten Königreichs Israel Schaul Hamelekh. Das Städtische Museum und die Kirya, das Nervenzentrum des ausgeklügelten Verteidigungssystems Israels, befinden sich Seite an Seite in dieser Straße. Dieses Nebeneinander der Gegensätze gemahnt unmißverständlich an den Wunsch des modernen Israel, seine angespannte und gefährdete Existenz als Normalität zu betrachten. Während die frühen Zionisten »Normalität« als etwas empfanden, das erst mit dem Entstehen einer einheimischen, israelischen Klasse von Dieben und Prostituierten erreicht sein würde, wird die neue israelische Normalität in einem blühenden, international orientierten kulturellen Leben gesehen wie in den bekannten Kulturhauptstädten des Westens: New York, London, Paris oder Rom. Heute können die Tel Aviver für eine Million Dollar zauberhafte Apartments in einem luxuriösen, herrschaftlichen und kulturellen Gebäude erwerben, das eine Art Anbau zum Museum darstellt. Die Eigentümer wohnen buchstäblich mit der Oper unter einem Dach und in unmittelbarer Nähe des Geländes des Philharmonischen Orchesters von Israel. Das vor etwa 60 Jahren gegründete Orchester hat unter seinem temperamentvollen indischen Dirigenten Zubin Mehta weltweit Anerkennung gefunden. Die Philharmoniker haben die meisten Abonnenten der ganzen Welt.

Daneben hat Tel Aviv eine Fülle von Jazzclubs, Cafés, Balletten, Theatern und Tanzgruppen. Tel Avivs kulturelle Begeisterung hat etwa zehn Museen hervorgebracht und zieht beliebte Pop- und Rockkünstler an. Berühmte Popsänger von Tina Turner bis Bob Dylan besuchen auf ihren internationalen Tourneen jetzt auch Israel. Gemessen an den Besucherzahlen ist Tel Aviv nach Statistiken der Vereinten Nationen eine der kunstbegeistertsten Städte der Welt.

Die kleineren Provinzstädte, nicht nur Jerusalem und Haifa, überziehen regelmäßig ihre Budgets um beträchtliche Beträge, weil sie versuchen, dem großen und reichen Tel Aviv nachzueifern. Im Sommer 1992 fanden in Israel mehr als zehn Festivals für klassische und jüdische Musik, Jazz und Rock sowie Volkstanz statt. Die meisten dieser Konzerte wurden von einer riesigen Zuhörerschaft besucht, manchmal von bis zu 100 000 Menschen. Das gleiche Publikum scheint von einer Veranstaltung zur nächsten zu ziehen.

In ihrer verzweifelten Suche nach Spaß und Unterhaltung haben die Israelis den langen Mittelmeersommer in ein fortwährendes Festival verwandelt – offensichtlich, um die akuten existentiellen Probleme politischer Gewalt, des Terrorismus und der ständigen militärischen Spannungen abzuschütteln oder vielleicht auch zu verniedlichen. Einem ausländischen Beobachter mag diese Kulturbesessenheit abstoßend oder sogar widernatürlich vorkommen: Lassen sich kulturelles Streben und Krieg vereinbaren? Aber für die meisten Israelis liegt in diesem seltsamen Nebeneinander von Kampf und Kultur kein ernsthafter Widerspruch. Die Israelis sind daran gewöhnt, daß sie Kriege führen und gleichzeitig Musik hören, ins Theater gehen oder andere Formen der Unterhaltung genießen.

An einer anderen Stelle, auf der südlichen Seite des Schaul-Hamelekh-Boulevards, stößt man auf eine lange Mauer mit kompakten Straßensperren und Stacheldraht: Hier verläuft

die äußere Grenze der Kirya. Männliche und weibliche Soldaten, bewaffnet mit israelischen Uzi-Maschinenpistolen oder
amerikanischen M-16-Sturmgewehren patrouillieren vor der
Mauer. Dieser streng abgegrenzte Sektor Tel Avivs ist der Sitz
des israelischen Verteidigungsministeriums. Hier steht auch
das höchste Bauwerk des ganzen Landes: das Hauptquartier
des Generalstabs der israelischen Armee. Sein mit Antennen,
Satellitenschüsseln und anderen Fernmeldegeräten bestückter
Turm ist weithin sichtbar.

Der Komplex ist das Zentrum des israelischen Sicherheits-
systems. Im Gegensatz zu den anderen Gebäuden am Schaul-
Hamelekh-Boulevard benötigt man hier einen Ausweis, um
hineinzukommen. Der Kontrast wird durch den architektoni-
schen Unterschied verschärft: die eintönige, schmutzige Kirya
auf der einen Seite, die kaum für etwas anderes als ein Regie-
rungsgebäude gehalten werden kann, und daneben die modernen Stahl-Glas-Konstruktionen ihrer Nachbarn.

Nur wenige Menschen in Israel wissen über die Vorgänge
im Innern der Kirya Bescheid. Bis zum Ende der 80er Jahre
diente eines der Gebäude am Boulevard dem Mossad als
Hauptquartier – dem für Auslandsspionage zuständigen Zweig
des berühmten israelischen Geheimdienstes. Anfang der 90er
Jahre zog die zentrale Kommandostelle des Mossad in ein Gebäude nördlich von Tel Aviv, aber die meisten privaten Geschäftsleute, Mittelsmänner und Waffenhändler, die sich dort
im Laufe der Jahre niedergelassen hatten, blieben am Schaul-
Hamelekh-Boulevard. Der Waffenhandel und der Export von
Sicherheits-Know-how hat sich zu einem der gewinnbringend-
sten Wirtschaftszweige Israels entwickelt.

Für viele Israelis und jüdische Intellektuelle ist dies eine
traurige Entwicklung. Statt Israels Ressourcen und wissenschaftliche Erfahrung für Fortschritt und Weiterbildung zu
nutzen, werden sie zur Ankurbelung der Kriegsmaschinerie
eingesetzt. Trotz des sich seit kurzem abzeichnenden Umden-
kens wird das Handeln der Nation noch immer sehr stark bestimmt von der schmerzlichen Wirklichkeit von Krieg, Tod
und Verlust, die George Segal zu seiner Skulptur inspiriert
hat. Dabei sollte diese Nation einmal das jüdische Erbe verkörpern.

IX.

Das Erstarken des politischen Extremismus

Im Wahlkampf 1992 verteilte die regierende Likud-Partei Flugblätter mit Fotos ihres ehemaligen Premierministers Menachim Begin und organisierte Besuchsfahrten zu dessen Grab auf dem Jerusalemer Friedhof, um ihre Wähler bei der Stange zu halten. Die gesamte Kampagne zielte vor allem auf die sephardischen Gemeinden – eifrige Anhänger des Likud unter Begin –, um sie für einen positiven Wahlausgang zu mobilisieren. Das Vorgehen war deshalb so ungewöhnlich, weil die Partei hier das Image eines toten Führers bemühte und nicht auf den lebenden, amtierenden Premierminister setzte, der für die Wahl kandidierte.

Nicht von ungefähr war der Likud mit Jizchak Schamir in Verlegenheit. Selbst Parteimitglieder mußten zugeben, daß er als Person kalt, arrogant und unattraktiv war – passiv und rücksichtslos zur gleichen Zeit. Schamir galt in seiner Partei eher als Handicap denn als Zugpferd. Dennoch hatte er Israels Regierung seit 1983 geführt – und das, obgleich er weder in Israel noch in der übrigen Welt sonderlich respektiert wurde. Nur Ben Gurion, Israels langjähriger Premierminister, hatte länger regiert als Schamir, der selbst die weit charismatischeren Politiker Golda Meir und Menachim Begin übertroffen hatte.

Seit Beginn seiner Amtszeit, die sich auszeichnete durch Konservatismus und eine Besessenheit, die Dinge so zu lassen, wie sie waren, entsprach Schamirs wachsame Politik des Nichtstuns durchaus der Stimmung im Land. Schamir ist für seine Angst vor Veränderungen und seine Begeisterung für den Status quo bekannt. Oder wie es *Yediot Aharonot,* Israels größte Tageszeitung, ausgedrückt hat: Schamir »ist für seinen Winterschlaf, seine Überpassivität bekannt; er hält nicht nur am Status quo fest, er ist der Status quo«.

Unter Schamirs Likud gerieten Israels Beziehungen zu seinem stärksten Verbündeten, den USA, in ein Schlamassel von politischen Konfrontationen. Schamirs fixe Idee von einem Groß-Israel und sein starres Festhalten an allen Siedlungsvorhaben in den besetzten Gebieten haben das Bündnis zwischen den USA und Israel wie nie zuvor in der Geschichte des Landes gefährdet.

Schamirs politische Unbeweglichkeit, die dem Land die schlimmste Stagnation seit seiner Unabhängigkeit beschert hat, steht in absolutem Kontrast zu seiner dramatischen und abenteuerlichen Vergangenheit. In einem Gespräch hat mir Schamir selbst anvertraut, daß seine beste Zeit 50 Jahre zurückliege, als er zunächst Führer einer kleinen. aber tödlichen Untergrundorganisation in Palästina und später Agent des Mossad war.

Schamir, ein begeisterter polnischer Zionist, wanderte 1935 nach Palästina aus. Ein Jahr später schloß er sich der Irgun an, Jabotinskys geheimer Militärorganisation, und nahm persönlich an Überfällen teil, die Dutzende von Arabern das Leben kosteten. Später geriet Schamir in den Bann des charismatischen Abraham Stern. Stern, ein begabter Dichter, war 1940 Führer einer kleinen Gruppe, die sich von Jabotinskys Revisionisten abgespalten hatte; einer von ihnen war Schamir. Sie nannten sich *Lehi* – Israels Kämpfer für den Frieden. Für die Engländer waren sie die »Stern-Gang«. Die Mitglieder der »Stern-Gang« beschuldigten Jabotinsky und seine Irgun, den Engländern gegenüber zu weich und nachgiebig zu sein. Dasselbe hatte Jabotinsky 1937 Ben Gurion und der Hauptrichtung der Zionisten vorgeworfen. Die »Stern-Gang« war der Meinung, die Irgun hätte ihre militärischen Aktionen gegen die englischen Mandatsträger in Palästina und gegen die arabische Bevölkerung zu Beginn des Zweiten Weltkrieges nicht unterbrechen dürfen.

Für Stern und seine Kameraden waren die Engländer eine größere Bedrohung für das jüdische Volk als die deutschen Nazis. Sie träumten davon, eine Allianz mit Mussolini und Hitler zustande zu bringen. Bei Zusammenkünften von Sterns Abgesandten mit italienischen und deutschen Diplomaten waren die Engländer der gemeinsame Feind. Stern ging davon aus, daß Hitler nicht die Absicht habe, die Juden zu vernichten, sondern sie nur los sein wollte. Dieses erstaunliche Kapitel der vorstaatlichen Geschichte Israels illustriert sowohl die blinde Dummheit Sterns und seiner Anhänger als auch ihren Mangel an Moral, indem sie das Gespräch mit dem hartnäckigsten Feind des jüdischen Volkes aufnahmen.

Die kaltblütige Ermordung Sterns 1942 durch englische Geheimpolizisten führte zu einer Reorganisation der Gruppe unter einem neuen Triumvirat. Dessen prominentester Kopf war Jizchak Schamir. Er war 1942 von den Engländern verhaftet worden, hatte aber mit seinem Kameraden Eliahu Giladi fliehen können. Bei seiner Rückkehr gab Schamir dem Untergrund eine neue Richtung. Das erste Opfer seiner neuen »Stern-Gang« und ihres revolutionären Ziels war Giladi. Die meisten Mitglieder der Gruppe hielten Giladi für einen gefährlichen Abenteurer: Er hatte vorgeschlagen, die gesamte zionistische Führung einschließlich Ben Gurion zu ermorden. Schamir kam zu dem Schluß, daß Giladi mit seinen »kranken« Plänen eine Gefahr für die Gruppe darstellte, und entschied, ihn aus dem Weg zu räumen.

1991 fand ich ein altes Dokument, in dem Schamir eingestand, daß Giladi auf seinen Befehl hin umgebracht worden war. Das einzige Anzeichen für ein möglicherweise schlechtes Gewissen Schamirs ist der seltsame und ungewöhnliche Name, den er seiner Tochter gab: Gilada.

Unter Schamir war die »Stern-Gang« eine kleine, auf äußerste Geheimhaltung bedachte Gruppe. Sie verfügte über nicht mehr als eine Handvoll aktiver Mitglieder und ein paar hundert Sympathisanten. Ihre maßlose Grausamkeit jedoch erschreckte die Engländer. Die Extremisten raubten Banken aus, richteten jüdische »Verräter« hin und ermordeten einen englischen Minister sowie einige englische Beamte und Diplomaten. Bei wahllosen Terrorattacken töteten sie Hunderte von Arabern, indem sie Autobomben und Minen auf arabischen Märkten und öffentlichen Plätzen zur Explosion brachten.

Nach einer ausgedehnten Jagd wurde Schamir 1946 von den Engländern abermals gefaßt und in ein abgelegenes Häftlingslager in Afrika gebracht, aus dem er aber erneut fliehen konnte. Nach Israels Unabhängigkeitserklärung 1948 kehrte er in den neugegründeten Staat zurück. Seine Untergrunderfahrung und Selbstdisziplin, seine Begeisterung für Geheimaktionen und seine rücksichtslose Hingabe an die Sache machten ihn zum perfekten Kandidaten für den Geheimdienst. 1955 wurde er aus der Versenkung geholt und trat in den Mossad ein.

Zehn Jahre lang leitete Schamir Israels kleines, aber sehr erfolgreiches Überfallkommando. Seine Angriffe richteten sich gegen alle, die man für Feinde Israels hielt: Araber, Nazi-Kriegsverbrecher und deutsche Wissenschaftler, die im Verdacht standen, Ägypten bei der Entwicklung von Raketen zu unterstützen. 1965 wurden die Führungsränge innerhalb des Mossad neu besetzt. Schamir und einige seiner alten Freunde wurden gezwungen, den Dienst zu quittieren. Schamir versuchte sein Glück – wie schon einmal früher – in der Wirtschaft, hatte aber wiederum keinen Erfolg. 1970, im Alter von 55 Jahren, schloß er sich Begins rechtsgerichteter Partei an. Obgleich er für eine politische Karriere eigentlich schon zu alt war, war er über alle Erwartungen erfolgreich. Man bot ihm keinen Ministerposten an, und er hatte mit Sicherheit niemals davon geträumt, eines Tages Premierminister zu werden. Aber innerhalb von 13 Jahren wurde er als Abgeordneter in die Knesseth gewählt, wurde deren Präsident, dann Außenminister und im September 1983 Israels siebter Premierminister.

Schamirs Chance, Israels Regierungschef zu werden, kam an einem Augustmorgen 1983, als Menachim Begin seine wöchentliche Kabinettssitzung für jeden überraschend mit den Worten eröffnete: »Ich kann nicht mehr weitermachen.« Begin zog sich aus der Regierung, seiner Partei und auch aus dem politischen und öffentlichen Leben völlig zurück. Er wurde zum Einsiedler, verschanzte sich in seiner Jerusalemer Wohnung und ließ sich einen struppigen Vollbart stehen. In seiner krankhaften Zurückgezogenheit weigerte er sich, irgend jemanden außer seinen engsten Verwandten zu empfangen.

Ich rief ihn von Zeit zu Zeit an, um seine Meinung zu den politischen Ereignissen zu hören. Seine Antworten waren jedesmal sehr kurz, und seine Stimme klang, als sei er ernsthaft krank. Seine Familie – vor allem sein Sohn Benjamin Zeev Begin – schirmte ihn gegen jedermann ab, sowohl gegen jene, die ihm vielleicht hätten helfen, aber auch jene, die seinen Namen hätten in den Schmutz ziehen können.

Begins dramatisches Verschwinden von der politischen Bühne bleibt ein ungelöstes Rätsel. Im März 1992 nahm er sein Geheimnis mit ins Grab. Etwas Ähnliches wie Begins Begräbnis hatte das Land noch nicht erlebt. Sämtliche bisher bei Staatsbegräbnissen beachteten Konventionen und Prozeduren wurden umgestoßen. Zehntausende von Likud-Anhängern nahmen an der Feier teil. Die Polizei hatte Schwierigkeiten, die Ordnung aufrechtzuerhalten: Die Leute versuchten die

Absperrungen zu durchbrechen, um seinen Leichnam zu berühren und ihm ein letztes Lebewohl zu sagen. Das Ganze erinnerte eher an die Massenhysterie bei der Beerdigung Ayatollah Khomeinis als an den gemessen feierlichen Staatsakt westlichen Stils, den man geplant hatte.

Nur Begins Sohn, der ihm besonders nahestand, könnte vielleicht die Gründe für seine Resignation erhellen. Aber bisher hat er keine entsprechende Absicht erkennen lassen. Alles andere aber ist bloße Spekulation: Der Tod seiner Frau, an dem er zerbrach? Sein schlechtes Gewissen wegen des Libanonkrieges?

Der Libanonfeldzug kennzeichnete das Ende einer völlig unerwarteten Zeit des Friedens, die durch Begins Unterzeichnung des Friedensvertrages mit Ägypten im März 1979 ermöglicht worden war. Im Juni 1982 aber nahm Begin wieder die ihm gewohntere Position des Aggressors ein und befahl die bewaffnete Invasion in den südlichen Libanon. Dies war das zweite Mal in der kurzen Geschichte Israels, daß es von sich aus einen Krieg begann, ohne provoziert worden zu sein. Das erste Mal war Israel 1956 als Verbündeter der imperialistischen Allianz mit England und Frankreich in Ägypten eingefallen.

Aber das Israel der 50er Jahre unterschied sich erheblich von dem der frühen 80er Jahre. Israel war keine in sich geschlossene Gemeinschaft mehr, und die politische Zerrissenheit innerhalb der Nation führte zu tiefen Zerwürfnissen über die Rechtfertigung dieses Krieges. Die offizielle Parole lautete: »Frieden für Galiläa«, das hieß, die palästinensischen Terrorgruppen im Südlibanon zu stoppen, Dörfer und Städte entlang der nördlichen Grenze Israels zu überfallen. Was Begin jedoch wirklich vorhatte, war die Vernichtung der Palästinensischen Befreiungsorganisation, der PLO. Die Sache ging schief, und Israel zahlte einen hohen Preis.

Am ersten Kriegstag gab Begin in der Knesseth eine Erklärung ab und versprach, der Feldzug werde nicht länger als 48 Stunden dauern. Aber es vergingen Tage, Wochen und Monate, und Israels Soldaten wurden immer intensiver in die Kampfhandlungen verwickelt – nicht nur mit Palästinensern und syrischen Soldaten, sondern auch mit schiitischen Fundamentalisten, die sich völlig unorthodoxer militärischer Methoden bedienten: Sie opferten sich als lebende Bomben. Mehr als 700 israelische und Tausende von palästinensischen und libanesischen Soldaten und Zivilisten starben. Obgleich man in Israel dazu neigt, dem damaligen Verteidigungsminister Ariel Scharon hierfür die Schuld zu geben, war sich Begin natürlich sehr wohl bewußt, daß niemand die Dauer oder den Ausgang dieses oder irgendeines anderen Krieges exakt voraussagen konnte.

1983 wählte die Likud-Partei Jizchak Schamir zum Nachfolger Begins als Parteivorsitzender und Premierminister. Diese Entscheidung hat Israel vielleicht das umstrittenste Jahrzehnt seiner gesamten Geschichte beschert. Schamirs Führung war gekennzeichnet durch eine verunsichernde und letztlich destruktive Kombination von Passivität gegenüber den meisten sozialen und wirtschaftlichen Problemen Israels und einer aggressiven Entschlossenheit, um jeden Preis an einem Groß-Israel festzuhalten. Ungeduldig und schnell gelangweilt, kann Schamir seine Verachtung für die meisten Menschen kaum verbergen. Er haßt die Medien und die Öffentlichkeit. So unsentimental wie der typische russische Revolutionär des 19. Jahrhunderts, erinnert Schamir an die Romanfiguren Dostojewskis, für die der Zweck immer die Mittel heiligt. Im Gegensatz zu Begin hat er nie darüber gesprochen, daß die meisten seiner Angehörigen im Holocaust umgekommen sind. Seine rüde Art ist in Regierungskreisen berüchtigt. Einige seiner Helfer sollen von ihm bis zu Tränen beleidigt worden sein.

Schamirs Amtszeit war durch den Aufstieg einer jüngeren Generation innerhalb des Likud gekennzeichnet. Einige dieser Nachkommen aus politisch aktiven Familien besetzen heute Schlüsselpositionen in Partei und Regierung.

Im Gegensatz zu den meisten westlichen Ländern kennt Israel keine Tradition, wonach die Kinder von Regierungsbeamten den Fußstapfen ihrer Eltern folgen. Während es in Amerika nicht ungewöhnlich ist, daß der Sohn eines Senators oder Gouverneurs später dessen Stellung übernimmt, war dies in Israel bis vor kurzem nicht so gewesen.

Die junge Generation des Likud läßt sich in zwei Gruppen einteilen. Zu der einen zählen die Söhne aschkenasischer Väter, die zur Führungsspitze der Partei gehört haben. Diese Gruppe ist von der Presse halb spöttisch, halb wohlwollend »die Prinzen« getauft worden. Die prominentesten unter ihnen sind Benjamin Begin, Benjamin Netanyahu – den amerikanischen Fernsehzuschauern gut bekannt –, Dan Meridor und Ehud Olmert. Alle vier sind international als Schamirs

Regierungssprecher bekannt. Ihre Väter waren alle vor der Regierungsübernahme durch den Likud in irgendeiner Weise von der Labor-Partei diskriminiert worden. Der Weg der Söhne an die Macht war um einiges sanfter.

Die andere Gruppe besteht in der Mehrzahl aus Sephardim, deren Eltern mit der großen Welle von Immigranten in den 50er Jahren ins Land kamen. Sie kommen – wie wir gesehen haben – aus einem völlig anderen Umfeld; sie wuchsen in Barackensiedlungen und Zeltlagern auf. Die ihnen zugefügten Erniedrigungen und Zurücksetzungen ließen sie politisch aktiv werden; sie wollten etwas Besseres sein, in etwa so wie die Sabras.

Meir Schitrit, in den 70er Jahren mein Ausbilder bei der Armee, stammte aus einer Familie, die aus Marokko eingewandert war und in einer kleinen Immigrantensiedlung lebte. Obgleich die Familie sehr arm war, sorgte sie dafür, daß Meir eine gute Ausbildung erhielt. Er ging zur Armee und später zur Universität, wo er sich politisch engagierte. Labor jedoch war nicht bereit, ihn ernst zu nehmen. Die Partei hatte bereits ihre »sephardischen Repräsentanten«, eine Gruppe von Jasagern, die genau das tat, was die Partei von ihr erwartete. Labor war eine paternalistische Partei, in der unabhängiges Denken und Eigeninitiative nicht besonders gefragt waren. Dementsprechend schlossen sich junge Leute wie Schitrit Begins, später Schamirs Likud an, schon weil sie gar keine Alternative hatten. Dort wurden sie mit offenen Armen empfangen. Die meisten Sephardim begannen ihre politische Karriere, indem sie sich bei den örtlichen Wahlen als Likud-Vertreter aufstellen ließen. 1973 hatten bereits viele von ihnen den Sprung von der kommunalen Ebene in die nationale Politik geschafft. Ein erstes Anzeichen für den sich abzeichnenden Wandel, der dann bei den Wahlen 1977 eintrat.

Schitrit wurde Bürgermeister von Javneh, einer Stadt 15 Meilen südlich von Tel Aviv. In nur wenigen Jahren verwandelte er den kleinen Ort, der für seine hohe Kriminalität, Arbeitslosigkeit und Armut bekannt war, in eine aufblühende Stadt mit moderner Verwaltung und einem hervorragenden Schul- und Ausbildungssystem.

Um die Mitte der 80er Jahre jedoch, mit Begins Rücktritt und der Wahl Schamirs zu seinem Nachfolger, vollzog sich bei Schitrit und seinen Freunden ein Wandel. Als Likud an die Macht kam, hatten einige seiner Minister, Parlamentsmitglieder und Bürgermeister nicht der Versuchung widerstehen können, ihre neuen Positionen auszunutzen, um ihre persönlichen Interessen und ihre Parteikarriere zu fördern. Die Folge war, daß politische Patronage und die Vergeudung von Staatsgeldern in beispielloser Weise überhandnahmen.

Unter Schamir entwickelte sich der Führungsstil der Likud-Partei zu einer Kreuzung aus zunehmender Demonstration westlichen Machtgepränges und mittelöstlichem Chaos. Die Parteimitglieder erscheinen zu den Versammlungen in teuren, von Chauffeuren gesteuerten Wagen mit Mobiltelefonen und Beepern – ihren neuen Statussymbolen. Nach nur 15 Regierungsjahren hat sich bei Likud die gleiche Arroganz, Korruption und Selbstgefälligkeit breitgemacht wie bei Labor in den 70er Jahren.

Im Israel der frühen 90er Jahre herrscht das Gefühl, daß sich die Geschichte wiederholt. Nachdem Likud zunächst die Sephardim umworben hat, um die Partei zu stärken, erhebt man jetzt den Vorwurf, eben diesen Teil der Bevölkerung zu vernachlässigen. Die daraus resultierenden ethnisch und rassisch bedingten Spannungen entluden sich bei den internen Likud-Wahlen im Frühjahr 1992. Die Anhänger von Vizepräsident David Levy – dem ranghöchsten Likud-Vertreter der marokkanischen Gemeinde – beschuldigten Schamir und seine Leute – zumeist Aschkenasim –, Levy und seine Gruppe als zweitrangig zu behandeln. Kein Wunder, daß Likud bei den allgemeinen Parlamentswahlen im Juni 1992 Rabins Labor unterlag. Obgleich man bis zu einem gewissen Grad hierin den natürlichen Wunsch nach einem politischen und geschichtlichen Wechsel sehen kann, geht die Wahlniederlage vor allem auf das Konto Schamirs und dessen Unfähigkeit, irgendeines der aktuellen Probleme Israels in Angriff zu nehmen.

Nicht von ungefähr war die einzig maßgebende Entscheidung in Schamirs gesamter Karriere die, keine Entscheidungen zu treffen. Während des Golfkrieges haben seine Generäle und einige Kabinettsmitglieder Schamir gedrängt, als Antwort auf die auf Tel Aviv abgeschossenen Scud-Raketen den Angriff gegen den Irak zu befehlen. Schamir aber wollte keine Entscheidung treffen. Er hatte Angst, daß Israels Eingreifen den prowestlichen arabischen Staaten gegen den Strich gehen könnte, die gegen den Irak kämpften. Eine militärische Intervention Israels hätte möglicherweise zum Auseinanderbrechen der von

Präsident Bush zustande gebrachten internationalen Koalition führen können; und dies wiederum hätte das ohnehin nicht besonders gute Verhältnis zu den USA weiter belastet.

Aber trotz dieser Rücksichtnahme auf Präsident Bush haben sich die israelisch-amerikanischen Beziehungen gerade während Schamirs Amtszeit weiter auseinanderentwickelt als je zuvor. Schon als Außenminister im Kabinett Begin war Schamir gegen den Friedensvertrag mit Ägypten. Als Premierminister hat er alles in seiner Macht Stehende getan, um die Initiative der USA zu torpedieren, Israel und seine arabischen Feinde an den Verhandlungstisch zu bringen. Schamir, ein unbeweglicher und argwöhnischer Mann, hat nie den Versuch gemacht, den Arabern gegenüber guten Willen zu zeigen: Er traut ihnen nicht. Er handelt noch immer nach derselben Überzeugung wie in den Tagen seiner Irgun und der »Stern-Gang«: Die Araber haben nur ein Interesse – Israel zu schwächen und ihm den tödlichen Schlag zu versetzen.

Schamir verschloß die Augen vor den von Ariel Scharon geführten rechtsgerichteten Extremisten, als sie weiterhin neue Siedlungen in den besetzten Gebieten errichteten. Diese Arbeiten wurden nicht einmal unterbrochen, als der amerikanische Außenminister James Baker 1991 Israel besuchte. Als Revanche und zur Strafe lehnte Präsident Bush im September 1991 Israels Bitte um einen Kredit über zehn Milliarden Dollar ab, mit dem die Aufnahme der sowjetisch-jüdischen Einwanderer finanziert werden sollte. In einer Rede zur Begründung seiner Entscheidung sagte Präsident Bush, Israel könne es sich nicht leisten, einfach seine Augen und Ohren zu verschließen: Immerhin schulde inzwischen jeder Israeli den Vereinigten Staaten 1000 Dollar. Aber Schamir hätte sich eher die Hand abgehackt, als sich zwischen den Siedlungen und den Immigranten zu entscheiden. Schamir, der als Politiker die Dinge gern vor sich herschiebt, hatte versucht, die Amerikaner auszumanövrieren und ihnen Sand in die Augen zu streuen, und war damit gescheitert. Da er die Siedlungen nicht stoppte, bekam er kein Geld.

Dieses gespannte Verhältnis zwischen Israel und seinem mächtigsten Verbündeten gemahnt entfernt an die Zeit der Zerstörung des zweiten Tempels vor annähernd 2000 Jahren. Immer häufiger werden Parallelen zwischen Schamirs Regierungsstil und der Revolte der Zeloten gegen das Römische

Reich gezogen. Auch damals wollten die Gemäßigten an den freundlichen Beziehungen zu ihrer Umwelt festhalten. Den Zeloten jedoch waren Ehre und Stolz wichtiger; sie glaubten, ihrer Stellung als auserwähltem Volk Nachdruck verleihen zu müssen. Im Jahr 68 n. Chr. gelang es ihnen, einen allgemeinen Aufstand gegen das Römische Reich anzuzetteln. Nach einigen Anfangserfolgen wurde Jerusalem von 80 000 römischen Soldaten erobert. Sie zerstörten den zweiten Tempel und bereiteten zwei Jahre später nach dem tragischen Ende der Belagerung von Masada auch der Unabhängigkeit der Israeliten ein Ende.

Für das jüdische Volk war dies die größte Katastrophe seiner Geschichte: Auf Besetzung und Vertreibung folgten 2000 Jahre Diaspora. Das Trauma dieser überwältigenden Niederlage lebt noch heute im israelisch-jüdischen Kollektivgedächtnis fort. Vor allem aber erinnern sich die Israelis auch daran, daß es die rivalisierenden Lager seinerzeit selbst im Endstadium der römischen Belagerung Jerusalems nicht geschafft haben, die Kluft zwischen einander zu überbrücken.

Schamirs Likud und ihre Verbündeten ähneln mehr denn je jenen extremen Fanatikern; und das heutige Israel ist – besonders nach dem Sieg der Labor-Partei – genauso gefährlich in sich zerrissen wie in der kritischen Zeit damals. Die uralte, nach der Zerstörung des zweiten Tempels gewonnene Erkenntnis taucht wieder auf, um uns zu mahnen: »Jene, die euch besiegen und ruinieren werden, werden aus eurer Mitte kommen. Der Tempel wurde durch eitlen Haß zerstört.«

Jeden Sommer wird entsprechend dem hebräischen Kalender der Zerstörung des zweiten Tempels in Gebeten und mit einem Fastentag gedacht. Cafés, Restaurants und Theater sind an diesem Tag in Israel geschlossen; in Radio und Fernsehen wird über die Bedeutung seiner Zerstörung und des Verlustes der Unabhängigkeit für die heutigen Israelis diskutiert. Könnte das gleiche wieder geschehen? Wiederholt das moderne Israel die Fehler seiner Vorväter – innere Zerrissenheit oder vielmehr Inflexibilität und Mißtrauen?

Obgleich sich diese innere Gespaltenheit und Polarisierung bereits nach dem Sechs-Tage-Krieg 1967 abzuzeichnen begann, erreichte sie erst während Schamirs Amtszeit ihren Höhepunkt.

Obgleich politische Streitfragen im israelischen Alltag allgegenwärtig sind, bietet sich nur wenig Raum für echte Debatten. Den israelischen Politikern fehlt die Erziehung und die Erfahrung, sich ausgefeilte Rededuelle zu liefern. Die Knesseth schätzt keine witzigen oder humorvollen Auftritte, in denen unbequeme Themen zur Sprache kommen könnten. Die Reden der israelischen Politiker sind langweilig, bierernst und entarten in der Regel zu einem lautstarken Hickhack zwischen rivalisierenden Parteimitgliedern.

1990 beschuldigte Jizchak Schamir Ezer Weizmann – einen der erfahrensten Minister und ehemaliger Verteidigungsminister der Regierung Begin – des Verrats, weil er sich mit Palästinensern getroffen hatte. In der darauffolgenden Nacht erhielt Weizmann zahlreiche Drohanrufe.

Während seiner Amtszeit als Premierminister hat Begin nie gezögert, sich im Streit mit Labor auch der politischen Hetze zu bedienen. Und es blieb nicht nur bei verbalen Kraftakten. Die Wände der Gebäude, in denen Labor oder andere linksgerichtete Clubs ihre Büros hatten, waren mit beleidigenden Parolen beschmiert; und mehrfach hat man sogar versucht, die Häuser linksgerichteter Politiker anzuzünden. Die Führer der Linken wurden mit Tomaten beworfen, und politische Treffen wurden von Likud-Anhängern gestört, die Begins Drohungen und die der anderen Likud-Führer wörtlich genommen hatten.

Israelis mit einem Gespür für Geschichte erinnert die derzeitige Situation in Israel nicht nur an das Chaos vor der Zerstörung des zweiten Tempels, sondern auch an die Zustände in der Weimarer Republik zwischen den beiden Weltkriegen, als Deutschland in einer Rezession steckte, mit einer verheerenden Arbeitslosigkeit und gewalttätigen politischen Ausschreitungen, während zugleich Kabaretts, Theater und Nachtclubs eine Blütezeit erlebten. Seit dem Erstarken des politischen Extremismus in Israel fürchten viele, daß die Demokratie am Ende an ähnlichen Problemen scheitern könnte, um einer Diktatur Platz zu machen. Andere befürchten einen Bürgerkrieg.

In dieser angespannten und pessimistischen Atmosphäre hat sich die israelische Presse damit befaßt, welche Formen ein solcher Krieg annehmen könnte. Dabei stellte sich heraus, daß die entscheidende Frage nicht war, ob Israel eine Situation überleben könnte, in der ein Bruder gegen den anderen kämpft, sondern vielmehr, was einen solchen Konflikt auslösen könnte: Könnte der Druck der USA, die Siedlungen in den besetzten Gebieten aufzugeben, einen Bruderkrieg hervorrufen? Könnten soziale und wirtschaftliche Spannungen zu einem Bruch führen? Wie würde sich die Armee in einem Bürgerkrieg verhalten? Würde sie wie in Jugoslawien Partei ergreifen? Würde sie neutral bleiben oder sich spalten?

Die weitverbreitete Beschäftigung mit diesen Fragen deutet auf tiefer liegende psychologische Faktoren. Die einen glauben, alle Probleme beherrschen zu können, indem man sie diskutiert. Andere glauben jedoch nicht mehr daran, daß sich Israels innere Konflikte – zwischen den Religiösen und den Nichtreligiösen, den Sephardim und den Aschkenasim, zwischen rechts und links, Reich und Arm, sowie die palästinensischen Probleme – anders als durch einen solchen Krieg lösen lassen.

In den 80er Jahren waren viele Israelis der Ansicht, daß mit Sicherheit Rabbi Meir Kahane der Auslöser sein würde, falls sich die politischen Gewalttaten zu einem Bürgerkrieg ausweiten sollten. Kahane wurde Ende der 60er Jahre in Amerika durch die Gründung der Jüdischen Verteidigungsliga und ihren Slogan »Niemals wieder« berühmt. »Niemals wieder« sollten Juden die Opfer sein. Ursprünglich sollte die Organisation die New Yorker jüdischen Gemeinden schützen, die sich von ihrer Umgebung bedroht fühlten. Mit der Zeit jedoch verkam die Liga zu einer Gruppe jüdischer Gangster und Schläger, die mit Waffengewalt gegen jeden vorgingen, den sie als Feind der Juden betrachteten, von den Black Panthers bis zu sowjetischen Diplomaten.

Als er für den FBI zu einer Gefahr für die öffentliche Sicherheit und Ordnung und für das jüdische Establishment zum Ärgernis geworden war, wanderte Kahane Anfang der 70er Jahre nach Israel aus. Kaum angekommen, gründete er für seine gewalttätigen Aktionen in Israel eine neue Bewegung. Unter dem Namen »Kach« (»Dies ist der Weg« oder »So«) versuchte sich die Gruppe als Teil der traditionellen israelischen Rechten zu etablieren. Zu einer Verbindung zwischen Kach und der Rechten kam es auf dem Höhepunkt des Kampfes, den Kahane um die Freilassung der sowjetischen Juden führte. Bereits Ende der 60er Jahre waren Gerüchte aufgetaucht, daß rechtsgerichtete israelische Geschäftsleute sich am Waffenschmuggel für Kahanes Jüdische Verteidigungsliga beteiligten.

Aber Kahane war nicht dazu geschaffen, innerhalb eines organisierten politischen Rahmens zu wirken: Er war ein von Furcht, Wahnvorstellungen und Haß getriebener Einzelgänger. Seine Bewegung wurde zum Inbegriff für Rassenhaß gegenüber den Arabern und für gewalttätigen Widerstand gegen politische Opposition. Was Kahane und seine Leute aufbauten, war eine antidemokratische, erzfaschistische Bewegung. Kahanes Fixierung auf die Verhinderung von Mischehen – er widersetzte sich sogar der »unschädlichen« Verbindung zwischen einem Araber und einer Jüdin –, zusammen mit dem Ruf nach einer Reinhaltung der Rassen, erinnerte auf zynische Art an die Rassentheorie der Nazis. Als schließlich die Gewalttaten der Kach überhandnahmen, wurden ihre Mitglieder unter Polizeiaufsicht gestellt und einige, darunter Kahane, ins Gefängnis gesteckt.

Nichtsdestoweniger wurde Kahane 1984 als Abgeordneter ins Parlament gewählt, nachdem es ihm gelungen war, in einigen Kreisen der sephardischen Bevölkerung Fuß zu fassen. Selbst auf dem Höhepunkt seiner Popularität, als 20 000 Wähler für ihn stimmten, blieb Kahane in der israelischen Politik ein Außenseiter. Sein amerikanischer Akzent, sein fremder politischer Stil und sein gestörtes Betragen bei seinen Reden ließen ihn und seine Gruppe wie Gangster aussehen. Nach seiner Wahl verweigerte er den Treueid gegenüber dem Staat und versteifte sich darauf, seine Loyalität nur gegenüber Gott erklären zu wollen. Seine parlamentarische Karriere endete, als die Knesseth seine Partei für illegal erklärte und ein gesetzliches Verbot von Anstiftung zu Haß, Rassismus und Gewalt verabschiedete.

Interessanterweise ging die Initiative zu diesem Gesetz nicht von den Linken aus – die es natürlich unterstützten –, sondern vom Likud und von anderen kleinen Parteien am äußeren rechten Flügel, die begriffen hatten, daß Kahanes Partei ihre eigene Position gefährden und sie wertvolle Sitze kosten könnte.

Zwei Jahre später, im November 1990, wurde Kahane in einem Hotel in Manhattan während eines Vortrags vor seinen amerikanischen Anhängern ermordet. Sein mutmaßlicher Mörder – ein in den USA lebender ägyptischer Fundamentalist – wurde wegen Mangels an Beweisen freigesprochen. Mit Kahanes Tod haben sich die Reste seiner Kach-Partei aufgelöst. Kahanes nachhaltiges Erbe ist jedoch zweifellos die Aufdeckung der dunkelsten Seite der israelischen Psyche – des antiarabischen Rassismus.

Dieser Rassismus manifestiert sich im politischen Konzept des *transfer*, das ausdrücklich die Umsiedlung sämtlicher arabischer Gemeinden aufgrund deren eigener Entscheidung anstrebt. Zur Durchführung dieses Projekts haben die Zionisten finanzielle Anreize und Entschädigungszahlungen gefordert, um die Araber zu veranlassen, ihre Heimat zu verlassen und sich in den benachbarten arabischen Ländern neu anzusiedeln. Bei diesem massiven Vorstoß ist bisher praktisch nichts herausgekommen, aber die Idee, die Araber umzusiedeln, ist noch keineswegs vom Tisch – der Gedanke, die Palästinenser müßten den Juden irgendwie Platz machen, existiert weiterhin. Jedoch ist *transfer* inzwischen in den Erörterungen der Zionisten zu einem sehr marginalen Konzept geworden und zu einem Tabuthema.

Wäre Kahane der einzige moderne Vertreter des Transfergedankens gewesen, wäre das Konzept schnell gestorben. Als aber auch andere rechtsgerichtete Parteien und sogar einige Kreise des Likud den Terminus *transfer* benutzten, wurde klar, daß diese beängstigende Idee Anklang gefunden hatte. Es handelte sich nicht länger um die Forderung einer kleinen Randgruppe, vielmehr war sie zum Gedankengut einer respektablen Zahl von Israelis geworden.

Nachdem Kahanes Gruppe 1988 für ungesetzlich erklärt worden war, etablierte sich eine völlig neue Partei, deren einziger Programmpunkt das Eintreten für *transfer* war. Die Moledot-Bewegung – oder »Vaterland« – wurde von Exgeneral Rehavem Zeevi geleitet, der zuvor der Labor-Partei nahegestanden hatte. Die Partei gewann 1992 drei Sitze in der Knesseth und gehörte Schamirs Koalitionsregierung an, in der Zeevi einen Ministerposten innehatte. Damit hat Schamir praktisch das Transferkonzept legitimiert.

Jene, die heute von *transfer* reden, benutzen das Wort indessen nicht mehr in seiner ursprünglichen Bedeutung: einer *freiwilligen* Emigration der Palästinenser, die unter internationaler Aufsicht stattfinden sollte. *Transfer* bedeutet inzwischen: die Vertreibung der Araber aus Israel und der Palästinenser von der West Bank und aus dem Gaza-Streifen. Die politischen Führer, die dieses Extrem vertreten, haben Israel ihrer eigenen Umnachtung nähergerückt.

X.

»Unsere Araber«

»Dies ist mein Dorf«, sagt Abd a-Salam Manasra und zeigt auf einen kleinen Hügel. Ich sehe keine Häuser, keine Straßen, kein Lebenszeichen, nur die nach dem letzten Regen besonders grünen Felder. Weizen bedeckt die Hügel, soweit man sehen kann. Manasra berührt mit der Hand seine weiße Wollkappe, starrt auf den Hügel und versinkt in tiefe Gedanken, während vor seinem inneren Auge das Bild seines Dorfes auftaucht, in dem er vor mehr als 50 Jahren geboren wurde.

Der Hügel liegt im Tal von Jezrael, nicht weit entfernt von der Bergregion Armageddon, benannt nach dem griechischen Wort für Megiddo. Dieses Tal hat aufgrund seiner strategischen Lage viele große Schlachten erlebt, darunter die Invasion der Ägypter und der Babylonier in das ehemalige Königreich Israel. Für das Christentum ist dies der Ort, an dem am Tag des Jüngsten Gerichts die Entscheidungsschlacht stattfinden wird. Während des Unabhängigkeitskrieges 1948 wurde Manasras Dorf von den Israelis erobert. Die Einwohner flohen, unter ihnen der siebenjährige Manasra und seine große Familie. Später wurde das Dorf von israelischen Bulldozern dem Erdboden gleichgemacht.

»Wir waren ein kämpferisches Dorf«, gibt er zu, »und da wir den israelischen Streitkräften Feuergefechte geliefert hatten, wuchs unsere Furcht, die Israelis würden an uns Rache nehmen. So beschlossen wir, zuerst einmal Frauen und Kinder zu evakuieren. Eine Woche später zogen sich auch die kämpfenden Männer zurück und gaben das Dorf auf. Tatsächlich waren wir das einzige Dorf in dieser Gegend, das sich so verhielt, alle anderen blieben intakt. Wir luden unsere Babys, die Kinder und einige alte Frauen auf ein paar Esel und zogen gemeinsam die mehr als zehn Meilen nach Nazareth.«

In vieler Hinsicht glich Manasras Schicksal dem der übrigen 600.000 Palästinenser, die während des Krieges flohen oder aus 450 Dörfern vertrieben wurden. Der große Unterschied besteht jedoch darin, daß seine Familie nicht auf die andere Seite der Grenze flüchtete, sondern auf israelischem Territorium blieb. Statt als Flüchtlinge in Zeltlagern in Jordanien,

Ägypten, Syrien oder dem Libanon ihr Dasein zu fristen, zog seine Familie in die nächstgrößere Stadt Nazareth, aus der Jesus Familie stammte.

Manasras traumatische Kindheit hat ihn zu einem verbitterten Mann gemacht: »Die Umsiedlung hat mein Leben geformt. Seit damals habe ich die Orientierung verloren. Ich fühle mich wie ein Mensch, der alles verloren hat: sein Land, sein Haus und seine Wurzeln. Meine Familie war wohlhabend, und plötzlich – über Nacht – besaßen wir nichts mehr.«

Einer der schmerzlichsten Augenblicke seines Lebens war für Manasra, als er als Teenager zum erstenmal an den Ort zurückkehrte, an dem einst sein Dorf gestanden hatte. »Unsere Häuser waren vollkommen zerstört, ausradiert, und unser fruchtbares Land wurde jetzt von Mitgliedern der benachbarten Kibbuzim bestellt. Ich konnte sogar noch genau die Stelle ausmachen, wo einmal das Haus unserer Familie gestanden hatte. Über die Erde zu gehen, die einst unser Dorf getragen hatte, riß die alten Wunden wieder auf. Seitdem versuche ich, sooft wie möglich zu meinem alten Dorf zu pilgern.« Manasras Worte haben Anteil an der wachsenden Sehnsucht israelischer Araber nach dem Land, das sie einst zurückließen. Israelisch-arabische und palästinensische Autoren erzählen in ihren Memoiren voller Verlangen und Trauer von einer Welt, die es nicht mehr gibt.

Obgleich die Mehrheit derer, die 1948 vertrieben wurden, aus den Dörfern stammte, entstand der größte Schaden durch die Zerstörung des palästinensischen Geschäftslebens in den Städten. In den großen Städten wie Jaffa und Haifa hatte sich ein lebendiges palästinensisches Bürgertum mit einem gesunden Geschäftsleben und eigener Kultur entwickelt. Eine Vielzahl von Parteien sorgte für ein aktives politisches Leben. Diese städtischen Zentren waren kaum weniger fortschrittlich als das, was die Juden unter der britischen Mandatsregierung in Tel Aviv aufgebaut hatten, und entschieden moderner als die meisten Städte in der übrigen arabischen Welt. Mit der Katastrophe von 1948 verloren die palästinensischen Araber ihre Elite: ihre Intellektuellen, ihre Führungsschicht, ihre politischen Strukturen – und ihre wirtschaftliche Basis.

Memoiren palästinensischer Schriftsteller zeigen alte Fotografien, die aus dem 1948er-Krieg und der Zeit davor stammen. Die vergilbten Bilder wirken lebendig und scheinen den

Duft des Landes zu verströmen. Gut erkennt man die Berge, die Ebenen, die Täler und Hügel, die Windungen der Flußläufe und die alten Burgen und Festungen. Auch zeigen die Fotos die Vielfalt der arabischen Baustile. Die Dörfer liegen auf den Bergkuppen – und wirken wie mit der Landschaft verschmolzen. Auf heutigen Fotos derselben Gegend sind die Flußläufe nur noch schwer zu erkennen, weil die übereifrigen Israelis viele Flüsse umgeleitet und kanalisiert haben. Selbst die Bergkuppen wurden mit Bulldozern planiert und in städtische Ballungsräume mit einheitlich trister Bebauung verwandelt. Die modernen, standardisierten Wohnkomplexe wirken fremd und der Landschaft aufgezwungen.

Verglichen mit der Mehrheit der Palästinenser, die in den Flüchtlingslagern der benachbarten Länder lebt, geht es der Familie Manasras nicht schlecht. Zumindest erscheint dies dem kühlen, objektiven Betrachter so. Aber für die Palästinenser ist die Vertreibung oft eine Tragödie, die von drei aufeinanderfolgenden Phasen gekennzeichnet ist: Frustration, Aussöhnung mit dem Schicksal und Rückkehr zu den Wurzeln. Manasra hat dies alles durchgemacht. Seine persönlichen Erlebnisse sind beispielhaft für die politische Erfahrung vieler seiner Landsleute.

Als junger Mann schloß sich Manasra der Kommunistischen Partei Israels an, die auf die israelischen Araber eine starke Anziehungskraft ausübte.

Die Kommunistische Partei war die einzige israelische Partei, die für eine friedliche Koexistenz von Juden und Arabern eintrat und beide als Mitglieder akzeptierte. Alle anderen jüdisch-zionistischen Parteien nahmen keine Nichtjuden auf. Die Kommunistische Partei war auch die einzige, die es zumindest in den ersten Jahren nach der palästinensischen Tragödie von 1948 fertigbrachte, die wahren nationalen Bestrebungen der israelischen Araber zum Ausdruck zu bringen. Viele von ihnen, die die Kommunistische Partei unterstützten, waren tatsächlich keine Kommunisten.

In den ersten Monaten nach dem Unabhängigkeitskrieg waren die meisten palästinensischen Flüchtlinge davon überzeugt, daß sie eines Tages nach Hause zurückkehren und die ihnen momentan aufgezwungenen Lebensumstände nicht von Dauer sein würden. Abd a-Salam Manasra erinnert sich an einige Mitglieder seiner eigenen Familie, die es aus Protest ablehnten, sich zu waschen oder ihre Kleidung zu wechseln, solange sie nicht nach Hause zurückkehren durften. Eine kleine Minorität kommunistischer Wähler hoffte insgeheim auf ein Wunder, durch das auf dem heutigen israelischen Staatsgebiet ein arabischer Staat entstehen würde. Die weitaus meisten arabischen Wähler der Partei jedoch gaben den Kommunisten ihre Stimme aus Protest und nicht, weil sie sich mit ihrer Ideologie identifizierten.

In den ersten 18 Jahren nach dem Krieg standen die israelischen Araber unter militärischer Verwaltung, obwohl sie nach dem Gesetz gleichberechtigte Bürger waren. Arabisch wurde sogar zur offiziellen Sprache neben dem Hebräischen erklärt. Aber in der Realität wurden die Araber diskriminiert, wo immer sie sich aufhielten und was immer sie taten. Ihre Bewegungsfreiheit wurde in jeder Hinsicht stark eingeschränkt. Noch heute, 20 Jahre nach Aufhebung der Militärverwaltung, ist die Diskriminierung der Araber überall offenkundig. Den Arabern wird der Zugang zu den meisten Arbeitsplätzen im Staatsdienst versperrt. Ebenso sind sie vom Wehrdienst ausgenommen. Diese Entscheidung jedoch entsprach den Interessen beider Seiten: Die israelische Regierung wollte keine Araber rekrutieren, die sie der Illoyalität gegenüber dem jüdischen Staat verdächtigte; und die Araber wollten nicht eingezogen werden, um dem Dilemma zu entgehen, einem Staat dienen zu müssen, der sich im Krieg mit ihren Brüdern und Schwestern befand.

Als äußersten Test der Identifikation mit dem Staat und der Loyalität ihm gegenüber ermuntern die israelischen Behörden kleinste Gruppen innerhalb der israelisch-arabischen Minorität, sich freiwillig zur Armee zu melden. So haben Beduinenstämme, die sich durch ihr Nomadentum immer ein wenig abseits von der arabischen Land- und Stadtbevölkerung gehalten haben, seit langem militärische Kommandos unterstützt. Die Drusen – eine islamische Sekte, deren Glaube die Geheimhaltung ihres religiösen Bekenntnisses vor dem »unwissenden«, gewöhnlichen Menschen fordert – dienen ebenfalls in der Armee. Das Grundprinzip dieser israelischen Politik entspricht dem alten römischen Grundsatz: »Teile und herrsche.«

Unter den israelischen Arabern war die Arbeitslosigkeit stets größer als unter den israelischen Juden. 1992 war sie doppelt so hoch. Hinzu kommt, daß Israel nicht eine einzige arabische Universität hat, während es sechs jüdische Universitäten gibt und etwa zehn weitere Hochschulen. Arabische Studenten, die ihr Examen an einem dieser Institute abgelegt haben, haben es weit schwerer, einen angemessenen Arbeitsplatz zu finden, als ihre jüdischen Kommilitonen. Außer den Stellen im öffentlichen Dienst sind ihnen auch die Arbeitsplätze an den Hochschulen sowie den wissenschaftlichen und Forschungsinstituten versperrt. Ferner haben sie keinerlei Zugang zu dem ausgedehnten Komplex der Rüstungsindustrie. Die Folge ist, daß 42 Prozent aller arabischen Universitätsabsolventen der letzten zehn Jahre keine Stellung gefunden haben. Bei ihren jüdischen Kollegen waren es 15 Prozent. Nur im Schuldienst haben arabische Akademiker eine Chance, ihren gewählten Beruf auch auszuüben.

Die Lebenserwartung der israelischen Araber beträgt 71 Jahre; das sind drei Jahre weniger als die der israelischen Juden. Die Araber leben in primitiven Häusern, und das Niveau der kommunalen Dienstleistungen liegt weit unter dem der jüdischen Städte und Dörfer. Die Regierung unterstützt finanziell die Entwicklung der Industrie in den jüdischen Gebieten, hält aber gleichzeitig den arabischen Sektor in Abhängigkeit von der Landwirtschaft. Die primitiven Lebensbedingungen in vielen arabischen Städten und Dörfern erinnern an das Elend in Amerikas Innenstädten. Nachlässigkeiten wohin man blickt: Kanalisationsrohre sind verstopft und fließen über; Straßen sind nicht gepflastert, und es gibt weder genügend Bürgersteige noch Begegnungszentren, Krankenhäuser und Schulen. Dementsprechend ist die Kriminalität hoch, und der Drogenkonsum nimmt zu.

In schreiendem Kontrast zu ihrer Überempfindlichkeit gegenüber der jüdischen Orthodoxie nimmt die Regierung auf die Gefühle der Moslems keinerlei Rücksicht: Straßen und Häuser werden auf dem Gelände ehemaliger Friedhöfe, Moscheen und anderer, den Moslems heilige Plätze gebaut. So wurde in Tel Aviv in den frühen 60er Jahren das Hilton, eines der luxuriösesten Hotels Israels, über einem ehemaligen islamischen Friedhof errichtet.

Die Kommunistische Partei Israels hat mit Nachdruck versucht, diese Diskriminierung zu bekämpfen, und die uneingeschränkte Anwendung des Gleichheitsgrundsatzes gefordert.

Dieser Grundsatz ist in der Unabhängigkeitserklärung Israels festgeschrieben – aber er wird in der Praxis nicht eingehalten.

In den Augen der israelischen Regierung trat die Kommunistische Partei damit für den arabischen Nationalismus ein. Es ist daher leicht zu verstehen, warum es diese Partei, die eng mit der Sowjetunion verbunden war, so schwer hatte, ihre Ziele durchzusetzen. Wiederholte Forderungen seit 1949 nach einer Aufhebung der Militärgesetze verhallten ohne jede Wirkung auf die Regierung. Die Militärverwaltung wurde erst 1966 aufgehoben, als die Labor-Partei schließlich zu dem Schluß kam, daß die arabische Minderheit nicht mehr als ernsthaftes Sicherheitsrisiko anzusehen sei.

Nach den ersten Jahren der Wut und Enttäuschung begannen sich die meisten israelischen Araber der Erkenntnis zu beugen, daß man sich mit der Existenz Israels abfinden müsse. Sie hatten begriffen, daß weder sie noch ihre palästinensischen und arabischen Brüder auf der anderen Seite der Grenze irgendeine reelle Chance hatten, einen eigenen Staat auf Kosten Israels zu verwirklichen. Israel war mächtig, besaß eine moderne Armee und hatte sich in Kriegen gegen die benachbarten arabischen Staaten durchgesetzt. Die Landwirtschaft florierte, und der Industrie ging es gut. Die jüdisch-israelische Modernisierung begann in das arabische Gemeinwesen einzudringen und darin Wurzeln zu schlagen. Der jüdische Sektor Israels war für einige israelische Araber zu einer Art Vorbild geworden. Viele von ihnen, besonders die jüngeren, versuchten Israels westlichen Lebensstil nachzuahmen und sich ihm anzupassen. Abd a-Salam Manasra war einer von ihnen. Er tauschte seine traditionelle Tracht gegen moderne westliche Kleidung. Er lernte fließend Hebräisch zu sprechen – mit allen einschlägigen Slangausdrücken. Manasra war Bauhandwerker und arbeitete für einen jüdischen Unternehmer. »Ich glaubte an eine friedliche Koexistenz zwischen Juden und Arabern und setzte mich aktiv politisch dafür ein«, erklärt er. Es war keine ganz freiwillige Integration, sondern eine Folge der Verhältnisse. Viele Araber fanden bei israelischen Unternehmern Arbeit, was die Kontakte zwischen den beiden Gesellschaftsgruppen intensivierte. Das brachte zwar keine sozialen und kulturellen Annäherungen und veränderte oder beseitigte auch nicht die Vorurteile und Klischees. Aber es zwang beide Seiten, sich der Realität anzupassen, daß sie Seite an Seite lebten und täglich miteinander zu tun hatten.

Junge israelische Araber zeigen zunehmend das Bestreben, sich auszuzeichnen. Als Rifat Turk, ein Teenager aus Jaffa, in den frühen 70er Jahren sein Debüt in der Nationalmannschaft gab, runzelten viele der 20000 Zuschauer die Stirn. Sie konnten sich nicht mit dem Anblick anfreunden, daß ein vereinzelter Araber gemeinsam mit zehn israelischen Spielern auf dem Spielfeld stand. Einige aus dem Publikum scheuten sich nicht, ihrem Unmut und ihrem Vorurteil Ausdruck zu verleihen, und belegten ihn mit abfälligen und rassistischen Schimpfworten. »Es war nicht leicht«, erinnert sich Rifat Turk, »aber nach einer Weile entschloß ich mich, die Menge einfach zu ignorieren, und nach ein paar weiteren Spielen begann man, mich zu akzeptieren und sogar langsam zu mögen.«

Heute ist Turk ein erfolgreicher und beliebter Trainer eines der angesehensten Fußballclubs Israels und kann mit Genugtuung feststellen, daß andere arabische Spieler in seine Fußstapfen getreten sind. Gelegentlich machen auch sie harte Zeiten durch: Manche Spiele entarten zu erniedrigenden Spektakeln, wobei Flüche und Obszönitäten durch das Stadion hallen. Aber die Mehrheit der israelischen Juden hat heute die arabischen Spieler akzeptiert. Diese Art von Akzeptanz ähnelt jedoch sehr jener der weißen Durchschnittsrassisten, die zwar die Schwarzen hassen, ihre sportlichen Erfolge aber anerkennen und auch nichts dagegen haben, wenn sie für ihr eigenes Team antreten. Selbst Politiker schlachten das Auftreten arabischer Schauspieler und Sportler aus und weisen darauf hin, daß trotz allem eine jüdisch-arabische Zusammenarbeit möglich ist.

Neben dem grundsätzlichen Wunsch, ihre Lebensbedingungen zu verbessern, scheinen viele israelische Araber den Drang zu verspüren, ihre Herren nachzuahmen. In den ersten 20 Jahren der Staatlichkeit drückte sich der arabische Protest in der Regel in friedlichen politischen Zusammenkünften, Märschen und Demonstrationen aus. Dann veränderte sich ihr Verhalten drastisch. Die arabische Bevölkerung scheute sich nicht mehr, auch Gewalt anzuwenden, wenn sie gegen die diskriminierenden Praktiken der jüdischen Regierung protestierte, indem sie Straßen blockierte, Reifen anzündete und sich Zusammenstöße mit der Polizei lieferte. Diese Erfahrung gab den jungen und radikalen israelischen Arabern das Selbstvertrauen, Veränderungen auch in den veralteten politischen Strukturen und destruktiven alten Gewohnheiten innerhalb ihrer eigenen Gemeinschaft zu fordern.

Die Modernisierung hat zu einem wirtschaftlichen und sozialen Wandel in der arabischen Gesellschaft geführt. Die meisten haben die Landwirtschaft aufgegeben, um als Lohnempfänger in der örtlichen Industrie, in den Handels- und Dienstleistungsbetrieben im jüdischen Sektor zu arbeiten. Dies förderte den Trend zur Verstädterung der arabischen Gemeinden: Der Lebensstandard stieg, und es zeigten sich erste Anzeichen von Konsum und Wohlstand. Diese Veränderungen jedoch geschahen auf Kosten der alten Traditionen.

Die Hamula, der Familienverband, war einer der Pfeiler des arabischen Gesellschaftslebens. Verwandtschaft spielt noch immer eine wichtige Rolle in der arabischen Politik. Die meisten Wahllisten und politischen Bewegungen bei den Gemeindewahlen 1989 wurden von den Hamulas bestimmt. Der Familienverband, der als ein politisches, soziales und wirtschaftliches Beziehungsnetz funktioniert, spielt in den arabischen Dörfern und Städten noch immer eine große Rolle. Dennoch gibt es inzwischen deutliche Anzeichen dafür, daß die Macht der Hamula zu bröckeln beginnt. Die zentrale Stellung des Vaters in der arabischen Familie ist nicht mehr unantastbar. Heute neigen die Familienmitglieder dazu, ihre Entscheidungen eher nach praktischen Überlegungen zu treffen als nach Maßgabe familiärer Verpflichtungen.

Die Frauen nehmen in der arabisch-israelischen Gesellschaft noch immer eine sehr untergeordnete Stellung ein. Zwar ist die Rolle der Frau in einigen orthodoxen jüdischen Gruppen in vieler Hinsicht ebenso rückständig; was aber die arabischen Frauen, verglichen mit ihren jüdischen Schwestern, verwundbarer macht, ist das Phänomen der Familienrache – Morde, die begangen werden, um die »Ehre« der Familie zu retten. Wenn eine arabische Frau eine außereheliche Beziehung eingeht oder ihre Jungfräulichkeit vor der Heirat verliert, setzt sie sich der Gefahr aus, von ihrem eigenen Vater oder ihren Brüdern getötet zu werden. Dennoch haben im Lauf der Zeit mehr und mehr arabische Frauen ihr Elternhaus verlassen und ihre traditionellen Hausfrauenpflichten neu definiert. Sie haben den Arbeitsmarkt erobert, man sieht mehr arabische Studentinnen an den Universitäten, und eine zunehmende Zahl arabischer Frauen engagiert sich in der Politik.

1992 entstand die erste feministische Organisation unter den israelischen Arabern. Sie forderte die Verhängung härterer Strafen für »Verbrechen zur Rettung der Familienehre«.

Israelische wie arabische Soziologen haben die neue arabische Verwestlichung und die Hinwendung zur modernen Technologie und zu demokratischen Werten als »den Prozeß der Israelisierung« bezeichnet. Für die arabische Gesellschaft ist er keineswegs ein reiner Segen, da er ihr zugleich eine tiefgehende Identitätskrise beschert – in der sich in gewisser Weise die Identitätsprobleme der israelischen Juden widerspiegeln.

Die arabische Gesellschaft ist der leidtragende Teil bei dem Widerspruch zwischen der zionistisch-jüdischen Natur Israels und seinen demokratischen Werten. Eigentlich müßte dieser Widerspruch in erster Linie die jüdische Majorität berühren und beeinflussen, in der Praxis jedoch wirkt er sich vor allem auf die arabische Minorität aus. Die Araber mußten sich nicht nur damit abfinden, daß sie Bürger des Staates Israel wurden, sondern zugleich akzeptieren, daß sie trotzdem niemals die volle Gleichberechtigung erhalten würden.

Im jüdischen Staat genießen die Juden gewisse Privilegien – in erster Linie das *Rückkehrgesetz*. Dieser wesentliche Vorteil gegenüber den Nichtjuden scheint Israels Regierung noch nicht ausreichend. Mit allerlei Tricks hat sie es geschafft, weitere Gesetze zugunsten der Israelis durchzubringen, wie Bestimmungen zur Zahlung von Kindergeld und zur Bewilligung von Hypotheken. Um eine rechtlich einwandfreie Regelung zu treffen und dennoch den arabischen Bürgern kein Kindergeld zahlen zu müssen, haben die israelischen Gesetzgeber und Politiker den Begriff der »Sonderbewilligung für ehemalige Soldaten« erfunden. Das heißt, daß nur jene Kinder einen Anspruch auf das Geld haben, deren Väter in der israelischen Armee gedient haben. Da die große Mehrheit der Araber dies nicht kann und nicht tut, erwerben ihre Kinder auch kein Anrecht auf Kindergeld. Ein ähnlicher legalistischer Taschenspielertrick wird angewandt, um die Araber bei der Vergabe von staatlich subventionierten Hypotheken auszuschließen.

Freilich benachteiligen diese Gesetze auch jeden anderen, der keinen Wehrdienst geleistet hat: die Dienstuntauglichen, jene, die aus sonstigen medizinischen Gründen vom Wehrdienst befreit sind, und die Orthodoxen, die laut gegen diese Ungerechtigkeit protestieren. Was diese israelischen Juden aber besonders wütend macht, ist weniger die finanzielle Einbuße als vielmehr die Tatsache, daß sie mit den Arabern in einen Topf geworfen werden – ein wahres Stigma. Aber es scheint, daß die israelische Regierung in ihrer Stumpfheit lieber diese Kehrseite der Medaille akzeptiert (obgleich von Zeit zu Zeit Versuche unternommen werden, eine noch spitzfindigere legale Manipulation auszuklügeln, durch die schließlich die Araber als einzige von diesen grundlegenden sozialen Vergünstigungen ausgeschlossen sein würden), als Millionen von Dollar auszugeben, um das Wohlfahrtssystem in allen Punkten auf die Araber auszudehnen.

Unvereinbarkeiten zwischen der jüdischen und der arabischen Kultur und das Problem der gespaltenen Loyalität zwingen die innerhalb der Grenzen Israels lebenden Araber zu einer verzweifelten Suche nach ihrer Identität. Sind sie Israelis? Sind sie Araber? Können sie möglicherweise beides sein? Oder weder noch? In Wahrheit leben sie in einer Art geistigem Ghetto: Die arabische Welt nennt sie: »die Araber von 1948« oder abfälliger: »die israelisierten und judaisierten Araber«. Für die israelischen Juden sind sie: »die Minderheit«, »der arabische Sektor« oder schlicht und gönnerhaft: »unsere Araber«. Israelische Politiker teilen die israelischen Araber in »Gemäßigte« und »Extremisten« ein. Diese Unterscheidung bezweckt, die »guten Araber« zu belohnen und die »schlechten« zu diskriminieren. In der Praxis indessen versagt dieses System der Identifikation.

Des weiteren verfolgen die israelischen Behörden auch die nomadisierenden Beduinen mit ihren frei umherziehenden Herden. Immer wieder werden die Schäfer wegen Verletzung der Grenzen eingesperrt und ihre Herden konfisziert. Indem die Behörden das Land konfiszierten, wollten sie die Beduinenstämme zwingen, das Gebiet zu verlassen, ihr Nomadenleben aufzugeben und seßhaft zu werden. So sind selbst einzelne arabische Gruppenm die als »Gemäßigte« gelten, der jüdischen Instinktlosigkeit zum Opfer gefallen.

Araber, die ihr Bestes taten, um mit den jüdischen Israelis harmonisch zusammenzuleben, ihre Identitätsprobleme zu sublimieren oder zu ignorieren – selbst jene, die so gut wie keine Zweifel über ihre politische Zugehörigkeit hatten –, mußten erkennen, daß ihrer Integration in die jüdisch-israelische Gesellschaft Grenzen gesetzt waren. Wie die meisten Beduinen, die freiwillig zur Armee gingen, diente Khaled Nimer Sawat als Späher. Beduinen, die ständig draußen in der Natur leben, sind exzellente Beobachter und Pfadfinder. Nach Beendigung seines Militärdienstes kehrte Khaled nach Galiläa zurück, um Bauer zu werden. Er ließ sich auf einem Hügel in der Nähe von Safed und dessen Gräbern nieder, die für die modernen Israelis inzwischen zu Wallfahrtsorten geworden sind. Zusammen mit seiner Frau und vier Kindern lebte er in einer kleinen Hütte. »Ich habe es mir nicht ausgesucht, hier zu leben«, stellt er fest, »ich wurde hier geboren, ebenso wie meine Eltern und meine Großeltern. Mein Vater ist hier beerdigt, und meine Familie war seit Hunderten von Jahren hier ansässig. Wir haben uns nie von der Stelle bewegt.« In kaum verhehlten Bemühungen, Khaled zur Abwanderung zu bewegen, haben ihm die israelischen Behörden das Leben schwergemacht. Er hat keinen elektrischen Strom, und Wasser muß er sich mit Eimern aus der nächsten Gemeinde holen.

Was Khaled am meisten verletzt, ist zu sehen, wie gut der Staat Israel für seine Nachbarn sorgt. Gleich neben seinem Besitz, am Ende des Feldes, hat man einen Zaun errichtet, um die Grenze der jüdischen Gemeinde abzustecken, die seit langem mit Strom und fließendem Wasser versorgt wird. Das Surren der Elektrizitätsleitungen und das Murmeln des Wassers in den Leitungsrohren erinnern ihn ständig an seine Diskriminierung. Obgleich einige von Khaleds jüdischen Nachbarn ihm helfen und ihm erlauben, seine Eimer mit ihrem Wasser zu füllen, akzeptieren sie ihn doch nicht als Mitglied ihrer Gemeinde. Rassentrennung, Furcht und Vorurteil erlauben es Arabern und Juden nicht, in einer Gemeinde zusammenzuleben – selbst wenn der betreffende Araber seinen Verpflichtungen gegenüber der Gesellschaft nachgekommen ist und mit der wertvollsten Währung gezahlt hat: dem Dienst in der Armee und dem Kampf gemeinsam mit seinen jüdischen Kameraden gegen seine arabischen Brüder.

Jüdische Hausbesitzer vermieten ihre Wohnungen sehr ungern an Araber. Es gibt in Israel nur wenige gemischte Wohngegenden, und wenn, dann nur in Städten wie Jaffa, Akre und Haifa, wo die arabische Bevölkerung auch nach 1948 geblieben ist. Außer einem einzigen experimentellen Projekt gibt es jedoch keine ländliche Gemeinde, in der Juden und Araber zusammenleben und das Land gemeinsam bestellen.

Der Fall von Majid Khader ist noch trauriger. Ich lernte Majid zunächst unter seinem anderen Namen kennen: Amos Yarkoni. Ich war damals ein schüchterner Rekrut, und er war der bewunderte Offizier unserer Einheit. Unsere Einheit befaßte sich mit Aufklärungsmissionen, dem Sammeln von Informationen und Patrouillen entlang der israelisch-jordanischen und -ägyptischen Grenze. Wer mit oder unter Majid diente, kann endlose und erstaunliche Geschichten über seine hervorragenden militärischen Leistungen erzählen.

Majid wurde Ende der 20er Jahre in einem Beduinenzelt im Tal von Jezrael geboren. Anders als die Menschen aus Manasras Dorf, schloß Majids Stamm in den 30er Jahren ein Abkommen mit seinen jüdischen Nachbarn und unterstützte sie im Krieg 1948. Nach der offiziellen Gründung des Staates Israel meldeten sich Majid und seine Stammesbrüder zum freiwilligen Dienst in der Armee. Für Majid begann eine lange und hervorragende Karriere. Er wurde zum Oberst unserer Einheit ernannt, die eine der Eliteeinheiten der Armee war. Bei seinen Kämpfen gegen palästinensische Terroristen, arabische Eindringlinge und Schmuggler wurde er schließlich verwundet und verlor einen Arm und einen Fuß. Er erhielt die höchsten Orden für seine Dienste. Man gab ihm sogar einen israelischen Namen: Amos Yarkoni. Aber in Wirklichkeit änderte er niemals seinen arabischen Namen und verleugnete auch nicht seinen Glauben. Er war ein stolzer Araber und Moslem und ein israelischer Patriot.

Wenn man Majids eindrucksvolle Biographie betrachtet, sollte man annehmen, daß Araber in der israelischen Gesellschaft der Nation dienen und gleichberechtigt leben können. Traurigerweise entspricht seine weitere Lebensgeschichte dem keineswegs. Nach Beendigung seiner militärischen Dienstzeit gab man ihm eine Stellung im Staatsdienst. Er ließ sich in einer jüdischen Stadt im Süden Israels nieder. Seine jüdischen Freunde aus der Armee, von denen einige inzwischen Minister geworden waren, respektierten ihn weiterhin, aber wie Majid oder »Amos« feststellen mußte, »es war nicht mehr dasselbe«. Sein Sohn, Majid junior, hätte gern in einer Eliteeinheit der Marine gedient, aber sein Antrag wurde abgewiesen, weil er Araber war.

Beduinen, Drusen und andere Araber, die sich freiwillig zur Armee melden, werden nicht als Piloten, U-Boot-Besatzung oder als Kämpfer in Spezialeinheiten eingesetzt und in der Regel in besonderen ethnischen Einheiten zusammengefaßt, weil man sie als potentielles Sicherheitsrisiko betrachtet. Selbst die Unterstützung und die Intervention der einflußreichen Freunde seines Vaters konnten Majid junior nicht helfen – die bürokratische Paranoia war stärker. Vater und Sohn waren durch diese Zurückweisung tief verletzt, und Majids Sohn wanderte in die USA aus, sobald er seinen Grundwehrdienst abgeleistet hatte. Enttäuscht von der israelischen Wirklichkeit, starb Majid Khader im Februar 1991 nach langer Krankheit.

Es ist nicht verwunderlich, daß ideologische Verwirrung, politische Frustration, die zunehmenden sozialen und wirtschaftlichen Unterschiede und die ständige Suche nach der eigenen Identität zu einem Wiedererstarken des Islam innerhalb der israelisch-arabischen Gemeinde geführt haben. Die islamische Bewegung ist für die israelischen Araber aus der Notwendigkeit heraus entstanden, »zu ihren Wurzeln zurückzukehren«. Die Hinwendung zum Islam ist die dritte Phase, in der sich Manasra nun befindet.

»Mehr als 30 Jahre meines Lebens war ich Kommunist und habe an ein friedliches Zusammenleben mit den Juden geglaubt«, bekennt er. »Ich habe gehofft, daß meine Zugehörigkeit zu Israel und mein Kommunismus die Grundlage für unsere Entwicklung und unser Vorwärtskommen sein würden. Diese Hoffnung hat sich nicht erfüllt. Im Islam habe ich einen neuen Halt gefunden. Heute glaube ich, daß mich meine weltliche politische Einstellung auf den falschen Weg geführt hat. Ich habe die Religion verleugnet, in der ich aufgewachsen bin. Ich habe mich von Gott abgewandt und mich nach und nach wie ein Waisenkind gefühlt. Der Kommunismus hatte mir Religion und Familie ersetzt. Als ich ihn und die Politik aufgab, wurde mir klar, daß ich einen anderen Glauben brauchte.

Ich versuchte, eine Religion zu finden, die mir gefiel. Ich begann die Bibel zu lesen. Ich erwog sogar, zum Judentum überzutreten. Später suchte ich nach dem Licht im Christentum, im Neuen Testament, aber am Ende sah ich, daß meine alte Religion tatsächlich die beste für mich war. Nicht, weil ich darin geboren war, sondern aus Überzeugung. Ich wurde religiös, weil ich nach Gerechtigkeit und Wahrheit suche.«

Heute gehört Manasra einer kleinen Sekte der Islamischen Bewegung an, die sich hauptsächlich mit philosophischen

Erörterungen und der Suche nach dem Sinn des Lebens beschäftigt. Aber für die meisten Araber, die in den Schoß ihrer Religion zurückkehrten, war der Islam weniger aus metaphysischen als aus handfesten Gründen attraktiv. Die Islamische Bewegung liefert den israelischen Arabern eine stichhaltige Erklärung ihrer sich verschlechternden Situation sowie eine umfassende Sammlung von Normen und Werten, die fest in ihrem politisch-religiösen Erbe verankert sind.

Die Islamische Bewegung in Israel wurde vor etwa 20 Jahren von einer Gruppe junger Leute gegründet, die bereits damals zu ihren religiösen Wurzeln zurückzukehren begannen. Die meisten waren gebildete Städter, denen sowohl ihre eigene arabische Gesellschaft als auch der Staat Israel vertraut waren. Sie sprechen fließend Hebräisch, kennen die Nuancen der Umgangssprache und geben sich in vielem wie ihre jüdischen Mitbürger. Der einzige Unterschied scheint in ihrer äußeren Erscheinung zu bestehen – langer Kaftan, Kopfbedeckung und kurze Bärte –, die ihre Rückkehr zum Islam ausdrückt.

Scheich Abdallah Nimer Darwisch ist der prominenteste unter den jungen Führern der Islamischen Bewegung. Sein Dorf, Kafar Kassem, 15 Meilen östlich von Tel Aviv, ist eine der typischen Gemeinden, die sich zu einem städtischen Zentrum entwickelt haben. Vor vielen Jahren hat Darwisch einige Zeit zur »vorsorglichen Verwahrung« in einem israelischen Gefängnis gesessen. Das Gesetz bestraft damit die Zugehörigkeit zu einer palästinensischen oder arabischen Organisation außerhalb Israels. Nach seiner Entlassung »erblickte er das Licht des Islam« und studierte in einer Moschee bei einem älteren Scheich, bis er schließlich ordiniert wurde. Scheich Darwisch ist ein eindrucksvoller Mann. Er spricht fließend Arabisch und Hebräisch. Er betont, daß die Islamische Bewegung zwar alle Moslems aufruft, zum Islam zurückzukehren und die westliche Kultur aufzugeben, möchte dies aber unter keinen Umständen durch Zwang oder Gewalt erreichen wie im Iran. Darwisch läßt keinen Zweifel daran, daß er für Demokratie ist und an das Recht der jüdischen Staatlichkeit glaubt. Seiner Ansicht nach ist das Phänomen der Rückbesinnung auf die religiösen Wurzeln nicht örtlich oder regional begrenzt, denn es zeige sich auch in den Nachbarländern Jordanien und Ägypten sowie im weiter entfernten Sudan und in Algerien, sei also eine weltweite Erscheinung.

Ironischerweise ist es kaum erstaunlich, daß er und seine Kollegen in der Bewegung Gemeinsamkeiten mit den orthodoxen Juden ihrer Altersgruppe entdeckt haben, vor allem mit der Schas-Partei. Manchmal ist es schwierig, moslemische und jüdische Fundamentalisten zu unterscheiden: Beide tragen Bärte und auffallend ähnliche Scheitelkäppchen. Und ein gemeinsames Ziel haben sie in jedem Fall: die Errichtung einer Theokratie.

Trotz der beruhigenden Versicherungen Scheich Darwischs und seiner Kollegen fürchten die meisten Israelis einen Aufschwung der Islamischen Bewegung. Zu Recht oder zu Unrecht identifizieren sie die Bewegung mit dem Fundamentalismus iranischer Art. Viele Israelis sind der Auffassung, daß die Islamische Bewegung nicht zuletzt vom Haß auf Israel und die Juden bestimmt ist. Diese Meinung wurde im Februar 1992 anscheinend bestätigt, als Mitglieder einer Splittergruppe der Islamischen Bewegung drei kurz zuvor rekrutierte junge Israelis ermordeten. Es war das schlimmste politische Verbrechen, das jemals von israelischen Arabern an israelischen Juden begangen wurde.

Auch die nichtgläubigen Moslems und vor allem die christlichen Araber in Israel fürchten die wachsende Macht der Islamischen Bewegung. Bei den Gemeindewahlen 1989 hat sie die Kommunistische Partei in einigen Städten und größeren Dörfern bereits überflügelt. Die Islamische Bewegung hat das Gesicht der arabischen Straßen verändert. In vielen Orten sieht man seit ein paar Jahren die auffällige grüne Fahne in der Farbe des Banners Mohammeds über neuerbauten Moscheen wehen. Die Freitagsandachten werden heute wieder von Hunderten, manchmal sogar Tausenden junger Gläubiger besucht. Geschäfte, die heilige Bücher und Devotionalien verkaufen, sind wie Pilze aus dem Boden geschossen. Die Bewegung hat Schulen und Kindergärten eröffnet, die – wie ihre jüdisch-orthodoxen Gegenstücke – Jungen und Mädchen streng voneinander getrennt halten. Die Erziehung ist alarmierend doktrinär und besteht hauptsächlich in der Rezitation von Versen aus dem Koran, dem heiligen Buch der Moslems. Wo immer die Bewegung Fuß faßt, verlangt man von den wenigen Frauen, die westliche Kleidung tragen, wieder die traditionellen, »anständigen« Gewänder anzuziehen. Einige Sportvereine sind dazu übergegangen, ihre Spieler nur noch in langen Hosen auftreten zu lassen.

Die Konsolidierung der Islamischen Bewegung in Israel ist bezeichnend für die Tiefe des traditionell-religiösen Gefühls innerhalb der arabischen Gesellschaft im allgemeinen und der israelischen Moslems im besonderen. Sie beweist die Kraft des Islams als kulturelles und historisches Identitätsmerkmal. Dennoch wäre es falsch, dieses Phänomen allein nach historischen, religiösen und kulturellen Verdiensten zu beurteilen. Die Islamische Bewegung repräsentiert zugleich eine verbindende soziale Kraft, die tief in das Leben der Gemeinschaft eingreift. Sie organisiert Gemeindezentren, Ausbildungskurse, Erste-Hilfe-Kurse und engagiert sich bei der Bekämpfung von Verbrechen, Prostitution und Drogenmißbrauch. Die Bewegung bemüht sich ferner, die örtliche Infrastruktur zu verbessern: die alten Abwasserleitungen durch bessere Systeme zu ersetzen und Straßen zu bauen. Mit anderen Worten, durch den Fundamentalismus versuchen die israelischen Araber, ihre nationale Identität wiederherzustellen und sie mit dem jüdischen Charakter des Staates Israel in Einklang zu bringen.

Obgleich die Islamische Bewegung eine allgemeine Protestbewegung ist, darf man nicht übersehen, daß sie erst ein paar Jahre nach dem Sechs-Tage-Krieg entstanden ist. Dieser Krieg und seine Nachwirkungen haben gleichzeitig zur Entwicklung verschiedener Strömungen in der israelischen Gesellschaft beigetragen: des aufkeimenden Selbstbewußtseins der Sephardim, des politischen Radikalismus und des Fundamentalismus. Ebenso wie die Öffnung der alten Grenzen zwischen der West Bank und Israels den Juden ermöglichte, Orte zu besuchen, die historisch und biblisch Teil ihres kollektiven nationalen Gedächtnisses waren, ermöglichte sie es den israelischen Arabern, sich wieder mit ihren palästinensischen Brüdern jenseits der Grenzen von vor 1967 zu vereinigen und ebenfalls ihre heiligen Plätze aufzusuchen. Israelische Araber konnten nun wieder am Freitag in ihrer heiligsten Moschee auf dem Tempelberg in Ost-Jerusalem beten, wobei sie unter einen religiösen Einfluß gerieten, der auf der jordanischen West Bank und im ägyptischen Gaza-Streifen stets sehr viel stärker gewesen war als innerhalb der israelischen Grenzen.

Soziologen bezeichnen diese Veränderung als »*Palästinisierung* der israelischen Araber« und stellen sie der oben erwähnten »*Israelisierung*« gegenüber. Die Verbindung zu ihren palästinensischen Brüdern schärfte das national-religiöse Bewußtsein der israelischen Araber. Diesen Prozeß könnte man wie folgt zusammenfassen: Wir sind Araber und leben in Israel, unsere Nationalität ist palästinensisch und unsere Religion vorwiegend der Islam.

Zu Beginn der 90er Jahre sind die Identitätsprobleme der israelischen Araber und die inneren Widersprüche, mit denen sie leben müssen, komplizierter als je zuvor. Sie bewegen sich auf einem schmalen Grat zwischen israelischer Staatsangehörigkeit, ihrem Palästinensertum und ihrer islamischen Religion.

Aussagen über aktuelle gesellschaftliche Strömungen sind immer vom politischen Standpunkt des Soziologen oder Forschers gefärbt. Juden – oder arabische Soziologen, die noch immer ein friedliches Nebeneinander für möglich halten – werden die »Israelisierung« der Araber in den Vordergrund rücken. Sie gehen davon aus, daß die israelischen Araber, nachdem sie sich an den israelischen Lebensrhythmus gewöhnt haben, die Modernität westlichen Stils einem separaten Palästinenserstaat vorziehen werden. Ihrer Ansicht nach werden diese eine Brücke des Friedens zwischen Israel und der arabischen Welt schlagen. Arabische und jüdische nationalistische Soziologen dagegen werden zu beweisen versuchen, daß die israelischen Araber lieber unter ihren arabisch-palästinensischen Brüdern leben wollen.

Wie immer die Sache ausgehen wird, eines ist klar: Die Zukunft der israelischen Araber und die Lösung ihrer mannigfachen Probleme ist eng verbunden mit der schwierigen Frage, was mit den Palästinensern geschieht, die noch immer unter israelischer Besatzung auf der West Bank und im Gaza-Streifen leben.

XI.

Die Araber dort drüben

Eines Abends im März 1992 ging ein junges Paar in einer Hauptstraße einer der wohlhabenden Vorstädte Tel Avivs spazieren. Die Sonne stand schon tief am Himmel, aber es war noch hell. Es war der Abend des jüdischen Purim-Festes, an dem sich die Juden verkleiden, auf Partys gehen und sich amüsieren. Gewöhnlich erinnern ihre Kostüme an beliebte Fernsehprogramme, an Politiker oder folkloristische Traditionen. So konnte man auch an diesem Abend zahlreiche Ninja-Schildkröten, Präsidenten Bush, Saddam Husseins, Cowboys und holländische Blumenmädchen sehen. Auf der gegenüberliegenden Straßenseite näherten sich dem Paar zwei kostümierte Männer. Der eine trug eine Affenmaske, der andere hatte seinen Kopf mit einer *kaffiyeh* bedeckt, der arabischen Kopfbedeckung, und trug ein traditionelles arabisches Gewand. Als die beiden Männer auf gleicher Höhe mit den jungen Leuten waren, traf den »Araber« aus nächster Nähe ein Schuß. Er brach zusammen und wurde leicht verletzt in ein nahegelegenes Krankenhaus gebracht. Nach ein paar Tagen konnte er wieder nach Hause gehen. Der Angreifer wurde zur Vernehmung in die nächste Polizeiwache gebracht. »Ich dachte, ich hätte einen Terroristen vor mir«, verteidigte er sich. Es stellte sich heraus, daß der junge Mann ein Soldat auf Urlaub war. Nach den israelischen Armeevorschriften aber sind alle Soldaten ständig bewaffnet, ganz gleich, ob sie sich in der Kaserne oder auf Kurzurlaub befinden.

Dieser Zwischenfall, der sich mitten in Israel ereignete, ist symbolisch für unsere Zeit. Abgesehen von seinem tragikomischen Aspekt enthielt er alle Elemente, die die besonderen Beziehungen charakterisieren, die sich zwischen Israelis und Palästinensern, zwischen den Juden und den Arabern in den besetzten Gebieten entwickelt haben: Furcht, Mißtrauen, Haß, Klischeedenken und eine zu Gewalttätigkeiten neigende Reizbarkeit.

Viele dieser Emotionen haben sich in den 25 Jahren der israelischen Besetzung entwickelt und aufgestaut – einer Periode, in der es die meisten Israelis generell für möglich hielten, das Leben könne bis in alle Ewigkeit so weitergehen. Diese Illusion wurde jedoch am 8. Dezember 1987 zerstört.

Als Israel im Juni 1967 die West Bank und den Gaza-Streifen eroberte – die Heimat von 1,2 Millionen Palästinensern –, hatte es nicht vorgehabt, dort zu bleiben. Die Mehrheit der Israelis war überzeugt, daß Israel bald gezwungen sein würde, die besetzten Gebiete an die arabischen Staaten zurückzugeben – entweder auf internationalen Druck oder als Teil eines Friedensvertrages.

Als die israelische Besetzung der Territorien ein Jahr dauerte und dann zwei, begannen einige Israelis sich wegen der Angelegenheit zu schämen oder unruhig zu werden. Um ihre Gefühle zu beschwichtigen, redeten sie sich ein, daß die israelische Präsenz überhaupt keine echte militärische »Besetzung« darstelle. Statt dessen wurden andere, weniger irritierende Begriffe erfunden. Man bezeichnete die Militärherrschaft als »aufgeklärte Besatzung« und propagierte ebenso absurde Illusionen über das Leben in den besetzten Gebieten. Die Gruppen übten danach eine fürsorgliche, rücksichtsvolle Verwaltung aus: eine Besatzung mit menschlichen Zügen. Die Bevölkerung, »die Araber da drüben«, führe ihr eigenes Leben, als ob es überhaupt keine Besatzung gäbe – das Ganze habe überhaupt nichts mit den Beziehungen zwischen Besatzern und Besetzten zu tun, vielmehr gebe man ein Beispiel echter Gleichberechtigung zwischen Juden und Arabern.

Es war noch nicht lange her, daß das jüdische Volk selbst unter Besatzung und Schikanen gelitten hatte. Nach dem, was während des Zweiten Weltkrieges und während der britischen Mandatsherrschaft über Palästina zwischen 1917 und 1947 geschehen war, konnte man sich doch jetzt nicht auf die Seite der Unterdrücker schlagen? Die meisten Israelis weigerten sich, überhaupt die Möglichkeit in Betracht zu ziehen, sie könnten anderen Leid zufügen. Die schon in sich widersprüchliche Vorstellung einer »rücksichtsvollen Besatzung« sollte denn auch gründlich scheitern.

Etwa 20 Jahre lang, von 1967 bis 1987, gelang es Israel, dieses Versagen zu überspielen, zum Teil, um eine gewisse Ordnung aufrechtzuerhalten. Man erreichte die Kontrolle über die besetzten Gebiete mit Methoden, die jenen der Kolonialmächte des 19. und 20. Jahrhunderts ähnelten. Die Aufgabe, die Palästinenser ruhig zu halten, wurde dem israelischen

Hauptsicherheitsdienst – hebräisch *Schabak* – übertragen. Die Schabak-Leute, in Israel als »*Schabakniks*« bezeichnet, wurden die »Könige der Territorien«. Wie unter dem mittelalterlichen Feudalsystem wurde jedem israelischen Agenten ein Gebiet zugeteilt, das damit zu seinem »Reich« wurde. Für gewöhnlich waren dies ein oder mehrere Dörfer auf der West Bank oder im Gaza-Streifen. Vom Agenten erwartete man, daß er über alles Bescheid wußte, was in seinem Gebiet vorging. Die ansässige Bevölkerung kannte nur seinen arabischen Code-Namen und seinen militärischen Rang – eine Tarnung, die zu so albernen Kombinationen wie »Hauptmann Jussuf« führte. Der Agent sprach ein wenig arabisch und war angewiesen, sich mit allen Bewohnern seines Gebietes bekannt zu machen.

Kein Palästinenser durfte seinen Wohnort ohne Wissen und Zustimmung seines Schabakniks betreten oder verlassen. Um den Finger am Puls seiner Vasallen zu haben, besorgte sich der Agent unter seinen »Untertanen« einige Informanten. Diese Informanten wurden zur Zusammenarbeit gezwungen. Wenn ein Palästinenser um eine Baugenehmigung einkam, lag die Entscheidung darüber bei seinem Agenten. Ein palästinensischer Kaufmann, der Orangen aus Gaza, Tomaten aus Jericho oder Olivenöl aus Nablus exportieren wollte, konnte die erforderlichen Papiere nur von den Sicherheitsorganen bekommen. Der gesamte Tagesablauf, nahezu jede Minute im Leben der ansässigen Palästinenser wurde vom Schabaknik und dem hinter ihm stehenden Geheimdienst überwacht.

Wenn das Ziel all dieser Kontrollmaßnahmen die Herstellung von Ordnung und Ruhe war, dann wurde es tatsächlich schnell erreicht. Nachdem die Palästinenser sich vom ersten Schock ihrer Niederlage und Besetzung erholt hatten, hatten sie in den ersten Monaten nach dem Krieg 1967 versucht, gegen die Israelis zu rebellieren. Ihr von der PLO ausgearbeiteter Plan lief darauf hinaus, die Territorien für die Israelis unregierbar zu machen. Was sie beabsichtigten, war ein »allgemeiner Freiheitskampf« nach dem Vorbild Mao Tse-tungs und Fidel Castros. Militante, mit Gewehren und Sprengstoff ausgestattete PLO-Trupps drangen in die besetzten Gebiete ein und errichteten ihre Kommandostellen vor der Nase der neuen israelischen Herren. Guerillas führten blitzartige Überfälle gegen Militärfahrzeuge und Patrouillen. Sie errichteten

Hinterhalte in den engen Straßen der Städte auf der West Bank und im Gaza-Streifen. Innerhalb Israels starteten sie eine Kampagne rücksichtslosen, blutigen Terrors und ließen Bomben auf Märkten, in Schulen, Kinos, Busstationen und Restaurants explodieren.

Ende 1967 jedoch war der palästinensische Aufstand mit Hilfe erfolgreicher israelischer Sicherheitsmaßnahmen und dank des amateurhaften Vorgehens der PLO niedergeschlagen. Das palästinensische Kommunikationssystem war primitiv, der Code simpel. Man hatte keine Fluchtwege vorbereitet. Ihre Sicherheitshäuser waren nur dem Namen nach sicher. Die Mitglieder der Guerillatrupps waren nicht darauf trainiert, Vernehmungstechniken standzuhalten. Sobald sie von den Sicherheitsagenten gefaßt wurden, erzählten sie alles, was sie wußten. Folglich wurden ihre Codes geknackt, ihre Waffen und ihr Sprengstoff konfisziert. Gleich Dominosteinen fiel eine Zelle nach der anderen. Vor allem aber gelang es den palästinensischen Rebellen nicht, Mao Tse-tungs Forderung zu erfüllen, daß ein Guerillakämpfer die Unterstützung der Bevölkerung haben und sich in ihr wie »ein Fisch im Wasser« bewegen muß. So konnten sie nicht unbemerkt unter ihren Landsleuten »schwimmen«, sondern wurden den Sicherheitskräften zugetrieben. Angespornt vom israelischen Entgegenkommen, zog die einheimische Bevölkerung Frieden, Ruhe und einen gewissen Wohlstand der riskanten Kollaboration mit dem eigenen Untergrund vor.

Der palästinensische Widerstand gegen die israelische Besatzungsmacht setzte sich zwar durch die Jahre fort, aber auf einem Niveau, das zu unbedeutend war, um den normalen israelischen Alltag ernsthaft zu beeinträchtigen oder zu unterbrechen. Die Beherrschbarkeit des palästinensischen Widerstands erlaubte es den Israelis ohne Schwierigkeiten, die Früchte ihrer Okkupation in Ruhe zu ernten. Man betrachtete die palästinensische Bevölkerung in den Territorien als billige Arbeitskräfte und entwickelte ihnen gegenüber eine überhebliche und verächtliche Haltung. Jeden Morgen vor Sonnenaufgang verließen diese zu Zehntausenden wie die Ameisen ihre Wohnungen – zu Fuß, mit Lastwagen oder Bussen –, um in Israel zu arbeiten.

Junge und alte Palästinenser mit nichts weiter als einem Beutel, der ihr bescheidenes Mahl enthielt (zumeist Pita, Oliven und ein Stück Käse), versammelten sich an den Straßenrändern in Israel in der Hoffnung, von irgendeinem jüdischen Arbeitgeber einen Job zu bekommen. Jedes anhaltende Auto war sofort von Arbeitssuchenden umlagert, die sich gegenseitig wegdrängten, bettelten, dem jüdischen Arbeitgeber die Hände küßten und ihre Arbeitskraft billig anboten. Auf diesen echten Sklavenmärkten konnte man Kinder finden, die nicht älter als zehn oder elf Jahre waren und die, statt wie ihre Altersgenossen zur Schule zu gehen, zur Arbeit geschickt wurden, um zum Unterhalt der Familie beizutragen. Man konnte die Palästinenser fast überall finden. Sie spülten das Geschirr in den Restaurants von Tel Aviv, pflegten die Gärten in den reichen Vororten von Haifa, standen an den Fließbändern einer Fabrik in Beerscheba und balancierten auf den Baugerüsten in den expandierenden Vorstädten von Jerusalem.

Mit den Jahren gewöhnten sich die Israelis an die Gegenwart der Palästinenser in ihren Häusern, Gärten und Büros: sie betrachteten sie schließlich als einen Teil der Einrichtung. In unserem Apartmenthaus wurden die Fußböden – wie in den meisten ähnlichen israelischen Mietshäusern – von einem jungen Palästinenser aus einem kleinen Dorf auf der West Bank gereinigt. Jeden Morgen, wenn die Bewohner zur Arbeit gingen, erschien er in der Halle mit Eimer, Besen und Putzlappen. Die Menschen gingen an diesem schmächtigen, gebückten Jungen vorbei, als sei er unsichtbar. Nicht einer kannte seinen Familiennamen, nur wenige seinen Vornamen – Kassem –, und noch weniger machten sich die Mühe, ihn zu grüßen. Nur in seltenen Ausbrüchen von Mitleid, hervorgerufen durch einen Anfall von schlechtem Gewissen, schenkten einige gute Seelen Kassem etwas zu essen, abgelegte Kleidungsstücke und irgendwelche Reste, die sonst im Mülleimer gelandet wären.

Israels erfolgreiche Befriedung der besetzten Territorien forderte jedoch ihren Preis. In einer Zeit, da Autobomben explodierten und Hotels und Flugzeuge beliebte Ziele der Terroristen waren, war es lebenswichtig, Informationen schnell und vollständig zu erhalten. Die Schabakniks lernten die brutale Seite dessen, was Okkupation bedeutete. Sie verrichteten eine schmutzige Arbeit für einen edlen Zweck: die Verteidigung ihres Landes und ihrer Landsleute. Aber die Sicherheitsmethoden führten zu einer doppelten Rechtsmoral. Die demokratischen Rechte galten für israelische Bürger. Gegenüber den palästinensischen Verdächtigen in den besetzten Ländern jedoch wurden die Gesetze passend zurechtgebogen – man operierte in der Grauzone zwischen dem, was eben noch erlaubt, und dem, was schon verboten war. Wann immer Palästinenser verhaftet wurden, wurden sie sofort in spezielle Haftanstalten oder Sonderabteilungen der israelischen Zivilgefängnisse gebracht. Was hinter diesen Wänden geschah, wußte weder die Polizei noch die nationale Gefängnisaufsicht.

Ich war während meines Wehrdienstes zu Beginn der 70er Jahre eine Zeitlang im Gaza-Streifen stationiert. Tagsüber patrouillierten wir durch die engen Gassen der Flüchtlingslager. Die Frauen betrachteten uns mit Blicken voller Haß und Furcht. Viele von uns benahmen sich ausgesprochen brutal, wenn wir Möbel zerschlugen, Geschirr zertrümmerten und das Haus verließen, als habe ein Hurrikan darin gewütet. Nur wenige von uns waren sich der Tatsache bewußt, daß wir – 18jährige Jungen – in den Augen der Palästinenser die Repräsentanten einer Besatzungsmacht waren.

Nachts begleiteten wir die Offiziere der Schabak, wenn sie verdächtige Palästinenser verhafteten. Die Schabakniks wurden stets von palästinensischen Informanten begleitet, die ihre Gesichter bedeckt hielten, um nicht von ihren eigenen Leuten erkannt zu werden. Die Rolle dieser Informanten bestand darin, ihre Freunde zu verraten und sie der Militärverwaltung auszuliefern. Sie flüsterten dem Schabaknik die Adresse des Verdächtigen ins Ohr. Einige von uns umstellten dann die Wohnung oder das Haus, während andere sich Zugang verschafften, indem sie die Tür zertrümmerten. Die für gewöhnlich große Familie schreckte voller Panik aus dem Schlaf hoch. Der Informant betrat die Szene und deutete auf den Verdächtigen. Wir fesselten ihm sofort die Hände und manchmal sogar die Füße, während wir drohend unsere Waffen auf alle richteten. Die Rufe und Schreie der Familienangehörigen hallten weithin durch die Nacht, wenn wir den Verdächtigen hinauszerrten und in unseren Wagen stießen.

Danach fuhren wir zur Schabak-Abteilung des nächsten Gefängnisses. Der Verhaftete wurde am Eingang abgeliefert. Wir Soldaten durften nicht mit hinein. Aber bei unseren nächtlichen Besuchen hörten wir ständig die schrecklichen Schreie

204

hinter diesen Mauern. Es war klar, daß die palästinensischen Häftlinge geschlagen und gefoltert wurden.

Später erfuhr ich, daß es bei den Schabakniks gängige Praxis war, den palästinensischen Gefangenen einen schwarzen, nach Urin stinkenden Sack über den Kopf zu stülpen. Mit dem Sack über dem Kopf wurden sie später der unerträglichen israelischen Sonne ausgesetzt. Verdächtige wurden in der Regel stundenlang am Schlafen gehindert und gelegentlich mit kaltem Wasser übergossen, damit sie wach blieben.

Während meiner Militärzeit war ich Zeuge von einigen besonders sadistischen und gewalttätigen Zwischenfällen. Auf einem unserer Patrouillengänge trafen wir auf einen Araber, der ruhig in einem Obstgarten herumging. Wir brüllten ihn an, stehenzubleiben, was er selbstverständlich sofort tat. Hätte er nicht gehorcht, hätten wir möglicherweise auf ihn geschossen. Als nächstes befahlen wir ihm routinemäßig, sich mit über dem Kopf erhobenen Armen vor eine nahegelegene Wand zu stellen. Wir durchsuchten seine Taschen und tasteten ihn ab, verlangten seinen Ausweis und fragten nach seinem Namen. Dann hatte einer der Soldaten die Idee, sich mit dem Opfer einen »kleinen Scherz« zu erlauben. Er befahl ihm, zu einem in der Nähe stehenden Baum zu gehen, und erklärte ihm, er sei terroristischer Aktivitäten überführt und werde erschossen. Der Araber begann bitterlich zu weinen. Der Soldat band ihn an den Baum und verband ihm die Augen mit einem Taschentuch. Das Schluchzen des Mannes wurde lauter. Abwechselnd betete er für sein Seelenheil und seine Familie und beteuerte schreiend seine Unschuld. Jetzt gesellten sich zu dem Soldaten zwei seiner Kameraden. Heimlich ließen sie die Magazine aus ihren Waffen gleiten und begannen auf arabisch zu zählen: »Eins, zwei, drei …«, und drückten geräuschvoll ab. Natürlich war es keine echte Exekution, da ihre Gewehre nicht geladen waren. Wir alle brüllten vor Lachen. Der erste Soldat ging zu dem Araber, nahm ihm die Augenbinde ab und band ihn los. Die Hosen des Arabers waren naß. Er fiel auf die Knie, zitternd am ganzen Körper, und küßte seinem »Befreier« die Füße. Der Soldat stieß ihn verächtlich mit dem Fuß weg und befahl ihm aufzustehen.

Einige Stunden später, als ich in der Kaserne in meinem Bett lag, ging mir der erschreckende Zwischenfall noch einmal durch den Kopf, an dem ich gerade teilgenommen hatte. Ich hatte zwar nur zugesehen und nicht an der Scheinexekution teilgenommen, aber mein Gewissen ließ mir keine Ruhe. Ich hätte die ganze Angelegenheit meinem Vorgesetzten melden können, und der Soldat, der das »Spiel« inszeniert hatte, wäre wahrscheinlich bestraft worden. Hätte ich dies aber getan, hätten mich meine Kameraden als Verräter betrachtet und geächtet. Ich beschloß, den Mund zu halten.

Ich hörte noch von einem Fall in einer anderen Einheit. Dort hatte man einen jungen Araber angehalten und ihm befohlen, die Genitalien seines Esels zu küssen, auf dem er geritten war. Bei einem weiteren Zwischenfall hatten die Soldaten einem Araber, den sie bei einer Routinekontrolle auf der Straße angehalten hatten, die Schamhaare abrasiert.

Erst am Ende meines Wehrdienstes im Jahr 1971, als ich zu dem Schluß kam, daß ich nicht noch mehr schlucken konnte, rief ich einen prominenten Journalisten an, der für seine Integrität und Wahrheitsliebe bekannt war, und schrieb ihm über diese Art von Unrecht. Wenn die Behörden Wind davon bekommen hätten, hätten sie mich ohne Frage vor Gericht gestellt, und ich wäre zu einer Gefängnisstrafe verurteilt worden. Denn es ist jedem Soldaten strikt verboten, ohne Erlaubnis der Armee über irgend etwas zu berichten, das er während seiner Dienstzeit gesehen hat. Am Telefon gab ich mich als Soldat auf Urlaub zu erkennen, der im Gaza-Streifen stationiert war und über wichtige Informationen verfügte. Der Journalist war mir gegenüber sehr zurückhaltend. Erst auf mein ausgesprochenes Drängen und nachdem ich meine Bitte verschiedene Male wiederholt hatte, wurde er weich – wobei er mir zu verstehen gab, daß seine Zeit begrenzt sei und er mich höchstens ein paar Minuten treffen könne.

Wir trafen uns in einem Café in Tel Aviv. Ich erzählte ihm kurz, was ich während meiner Stationierung im Gaza-Streifen gesehen und gehört hatte. Er machte sich ein paar Notizen in seinem Buch und versprach, daß er sich der Sache annehmen werde. Wochenlang durchforschte ich sehr sorgfältig die Zeitungen nach der Geschichte. Nach und nach wurde mir klar, daß er sich nicht die Mühe gemacht hatte, sie zu schreiben.

Damals bestand in Israel nationale Übereinkunft, daß über solche Übergriffe der Militärbesatzung nichts veröffentlicht werden durfte. Noch waren alle davon überzeugt, daß die Okkupation eine vorübergehende Angelegenheit war und Israel eine »aufgeklärte Besetzung« praktizierte. Erst Jahre später, als der Likud an die Macht kam, nahm die Presse all ihren Mut zusammen und begann über die tatsächlichen Ereignisse in den besetzten Territorien zu berichten. Seit damals haben die Zeitungen offen über die Wirkungen und Begleiterscheinungen der Okkupation geschrieben. Aber, wie ein älterer Herausgeber feststellte: »Niemand will das lesen.«

Ungefähr 20 Jahre lang schien es, als befinde sich das ganze Land in einem Trancezustand. Die Menschen lebten ihr Leben, als ob es keine Okkupation gäbe. Verleugnung, Verdrängung und Abwendung ermöglichten es den Israelis, die Sklavenmärkte in ihren Städten zu ignorieren. Sie wollten nichts von den Folterungen hören, die die Schabakniks für sie und im Namen der Sicherheit durchführten. Sie wandten den Blick ab, wenn sie sich einer militärischen Straßensperre näherten, die sie schnell durchfahren konnten, während arabische Autos angehalten wurden: Um die Identifizierung zu erleichtern, haben Autos von der West Bank und aus dem Gaza-Streifen besondere Nummernschilder.

Die Palästinenser jedoch konnten während dieser 20 Jahre weder etwas vergessen noch verdrängen. Jahrelang haben sie stillschweigend für niedrige Löhne und ohne Vorteil für die Israelis gearbeitet. Viele von ihnen waren junge, gebildete Männer mit Universitätsabschluß. Das unzureichende Angebot an Arbeitsplätzen, besonders für Akademiker, bedeutete, daß viele Tausende kluger und fähiger Palästinenser entweder arbeitslos waren, auf dem Markt von Haifa Kisten mit Zitrusfrüchten schleppten oder in Restaurants in Tel Aviv nach Feierabend die Fußböden schrubbten. Nach der Arbeit schliefen sie in alten, verfallenden Hütten, auf dem Küchenfußboden des Restaurants oder neben den Maschinen in der Fabrik, wo sie tagsüber arbeiteten. Selbst die »Ausbeuter-Barone« und die übelsten Kapitalisten in Amerika hätten sich geschämt, ihre Arbeiter unter solchen Bedingungen zu beschäftigen. Nach einer Woche harter Sklavenarbeit kehrten die Palästinenser dann für das Wochenende zu ihren Familien zurück. Auf dem Heimweg passierten sie die sauberen, wohlhabenden jüdischen Siedlungen, die in der Nähe ihrer Dörfer gebaut worden waren.

In diesen letzten beiden Jahrzehnten haben die Palästinenser intensiv Bekanntschaft mit der jüdischen Gesellschaft gemacht. Während die Israelis normalerweise keine Anstrengungen unternehmen, Arabisch zu lernen, mußten die Palästinenser Hebräisch lernen, um zu überleben. Es ist für sie nahezu unmöglich, eine Arbeit zu finden, wenn sie die Sprache nicht sprechen. Junge Palästinenser sind dazu übergegangen, ihre israelischen Gegenüber zu imitieren. Sie kopieren ihre Umgangsformen und ihre Art zu sprechen und kleiden sich sogar wie sie. Aber es gibt klare Unterschiede: Die Palästinenser sind noch immer die Diener ihrer israelischen Herren. Es ist daher nicht verwunderlich, wenn ihre Sicht der israelischen Gesellschaft von Haß und Neid bestimmt ist.

Im Dezember 1987 kochten die Gefühle über, als sich wie Feuer auf einem Ölteppich das Gerücht verbreitete, daß »die Juden kaltblütig gemordet hatten«. Die Nachricht verbreitete sich von den engen Gassen der Barackenstadt des Flüchtlingslagers Jibalyah im nördlichen Gaza-Streifen bis zu der ebenso armen, aber weniger überfüllten Stadt Rafah an der Grenze zwischen Gaza und Ägypten. Die Palästinenser behaupteten, daß die vor kurzem von einem Lastwagen tödlich überfahrenen vier Araber einem »Racheakt der Juden« zum Opfer gefallen seien. Auf der Hauptverbindungsstraße zwischen dem Gaza-Streifen und Israel hatte ein israelischer Lastwagenfahrer plötzlich die Kontrolle über sein schweres Fahrzeug verloren und war in eine Gruppe Palästinenser gerast, die auf dem Heimweg von der Arbeit waren. Hunderte von Palästinensern waren Zeugen des Unfalls und überzeugt, es habe sich um Mord gehandelt: Ein tragischer Verkehrsunfall wurde zu einem historischen Ereignis.

Es kam zu spontanen Demonstrationen, die sich schnell über den ganzen Gaza-Streifen ausbreiteten. Sie waren der Beginn der Intifada, des Aufstands der Palästinenser, die bis heute andauert. Das Wort Intifada bedeutet »abschütteln« und wird von den Palästinensern in dem Sinne verstanden, daß sie die israelische Militärherrschaft und Okkupation »abschütteln« wollen. Die Protestierenden forderten eine eigene, von der arabischen Bevölkerung gewählte Regierung und hofften auf einen zukünftigen palästinensischen Staat.

Schon vor der Intifada hatte es kleine palästinensische Aktionen gegen die jüdische Besatzung gegeben. Die meisten dieser Guerillaunternehmungen gingen auf das Konto weniger Einzelpersonen. Auch die Intifada schließt Sprengstoffattentate und bewaffnete Überfälle mit ein, aber bei ihr handelt es sich um einen echten Volksaufstand. In gemeinsamen Aktionen wie Protestdemonstrationen, Streiks und auch Steinewerfen hat die überwiegende Mehrheit der palästinensischen Bevölkerung in den besetzten Gebieten zusammengefunden. Und obgleich die Streiks die palästinensischen Geschäfte härter treffen als die israelische Wirtschaft, sind die meisten Palästinenser bereit, diesen Preis zu zahlen.

Die Intifada ist zugleich durch die Konflikte innerhalb der palästinensischen Gesellschaft geprägt: den sozialen Kampf der Armen gegen die Reichen; den Protest der Jungen gegen die Älteren; den Aufstand gegen die unerträglichen Lebensbedingungen vieler Palästinenser, besonders in den Flüchtlingslagern im Gaza-Streifen. Wer in diesen Lagern lebt, führt einen wahren Überlebenskampf gegen unmögliche Zustände. Im Winter verwandeln sich die ungepflasterten Wege in riesige Schlammpfützen, die für Fußgänger und für Autos nahezu unpassierbar sind. Die eng zusammenstehenden Häuser sind aus Lehm gebaut und befinden sich meist kurz vor dem Zusammenbruch. Offene Abwasserkanäle verpesten die Luft, und unzählige Katzen und Ratten kümmern sich um die nie geleerten Müllcontainer.

Vor allem aber hat die Intifada den Palästinensern ihren Stolz zurückgegeben. Sie hat ihr nationales Bewußtsein gestärkt und ihr internationales Image aufgebessert.

Dieser Aufstand war genau das, was der Schabak hatte verhindern sollen. Das Informantennetz war geschaffen worden, um rechtzeitig vor jedem ernsthaften Versuch eines organisierten Widerstandes zu warnen. Die mehreren tausend Informanten innerhalb der palästinensischen Gesellschaft, vom Fabrikarbeiter bis zum Intellektuellen, wurden dafür monatlich mit Summen zwischen 50 und 200 Dollar bezahlt.

Ihre Berichte über politische Aktivitäten oder Störversuche führten zwar zu Festnahmen, Vernehmungen und einem Ansteigen der Aktenberge. Die großen Zusammenhänge wurden jedoch nicht erkannt – der Schabak sah vor lauter Bäumen den Wald nicht mehr. Die Konzentration auf jeden einzelnen Terrorakt trübte den Blick für die Gesamtsituation: die politischen Strömungen innerhalb der palästinensischen Bevölkerung.

Zu Beginn der 80er Jahre wurde vom Schabak und den Militärbehörden in den besetzten Gebieten gemeinsam ein einziger Versuch unternommen, herauszubekommen und zu verstehen, was sich innerhalb der palästinensischen Bevölkerung abspielte. Der Versuch scheiterte.

Damals entschlossen sich die Militärbehörden wegen des Erstarkens der nationalen Elemente in der einheimischen Bevölkerung, die Bildung eines palästinensischen Bauernverbandes zu unterstützen. Die Behörden glaubten, daß er als Alternative zu den von der PLO dominierten Parteien fungieren könnte. Mit Unterstützung der israelischen Regierung wurde auf der West Bank die Agrarische Liga gegründet. Mitglieder der Partei hatten das Recht, Waffen zu tragen, und die israelischen Behörden gestanden ihnen gewisse Privilegien zu. Dahinter stand die Hoffnung, auf diese Weise einer neuen, pro-israelischen Führungsspitze den Weg zu ebnen. Die Liga scheiterte jedoch, und ihre Mitglieder wurden von den anderen Palästinensern als Verräter betrachtet: In deren Augen hatten jene ihre Seelen an die israelische Besatzungsmacht verkauft; man konnte ihnen nicht mehr trauen.

Die zweite Organisation, die indirekt von den israelischen Behörden unterstützt wurde, war die fundamentalistische Hamas-Bewegung. Während die Militärbehörden jede PLO-orientierte Bewegung entschlossen unterdrückten, wurde die Islamische Bewegung von der israelischen Regierung behutsam unterstützt. Mitglieder der Hamas reisten nach Saudi-Arabien, Kuwait und in andere reiche Golfstaaten und holten sich dort finanzielle Unterstützung. Der Schabak und die Militärbehörden erlaubten ihnen, das Geld in die West Bank und den Gaza-Streifen zu importieren, wo es zum Bau neuer Moscheen, Schulen, Colleges, religiöser Gemeindezentren und Krankenhäuser verwendet wurde.

Der relative Reichtum der Moslems und ihr Aufruf zur Rückkehr zu den religiösen Wurzeln übten eine große Anziehungskraft auf die jungen Palästinenser aus. Tausende von ihnen kamen zu den Freitagsgebeten und besuchten die Koran-Schulen. Ganze Familien ließen sich in den Krankenhäusern medizinisch versorgen, und die Kinder trafen sich in den Kommunikationszentren. Moscheen und Schulen wurden zu Brutstätten religiöser Agitation.

Die Schabakniks, die den Grundsatz »Teile und herrsche« vertreten, mögen die Entwicklung der Hamas insofern als Erfolg ansehen, als diese die politische Hegemonie der Nationalisten der PLO in den besetzten Gebieten bedroht. Mit Israels Hilfe hat sich die Hamas inzwischen zu einer politischen Macht mit einer breiten Unterstützung in der Bevölkerung entwickelt. Die Rivalität zwischen Hamas und der PLO artet oft in Gewalttätigkeiten aus und hat bereits Hunderte von Palästinensern das Leben gekostet. Beide Seiten, aber besonders die Hamas, fordern ihre Leute auf, »Kollaborateure«, Rauschgifthändler und Prostituierte umzubringen.

Das Erstarken des Islam hat unter den christlichen Palästinensern große Besorgnis hervorgerufen. Zehntausende von Familien aus christlichen Dörfern und Städten auf der West Bank sind in den 80er Jahren nach Amerika, Kanada und Europa ausgewandert. Unter den Emigranten waren alteingesessene Familien mit einer 800jährigen Geschichte. Durch diesen Exodus hat das so eng mit der christlichen Geschichte verbundene Bethlehem seine christliche Mehrheit verloren und ist zu einer Festung des Islam geworden. Prominente christliche Führer warnen davor, daß Bethlehem schließlich zu einer Art »Disneyland oder einem nur noch von Touristen besuchten Reservat« werden könnte, falls dieser Trend anhält.

Der Zerfall der christlich-palästinensischen Gemeinde hat den gemäßigten, westlich orientierten Teil der palästinensischen Gesellschaft erheblich geschwächt, mit dem Israel möglicherweise leichter eine gemeinsame Basis gefunden hätte. Auf der anderen Seite hat Israel nicht die leiseste Chance, mit der Hamas zu einer Verständigung zu kommen.

Wie es sich der Schabak und die Militärbehörden gewünscht haben, haben die Fundamentalisten zwar den starken Einfluß der nationalistischen Elemente in der palästinensischen Gesellschaft untergraben, aber ihr Haß auf Israel und das jüdische Volk ist tief und kompromißlos. Bei der Feindschaft zwischen der Hamas und der PLO geht es ums Prinzip: Während die PLO grundsätzlich zu einem Friedensvertrag mit Israel bereit wäre, verweigert die Hamas den Juden jedes Recht auf einen eigenen Staat. Im Gegensatz zu den Nationalisten betrachtet die Hamas den Konflikt mit Israel als einen religiösen und kulturellen Kampf und nicht als eine politische Auseinandersetzung über Territorien. Mehr als jede andere Bewegung in den besetzten Gebieten glauben die palästinensischen Fundamentalisten, daß dieser Konflikt Teil des alten Streites zwischen dem Islam und der Kultur des Westens ist, der nun von Juden und Zionisten angeführt wird.

Um dies zu verdeutlichen, ziehen sie eine Parallele zu den mittelalterlichen Kreuzrittern: Israel, Zionismus und Judaismus sind die neuen Kreuzfahrer. Wie diese, die im 11. und 13. Jahrhundert im Mittleren Osten einfielen, kamen auch die Juden aus Europa. Wie diese waren auch die Juden eine Minderheit und unterwarfen das Land ihrer Herrschaft durch Krieg. Sie konfiszierten das Land der ansässigen Bevölkerung, vermischten oder vereinigten sich aber nie mit ihrer Umgebung. Stets blieben sie Fremde im eigenen Land. Sie sprachen eine andere Sprache, zogen sich anders an und hatten andere Gebräuche und Traditionen. Wie die Kreuzritter, die sich in ständiger Furcht um ihr Leben hinter Festungsmauern verschanzten, werden auch die Juden von ihrer arabisch-moslemischen Umgebung nicht akzeptiert.

Die Fundamentalisten ziehen daraus den Schluß, daß die Juden eines Tages das gleiche Schicksal ereilen wird wie ihre Vorgänger. So wie die Kreuzritter schließlich nach Europa zurückgetrieben wurden, werden auch die Juden in ihre Ursprungsländer in Europa zurückgejagt werden. Diese verkürzte Betrachtungsweise ignoriert den historischen Hintergrund: das Band, das das jüdische Volk mit dem Land verbindet, und die Tatsache, daß der Zionismus um nichts weniger eine Bewegung der nationalen Befreiung ist als sein palästinensisches Gegenstück. Junge fanatische Palästinenser, vollgestopft mit religiöser Propaganda, kaufen sich Küchenmesser und erstechen unschuldige jüdische Fußgänger in den Straßen von Tel Aviv oder Jerusalem. Sie brüllen die Anfangsworte der islamischen Gebete: Allahu Akhbar – Gott ist groß!

Wie in der jüdischen Legende vom Golem haben die Israelis unabsichtlich dazu beigetragen, die Macht der Fundamentalisten zu festigen. Nach jener Legende modellierte ein berühmter tschechischer Rabbi im 16. Jahrhundert aus Lehm eine Figur, die er mit Hilfe übernatürlicher Kräfte zum Leben erweckte. Er hoffte, seine Kreatur würde ihm ein gehorsamer Diener sein, aber der Golem erhob sich gegen seinen Meister und lief in Prag Amok.

Trotz ihrer Gewalttaten und des Erstarkens des Fundamentalismus ist es der Intifada gelungen, der palästinensischen Widerstandsbewegung in der öffentlichen Weltmeinung und bei vielen Regierungen im Westen eine gewisse Anerkennung zu verschaffen. Diese Sympathie steht in scharfem Gegensatz zu dem tiefen Abscheu gegen die brutalen Methoden, deren sich die Palästinenser zuvor bedient hatten. Die Welt konnte die Interessen der Palästinenser nicht unterstützten, solange diese in ihrem Kampf unschuldige Bürger als legitime Zielscheiben betrachteten. Man war zutiefst empört, als sogenannte »Friedenskämpfer« mitten in der Nacht gewaltsam in israelische Häuser eindrangen und vier- und fünfjährige Kinder als Geiseln nahmen. Im Winter 1974 schlugen Terroristen in der Nähe der Grenze zum Libanon einer ihrer Kindergeiseln den Schädel ein, als sie von israelischen Sicherheitskräften umstellt waren. Niemand konnte Männer, die zu einer solchen Ungeheuerlichkeit fähig sind, als »Friedenskämpfer« akzeptieren oder derartige Aktionen als Teil eines »nationalen Konfliktes« entschuldigen.

Die Intifada jedoch führte der Welt mit Hilfe des Fernsehens ein recht zwiespältiges Bild israelischen Verhaltens vor. Man sah junge israelische Soldaten, die protestierende Kinder auseinanderjagten und einen steinewerfenden jungen Araber grausam verprügelten. Man filmte junge Palästinenser, die sich furchtlos – mit entblößter Brust – den bewaffneten Besetzern entgegenstellten. Der Film, der präzise den eingetretenen Wandel dokumentiert, wurde in den ersten Wochen der Intifada in voller Länge im israelischen Fernsehen gezeigt. In der entsprechenden Szene sah man einen arabischen Teenager Auge in Auge mit einer Gruppe israelischer Soldaten in einer der Städte im Gaza-Streifen. Er beschimpfte und verhöhnte sie in fließendem Hebräisch, das er bei seinem jüdischen Arbeitgeber gelernt haben mußte. Die Schimpfworte, die er benutzte, waren die neuesten, volkstümlichen israelischen Slangausdrücke. Der Junge hatte keine Angst, sich den Soldaten auf wenige Meter zu nähern. Plötzlich trat ein kleiner fetter Offizier vor – sein Bauch sprengte fast die Uniform – und begann, hinter dem jungen Araber herzurennen. Die Bilder auf dem Fernseher waren pathetisch und grotesk: der sich leichtfüßig bewegende Araberjunger und weit abgeschlagen der schwerfällig hinterherschnaufende pausbäckige Soldat. Außer Atem und verärgert, kehrte der Offizier zu seinen Kameraden zurück. Für mich symbolisierte diese Szene den gesamten palästinensisch-israelischen Konflikt – seine Ironie und seinen historischen Umschwung. Der Palästinenser war zum kleinen David geworden, und das große Israel hatte sich in einen hilflosen, schwerfälligen Goliath verwandelt.

Das israelische Volk wurde von der Welt danach beurteilt, was nach und nach über seine Sicherheitspolitik ans Licht kam, und hat dabei schnell seinen guten Ruf verloren. Nachdem der jüdische Staat sich einst in der öffentlichen Weltmeinung der höchsten Anerkennung erfreute, hat sich dies inzwischen ins Gegenteil verkehrt. Der siegreiche »David« des Jahres 1967 wird jetzt als skrupelloser Besetzer eines fremden Landes betrachtet.

Der 8. Dezember 1987 bereitete auch der verzweifelt gehegten Idee einer »aufgeklärten Besetzung« ein Ende. Jene, die wie ich ihren Wehrdienst in den besetzten Gebieten geleistet hatten, hatten diese Vorstellung schon 20 Jahre früher begraben, aber die meisten Israelis hatten weiterhin an diese Illusion geglaubt. Als die Intifada ausbrach, war endlich klar, daß es so etwas wie eine »aufgeklärte Besetzung« nicht gab. Und genauso wie die Intifada es jetzt den Palästinensern ermöglichte, ihrer Frustration und Wut Luft zu machen, so fühlte sich auch die israelische Bevölkerung nicht länger gehemmt, ähnlichen Gefühlen gegenüber den Palästinensern freien Lauf zu lassen. So setzt sich der Teufelskreis von Gewalt und Gegengewalt weiter fort.

Die israelischen Behörden erlauben es der arabischen Presse in den besetzten Gebieten nicht, in Israel erschienene Artikel ebenfalls zu veröffentlichen, obgleich viele Palästinenser heute hebräisch lesen können und Zugang zu israelischen Zeitungen haben. In Israel herausgegebene und verkaufte Bücher dürfen in den Territorien nicht nachgedruckt oder vertrieben werden. Die Werke von Karl Marx zum Beispiel gelten als subversiv. Die Behörden haben keine Skrupel, Zeitungsverlage ohne irgendeine Begründung stillzulegen. Jedes gedruckte Wort – selbst Kreuzworträtsel, Wettervorhersagen und Sportseiten – muß dem Militärzensor vorgelegt werden.

Hierbei geht es nicht allein um das Recht der freien Meinungsäußerung und das Recht der Öffentlichkeit auf Information – beides fundamentale Grundsätze einer Demokratie –, die offensichtlich unter der militärischen Besatzung abgeschafft wurden. Es ist zugleich der Beweis für eine israelische Bevormundung: die Auffassung, daß die Bevölkerung in den besetzten Gebieten nicht reif genug ist, selbst zu entscheiden, was sie lesen will und was nicht.

Dieses Messen mit zweierlei Maß spiegelt sich auch in der Sprache. Bereits seit 1967 betreibt Israel eine Art Sprachwäscherei und benutzt eine steril klingende Sprache, die das Beschriebene trivialisiert und verschleiert. Seit dem Ausbruch der Intifada hat diese Sprachwäscherei geradezu Überstunden gemacht. Die Rhetorik der Okkupation zieht es vor, feindliche Stellungen »zu säubern«, statt sie »anzugreifen«. In den Berichten der Polizei über Verkehrsunfälle werden jüdische Opfer stets mit Namen genannt, während auf palästinensische Opfer nur als »Araber« hingewiesen wird. Wenn die Besatzungsbehörden Palästinenser aus ihren Wohnungen vertreiben, spricht man von »Evakuierung«. Die Sprache vermittelt die Illusion, daß die »Evakuierung« zum Vorteil des »Evakuierten« erfolgt. Wenn Palästinenser bei einer Demonstration verletzt oder getötet werden, erklärt der Militärsprecher stets, die israelischen Soldaten »feuerten Schüsse in die Luft«.

1990 wurde die Palästinenserin Safia Salmian Jarjon im Gaza-Streifen getötet. Israelische Soldaten waren in ihr Haus eingedrungen, nachdem sie eine Gruppe Jungen verfolgt hatten, die sie mit Steinen beworfen hatten. Dort trafen sie auf Safia, und einer der Soldaten stieß sie so heftig, daß sie zu Boden fiel. Als ihr Mann und ihre Tochter etwa eine halbe Stunde später nach Hause kamen, entdeckten sie Safia mit einer blutenden Wunde im Rücken auf dem Fußboden. Im Krankenhaus stellte man ihren Tod fest. Der Totenschein nannte als Todesursache eine Schußwunde im Rücken. Safias Mann und Kinder forderten vom Staat eine Entschädigung. Das Justizministerium jedoch begegnete ihrer Forderung mit einer ganz originellen Verteidigung: Man wies den Mann und seine Kinder darauf hin, daß sie durch den Tod der Ehefrau und Mutter nur verdient hätten. Zu ihren Lebzeiten sei ihr Mann verpflichtet gewesen, sie zu unterhalten: eine Last, von der er nun befreit sei. Dies ist eins der schmutzigsten Beispiele der Sprachmanipulation.

Die israelische Armee ist zu einer Polizeitruppe geworden. Sie stattet ihre jungen Leute mit Schlagstöcken, Handschellen und Schutzhelmen aus und verpflichtet sie, junge Menschen ihres eigenen Alters und noch jüngere zu jagen und manchmal sogar zu erschießen. In den ersten fünf Jahren der Intifada haben die israelischen Sicherheitskräfte etwa 800 Palästinenser getötet. 90 000 Palästinenser wurden ohne Verfahren eingesperrt. Das bedeutet, daß jeder 15. Palästinenser inzwischen Bekanntschaft mit einem israelischen Gefängnis gemacht hat.

Wenn ein Palästinenser wegen einer Gewalttat gefaßt wird, bei der es Verletzte oder Tote gegeben hat, wird sein Haus von den Sicherheitskräften zerstört. Das geschieht ohne jedes Gerichtsverfahren, selbst wenn das Haus von der Familie des Täters bewohnt wird. Während der Intifada ereignete sich ein Fall, der besonders kennzeichnend für die Stumpfsinnigkeit und Bösartigkeit des Systems ist. Ein des Mordes verdächtigter Palästinenser wurde bei einem Schußwechsel mit den Sicherheitskräften getötet. Als ob dies noch nicht genügte, wurde auch noch das Haus seiner Familie zerstört. Seit dem Beginn der Okkupation 1967 sind etwa 500 Häuser vernichtet und zusätzlich 300 versiegelt worden – wodurch Tausende von älteren Leuten, Frauen und Kindern obdachlos wurden. All diese Zerstörung geschah, weil ein Familienmitglied sich gegen die israelische Unterdrückung zur Wehr gesetzt hatte.

Wenn propalästinensische Wandparolen an Häusern entdeckt werden, bekommen die Bewohner Besuch von Armeepatrouillen, die sie mitten in der Nacht aus den Betten holen und sie zwingen, das Ganze abzukratzen. Am nächsten Morgen stehen neue Parolen an derselben Wand. Daß es den Palästinensern verboten ist, politische Treffen abzuhalten oder ihre Nationalflagge zu zeigen, bedarf eigentlich keiner Erwähnung. In Umgehung dieses Verbots sieht man häufig junge Palästinenser, die sich in den Nationalfarben kleiden: Grün, Schwarz und Rot.

Die Intifada fügt dem alten israelisch-palästinensischen Konflikt eine weitere Dimension hinzu, die die politische Auseinandersetzung in einen lokalen, engräumigen Kampf verlagert hat. Der Kampf mit Steinen und Messern hat die Israelis verunsichert. Sie sind an andere Spielregeln gewöhnt und würden es vorziehen, die Palästinenser mit »saubereren« Waffen zu bekämpfen, die ihnen eher liegen. Was schlimmer ist, die Israelis fürchten die neuen Waffen.

Arbeitgeber überlegen es sich heute zweimal, ehe sie einen Palästinenser einstellen; es hat Fälle gegeben, wo dieser plötzlich ein Messer gezogen und auf den Chef eingestochen hat. Mütter haben Angst, ihre Kinder allein zur Schule oder auf den Spielplatz zu schicken, weil auch dort ähnliches vorgekommen ist. Unter dem Druck ihrer Kunden mußten Supermärkte und andere Geschäfte Palästinenser entlassen, die dort arbeiteten und Waren auslieferten. Bewohner von Städten und Vorstädten fordern inzwischen, daß Leute aus den besetzten Gebieten nicht mehr nach Israel eingelassen werden.

Die Okkupation und die damit verbundene Furcht haben die israelische Gesellschaft in eine Gesellschaft der Defensive verwandelt, die vom Zweck der Selbsterhaltung beherrscht wird. 1967 überraschte eine palästinensische Terroristin ganz Israel, als sie eine Bombe in ein Jerusalemer Kino einschmuggelte. Die Sicherheitskräfte fanden hierauf eine Erwiderung, die damals klug zu sein schien: Am Eingang jedes Kinos wurde ein Sicherheitsbeamter postiert, der die Taschen der Besucher durchsuchte. Heute steht ein bewaffneter Wachmann an den Eingängen aller öffentlichen Gebäude in Israel: vor Kindergärten, Schulen und selbstverständlich Kinos.

Die zunehmende Angst der Israelis vor den Palästinensern hat Haß- und Rachegefühle geweckt. Dies führt zu Äußerungen von Intoleranz und Rassismus. In Ariel, einer der größten jüdischen Siedlungen auf der West Bank – einer Stadt mit fast 10 000 jüdischen Einwohnern –, wurde 1990 vorgeschlagen, die Kontrolle palästinensischer Arbeiter durch das zwangsweise Tragen einer Plastikkarte an der Kleidung zu erleichtern. Die Initiatoren dieses Plans – darunter der Bürgermeister der Stadt – gehörten der Likud-Partei an und waren nicht sensibel genug, die Bedeutung dieser Ungeheuerlichkeit zu erfassen: Keine 60 Jahre zuvor hatten die deutschen Nazis europäische Juden gezwungen, einen gelben Stern zu tragen. Und dann war da noch der Polizeichef von Tel Aviv, der Mitte 1991 hoffnungsvoll vorschlug, jeder Busfahrer, dessen Auge »auf einen Araber« fiel, solle die nächste Polizeistation ansteuern. Dort sollte der Verdächtige vernommen und nur wieder entlassen werden, falls es sich um einen israelischen Araber handelte oder aber um einen – der unangenehm vielen – orientalischen Juden mit arabisch-mediterranem Aussehen. Der empörte Aufschrei der israelischen Liberalen und der Medien hat die Durchsetzung solcher Strategien verhindert. Aber neben diesem offenkundigen Mangel an Sensibilität und historischer Pietät riechen solche Einstellungen penetrant nach jener Art von Rassismus, die in der alten Apartheidspolitik Südafrikas zum Ausdruck kam, die die weiße Mehrheit schließlich selbst abzuschaffen beschloß. Hilflosigkeit und Frustration bei der Suche nach einer vernünftigen politischen Beilegung des palästinensisch-israelischen Konflikts haben viele Israelis verunsichert und für gewaltsame Lösungen des Problems empfänglich gemacht, vor allem aber für den politischen Extremismus.

Auf der anderen Seite haben Israels Linke und die Liberalen seit Jahren eine klare Trennung zwischen den beiden Nationen gefordert, aber ihre Stimmen verhallten in der Wüste. Seit kurzem jedoch ist die israelische Mehrheit, bildlich gesprochen, auf die grüne Linie zurückgekommen – die alten Grenzen Israels vor dem Sechs-Tage-Krieg. Aus Angst meiden die Israelis die besetzten Gebiete schon seit langem, und sie wollen umgekehrt auch die Palästinenser nicht mehr in ihren Straßen sehen. Immer mehr Israelis kommen daher zu dem Schluß, daß es keine Alternative dazu gibt, endlich eine politische Trennung zwischen den beiden Gesellschaften herbeizuführen. Diese Lösung wird neuerdings als das geringste aller Übel angesehen.

XII.

Das Ende eines Traums

Schmuel Hadasch macht sich keine Illusionen: »Die Idee des Kibbuz hat in der Praxis versagt«, erklärt er, während er auf den Lavasteinen auf dem Friedhof von Kinneret sitzt, »seinem« Kibbuz. Zu seiner Rechten die stille Oberfläche des Sees Genezareth und vor ihm die Gräber der Kibbuzgründer. Hadasch zeigt auf die eingemeißelten Namen auf den Grabsteinen: »Sie haben versucht, die menschliche Natur zu ändern und einen neuen Menschen zu schaffen. Leider hat der Kibbuz dieses Ziel nicht erreicht, weil die Natur des Menschen stärker ist als seine Taten. Auch im Kibbuz, wie in jeder anderen menschlichen Gemeinschaft, will jeder sowenig wie möglich säen und soviel wie möglich ernten.«

Angesichts seiner persönlichen Geschichte könnte man Schmuel Hadasch mit seinem blauen Overall und den hohen Stiefeln als den Inbegriff des alten Kibbuzniks bezeichnen. Sein Vater, der auf dem Friedhof von Kinneret begraben liegt, gehörte 1911 zu den Gründern des ersten Kibbuz.

Er kam mit einer Gruppe junger Halutsim, Pionieren aus Osteuropa, während der zweiten Alijah hier an. Sie verdingten sich zunächst als Arbeiter auf einer trostlosen Farm, nur wenige Meter von der Stelle entfernt, wo heute der Friedhof liegt. In jeder Hinsicht enttäuscht, beschlossen sie schließlich, eine eigene Kommune zu gründen, eine Gemeinschaftssiedlung, die sich selbst verwalten sollte. Die Pioniere zogen zwei Meilen weiter am See entlang und gründeten dort Degania, den ersten Kibbuz in Palästina.

Mehr als alles andere ist der Kibbuz Israels ureigener Beitrag zu den Erfahrungen des Menschen im 20. Jahrhundert. Während meiner Reisen traf ich selbst in den entlegensten und unbekanntesten Teilen der Welt, wo die Einheimischen noch nie etwas von Israel, dem Mittleren Osten oder den Juden gehört hatten, immer jemanden, der wußte, was ein Kibbuz ist. Junge Leute aus der ganzen Welt begeistern sich noch immer für diese Idee, ebenso Erzieher und Soziologen. Der Kibbuz wurde als eine neue, experimentelle Form menschlichen Zusammenlebens gegründet. Wie jedes empirische Experiment sollten die Ergebnisse der Verbesserung der bestehenden Situation dienen. Im Fall des Kibbuz sollte sich der Wandel in den Menschen selbst vollziehen: Er sollte das Mittel sein, die menschliche Natur zu verändern.

Beeinflußt von sozialistischen Schriften und dem großen russischen Schriftsteller Leo Tolstoi, trachteten die Kibbuznikim danach, eine ideale Gesellschaft zu schaffen. Was ihnen vorschwebte wie auch den kommunistischen Philosophen, die sie beeinflußt hatten, faßten sie in einem Gedanken zusammen: Gib nach deinen Fähigkeiten und empfange nach deinen Bedürfnissen. Der Kibbuz sollte das alte Bild des Schtetel-Juden verändern: vom Händler, Kaufmann oder Geldverleiher zum Farmer und Pionier, der das Land bestellte.

Das beste Rekrutierungsreservoir für die Kibbuzim waren die Gruppierungen der jüdischen Jugendbewegung. Das Ziel der einzelnen Mitglieder der an Labor orientierten Jugendorganisationen war die Ansiedlung in einem Kibbuz. Dort sollte die endgültige Synthese stattfinden – die Verbindung des Beitrags des einzelnen zum Zionismus und zur israelischen Pionierarbeit mit dem Streben der sozialistischen Ideologie nach einer besseren und gerechteren Gesellschaft. Die Jugendbewegung wurde als reiner Übergang zu einem besseren Leben im Kibbuz betrachtet.

Wie fast jedes israelische Kind war auch ich Mitglied einer dieser Bewegungen. Meine Organisation nannte sich Haschomer Hatzair, der »Junge Wachmann«, und gehörte zum linken Flügel der Labor-Partei. Als kleinem Jungen und Neuankömmling erschien mir nichts israelischer als Haschomer Hatzair. Mein sehnlichster Wunsch war, eine genaue Kopie meiner Freunde zu sein, was ich dadurch zu erreichen versuchte, daß ich kurze Hosen und Sandalen trug – das Markenzeichen der Pioniere und der Kibbuznikim. Ich imitierte sorgfältig die Art, wie sie sprachen. Ich ließ keine Wanderung aus. Mit all dem wollte ich ihnen und mir beweisen, daß ich nicht länger ein Diaspora-Kind war, ein polnischer Immigrant, sondern durch und durch ein Israeli. Aus dem gleichen Grund ging ich in den Kibbuz, »um mein zionistisches Selbst zu verwirklichen«. Ich hielt es jedoch nicht länger als ein Jahr dort aus; meine Rückkehr zum Leben in der Stadt war eine Niederlage. Mein Gewissen ließ mir keine Ruhe: Ich hatte in der »Erfüllung meiner selbst« – wie man es mir zu tun eingeimpft hatte – versagt. Dennoch hat die relativ kurze Zeit, die ich im Kibbuz verbracht habe, meinen Charakter, meine Wertvorstellungen und meine politische Grundanschauung nachhaltig geprägt.

Die Gründung von Kibbuzim als ländlichen Außenposten wurde das von allen Richtungen der Labor-Bewegung unterstützte Mittel, dem sozialistischen Zionismus eine neue Richtung zu geben. Sie erhöhten die Sicherheit der jüdischen Gemeinschaft in der Zeit vor der Staatsgründung und vor allem nach der Unabhängigkeitserklärung 1948. Den stärksten Einfluß auf die israelische Gesellschaft übte der Kibbuz in den 50er und 60er Jahren aus. Obgleich die 100 000 Mitglieder der Bewegung damals nur drei Prozent der jüdischen Bevölkerung ausmachten, empfindet man noch immer große Hochachtung vor ihren verschiedenen wichtigen Leistungen für den Staat Israel. In der Luftwaffe und den Spezialeinheiten (den wichtigsten Bereichen der israelischen Verteidigung) stellten Kibbuzmitglieder etwa 20 Prozent der Piloten und Kämpfer. Auch ein beachtlicher Teil der Führungsspitze des Landes kam während der fast 30jährigen politischen Hegemonie der Labor-Partei aus der Kibbuzbewegung. Die Kibbuzim produzierten 15 Prozent der Exportartikel des Landes und deckten 50 Prozent seines landwirtschaftlichen Bedarfs.

Teilnehmer und Sympathisanten der bolschewistischen Revolution glaubten in ihrem Kampf die Zukunft zu sehen. Ein ähnliches Gefühl teilten die vielen Bewunderer und Mitglieder des Kibbuz. Sie sahen in der Kibbuzbewegung die nobelste Anstrengung in der Geschichte der Menschheit, die Ideale des Kommunismus zu vollenden: soziale Gerechtigkeit, Wohlfahrt und gegenseitige Unterstützung.

Heute hat sich dies alles dramatisch verändert: Die Bewegung steckt in einer ernsten Krise. Nach den 60er Jahren verlor der Kibbuz allmählich an Bedeutung. Israel besaß inzwischen eine starke Armee, die die Bürger selbst verteidigen konnte, so daß die lebenswichtige Aufgabe der Kibbuzim bei der Verteidigung entlegener Grenzgebiete entfiel. Junge Städter eiferten den Kibbuznikim nach und meldeten sich ebenfalls freiwillig zu den Eliteeinheiten der Armee. Und als die Labor-Partei die Regierungsgewalt an Likud verlor, schwand damit auch der Einfluß der Kibbuzim auf das politische Geschehen. Zu ihren Glanzzeiten war die Kibbuzbewegung mit fast 20 Mitgliedern in der Knesseth vertreten. Heute sind es nur noch vier.

Ganz schlimm wurde es für die Kibbuzim in den 80er Jahren. Infolge schlechten Managements, fehlender Motivation und des Verlustes staatlicher Subsidien versanken Israels Kibbuzim in einer tiefen wirtschaftlichen Depression. In dem verzweifelten Bemühen, die Hyperinflation während der Likud-Regierung in den 80er Jahren zu überstehen, spekulierten die Kibbuzim an der Börse und verloren. Zu Beginn der 90er Jahre beliefen sich ihre Gesamtschulden auf zehn Milliarden Dollar.

Der wirtschaftliche Zusammenbruch hat mit zur ideologischen Angreifbarkeit und zum Niedergang des Kibbuzgedankens beigetragen. Selbstlosigkeit und Idealismus, die einst der Stolz der Kibbuznikim waren, haben sich schnell verflüchtigt. Es sind nicht mehr viele, die sich freiwillig zu den Eliteeinheiten der Armee melden, und ein großer Teil kehrt nach Beendigung des dreijährigen Wehrdienstes nicht in den Kibbuz zurück. Andere wiederum schütteln schlicht ihre Vergangenheit ab und verlassen den Kibbuz wegen der materiellen Versuchungen und der größeren individuellen Freiheit, die ihnen das Leben in den israelischen Städten bietet. Manchen jedoch genügt auch der Tausch der ländlichen Kibbuzgemeinde gegen das Leben in der Stadt noch nicht – sie gehen nach Kaschmir, Indien, Cuzco, Peru oder – wie die Brüder Rappoport – nach Los Angeles.

Gabriel Rappoport und seine Familie leben in Beit Alfa, »meinem« Kibbuz. Er wurde in den frühen 20er Jahren gegründet und gehört zu den ältesten und angesehensten Kibbuzim in Israel. Am Fuß der Gilboa-Berge gelegen, war er einer der blühendsten. Gabriel Rappoport ist ein weiteres Beispiel für jenen Pionier-Farmer-Soldaten, den zu schaffen die Hauptströmung des Zionismus so sehr bemüht war. Als Kibbuzmitglied und hochrangiger Offizier verkörpert er den typischen Sabra. Er ist der Sohn eines Pioniers, der zu den ersten Siedlern in Beit Alfa gehörte. Vor der Unabhängigkeit kämpfte er in der Hagana und nahm 1948 an der Belagerung Jerusalems teil. Später wurde er zum Oberst der israelischen Armee befördert. Nach Beendigung seiner Militärzeit kehrte Rappoport an den Pflug und auf die Felder von Beit Alfa zurück, wo er seine Kinder nach denselben sozialistisch-zionistischen Prinzipien großzog, die ihn geleitet hatten. Aber die Sache klappte nicht.

Schon sehr früh brachte er ihnen das Schießen bei und etwa im gleichen Alter auch den Umgang mit dem Traktor. Obgleich Jugendlichen unter 16 Jahren das Traktorfahren gesetzlich verboten ist, kann man Kibbuzkinder regelmäßig auf dem Fahrersitz antreffen. Das Platznehmen hinter dem Steuer eines Traktors gilt als eine Art Initiationsritus, durch den die Jungen in die Gemeinschaft der Älteren aufgenommen werden.

Nicht ein einziges von Gabriel Rappoports Kindern ist im Kibbuz geblieben. Eine Tochter bekehrte sich zur »wiedergeborenen Jüdin« und heiratete einen rechtsgerichteten Politiker. Seine drei Söhne meldeten sich – wie es sich ihr Vater gewünscht hatte – zu Elitekampftruppen. Nach ihrer Dienstzeit kehrten sie jedoch nicht in den Kibbuz zurück, sondern wanderten nach Amerika aus und ließen sich in Los Angeles nieder. Einer der Brüder starb an einer Krankheit. Gabriels fünftes und jüngstes Kind, eine Tochter, schloß sich später den beiden Brüdern in den USA an.

Wie so viele aus ihrer Generation erlebten die Kinder Rappoport den Kibbuz als eine Einengung ihrer Individualität und ihrer Freiheit. Aber auch ihre finanzielle Abhängigkeit vom Kibbuz muß eine Rolle gespielt haben: Die jungen Leute wollten schnell reich werden. Sie glaubten, das Geld würde sie glücklich machen und ihnen etwas geben, das sie im Kibbuz nicht bekommen konnten. Zu Beginn der 80er Jahre lebten eine Zeitlang etwa 30 junge Leute, alles ehemalige Kibbuznikim aus Beit Alfa, in oder in der Nähe von Los Angeles. Sie lebten und arbeiteten zusammen – es schien, als hätten sie ihre Kommune nur von Israel nach Kalifornien verlegt.

Heute, da die Kibbuzbewegung in Israel ihrem 85. Geburtstag entgegensieht, stößt man in ihren eigenen Reihen oft auf Kritik, wie bei Schmuel Hadasch oder den jungen Rappoports. Dieser Stimmungswandel zieht sich durch alle israelischen Kibbuzim. Um sich vor ideologischem Verfall, wirtschaftlicher Depression, sozialem Niedergang und ständigem Mitgliederschwund zu retten, hat die Kibbuzbewegung inzwischen einige Zugeständnisse gemacht. So erlaubt sie ihren jungen Kibbuznikim neuerdings den Besuch von Universitäten und Colleges und gesteht ihnen ein Urlaubsjahr in einer israelischen Großstadt oder auch im Ausland zu. Der Eßsaal, einst der Mittelpunkt des gemeinsamen Lebens, hat seine zentrale Bedeutung verloren. Früher mußten die Kibbuznikim alle Mahlzeiten dort gemeinsam einnehmen. Inzwischen ist es ihnen erlaubt, sich das Essen aus der Gemeinschaftsküche mit nach Hause zu nehmen. Nur die alten Leute halten weiter an der Tradition fest – soweit sie noch in den Eßsaal gehen können.

Trotz des Zorns der getreuen Anhänger ideologischer Sittenstrenge hat sich auch in der kommunalen Erziehung der Kinder ein Wandel vollzogen. Früher lebten die Kibbuzkinder von der Geburt bis zu ihrem 18. Lebensjahr zusammen mit ihren jeweiligen Altersgenossen in separaten Kinderhäusern. Sie wurden von Mitgliedern der Gemeinde großgezogen, die besonders für diese Aufgabe abgestellt wurden. Obgleich ihre Eltern und Familien in nächster Nähe wohnten, durften die Kinder sie nur bis zu zwei Stunden am Tag und an den Wochenenden besuchen. Der verstorbene Psychologe Bettelheim nannte diese spezielle Erziehungsmethode »bemerkenswert und den außergewöhnlichen Beitrag des Kibbuz«.

Zum Erziehungs- und Wertesystem des Kibbuz gehörte in den Anfangsjahren auch das gemeinsame Duschen von Männern, Frauen und Kindern. Andere als Gemeinschaftsduschen gab es damals nicht. In den frühen Jahren unseres Jahrhunderts galt dies als eine revolutionäre Idee. Das gemeinsame Duschen hatte man jedoch nicht aus wirtschaftlichen, sondern aus psychologischen Erwägungen eingeführt. Die Gründungsväter glaubten ernsthaft, daß auf diese Weise sexuelle Spannungen abgebaut und generell ein gesünderes Klima in den Beziehungen der Geschlechter geschaffen würde. Aber das Experiment bewährte sich nicht, und seit Beginn der 50er Jahre duschte man wieder getrennt.

Junge Frauen und Männer benutzten jedoch weiterhin gemeinsame Schlafräume. Ich war einigermaßen schockiert, als ich in meinem Kibbuz ankam und feststellte, daß ich das Zimmer mit zwei gleichaltrigen jungen Frauen teilen sollte. Zunächst fühlte ich mich in ihrer Gegenwart beim An- und Ausziehen ziemlich gehemmt. Es dauerte eine ganze Weile, bis ich mich an ihre ständige Gegenwart gewöhnt hatte und mir die Spielregeln geläufig waren: Wann immer man sich auszog, wurde das andere Geschlecht gebeten, das Gesicht zur Wand zu drehen. Heute leben die jungen Leute wie überall bei ihren Eltern und Geschwistern.

Andere einschneidende Veränderungen, die in vielen Kibbuzim stattgefunden haben, würden deren Gründungsväter zweifellos dazu bringen, sich im Grabe umzudrehen. Heute ist die Bewegung bereit, alles zu versuchen, was ihre wirtschaftlichen Probleme mindern könnte, selbst wenn sie damit einige ihrer großen Ideale aufgeben muß, die zum Symbol für den Kibbuz geworden sind. In den 60er Jahren löste die Einführung der Industrialisierung in vielen Kibbuzim das Gefühl aus, dies sei ein »Verrat traditioneller Werte«.

In den Kibbuzim wird die Landwirtschaft noch immer als fortschrittlich und innovativ betrachtet. In der Nähe des Toten Meeres wurde beispielsweise der Boden, der voller Salz und Mineralien war, durch ein spezielles Waschverfahren fruchtbar gemacht. Da es in diesem Teil des Landes sehr heiß ist, können Früchte und Gemüse, wie Tomaten und Gurken, hier selbst im Winter geerntet und auf dem nordeuropäischen Markt verkauft werden. Mit Hilfe moderner Forschung konnten neue Fruchtarten gezüchtet und kommerziell angebaut werden. Der letzte erfolgreiche Versuch war die Anpflanzung verschiedener Beerensorten auf den besetzten Golanhöhen. Da normalerweise in Israel keine Beeren wachsen, ist ihr Export nach Europa etwa so ungewöhnlich wie das Angebot, Eis und Schnee nach Alaska zu verkaufen. Dennoch hat die Kombination aus israelischer *Chuzpe* und moderner Landwirtschaft dies möglich gemacht.

Heute geht der vorherrschende Trend in den Kibbuzim weg von Landwirtschaft und Industrie hin zum Dienstleistungsbetrieb. In Obergaliläa vermieten inzwischen viele Kibbuzim Hütten zur Übernachtung und betreiben Schnellrestaurants. In Zentralisrael, nicht weit von Tel Aviv, hat ein Kibbuz eine Schönheitsfarm eröffnet; in einem benachbarten Kibbuz haben Architekten und Anwälte Büros eröffnet. Ein anderer hat eine Werbefirma gegründet, die sich selbst als »die einzige Agentur der Welt« bezeichnet, »die in einer Scheune sitzt«. In vielen Kibbuzim ist es inzwischen modern, Pubs und Bars zu eröffnen, in denen alkoholische Getränke und Unterhaltungsmusik geboten werden. Wieder andere betreiben riesige Supermärkte, die von Schokoladenkekse bis Hundefutter so ungefähr alles verkaufen.

In ihrem Bemühen zu überleben sind die Kibbuzim sogar bereit, ihre einstmals exklusiven Schulen für die Kinder von

Nichtmitgliedern zu öffnen. Auch ihre Friedhöfe stehen heute jedem offen. So hat ein wohlhabender französischer Industrieller, dessen Bruder in einem Kibbuz lebte, für sich ein Stück geweihter Erde auf dem Friedhof von Kinneret erworben, indem er eine viertel Million Dollar für die Erhaltung des Platzes gespendet hat. Ein reicher deutscher Jude, der zwar im Land seiner Vorfahren beerdigt werden, aber der üblichen unästhetischen religiösen Beerdigungszeremonie entgehen wollte, hat ein Abkommen mit einem Kibbuz nahe Jerusalem getroffen: Er erhält einen Grabplatz zum Preis von 30 000 Dollar.

Aber die radikalste Abkehr von der Vergangenheit wurde in Neot Mordechai vollzogen, 40 Meilen nördlich des Sees Genezareth. Vor ein paar Jahren entschied die Mitgliederversammlung, die wirtschaftlichen Unternehmen vom übrigen sozialen und kulturellen Leben abzutrennen. Normalerweise stellt jeder Kibbuz seinen Mitgliedern sowohl Kleidung, Essen und möblierte Wohnungen zur Verfügung sowie alle kulturellen und sozialen Einrichtungen. Außerdem erhält jeder ein persönliches Taschengeld.

Früher wurden weder die Qualtität noch der Umfang der geleisteten Arbeit kontrolliert. Heute ist jedes Mitglied von Neot Mordechai verpflichtet, wenigstens 275 Tage im Jahr zu arbeiten. Wer diese Arbeitsleistung nicht erbringt, wird durch eine Reduzierung seines persönlichen Taschengeldes bestraft.

Ähnlich den von Michail Gorbatschow im Rahmen der Perestroika durchgeführten Reformen begannen Neot Mordechai und andere Kibbuzim, ihre wirtschaftlichen Aktivitäten zu dezentralisieren. Jeder Wirtschaftszweig in der Landwirtschaft, der Industrie und den Dienstleistungen wird jetzt als selbständiges Unternehmen geführt. Der einzelne Betrieb ist nicht länger mit der Gemeinschaft als Ganzem verbunden und wird auch nicht von ihr verwaltet. Jeder muß seine wirtschaftliche Lebensfähigkeit und Effizienz beweisen – das Spiel heißt untergehen oder schwimmen.

Nicht weniger einschneidend war die Entscheidung einiger Kibbuzim, ihren Mitgliedern geleistete Überstunden zu bezahlen. Die Weigerung der Kibbuznikim, Überstunden zu machen oder sich in Stoßzeiten freiwillig zum Ernteeinsatz zu melden, z. B. zum Orangenpflücken, führt häufig zum Verderb der Früchte und damit zu finanziellen Verlusten. Dies zwang schließlich die Kibbuzim, Leistungsprämien anzubieten, um den jahreszeitlich bedingten Arbeitsanfall bewältigen zu können. Obgleich es sich um eine relativ geringe Summe handelt, die für Überstunden und als Lohn gezahlt wird – kein Arbeiter erhält pro Jahr mehr als 500 Dollar –, hat dies innerhalb des Kibbuz zu einer Zweiklassengemeinschaft geführt: den Lohnempfängern und den Nicht-Lohnempfängern.

Es gibt noch einen weiteren Trend weg von der Tradition. Der Zwang zum wirtschaftlichen Überleben hat die Kibbuzim dazu veranlaßt, ihre Industriebetriebe zum Verkauf anzubieten oder mit fremden Investoren gemeinsame Gesellschaften zu gründen. Das Ziel ist, leistungsfähiger zu werden, Geld zu verdienen und die Krise zu meistern. Zu diesem Zweck werden hohe Gehälter an Experten und Manager gezahlt, die von außerhalb des Kibbuz kommen. In der Vergangenheit hatte man diese Industriebetriebe allein deshalb gegründet, um Arbeitsplätze für Kibbuzmitglieder zu schaffen und diese von der Landwirtschaft unabhängiger zu machen.

Inzwischen haben sich die Verhältnisse geändert, und die Industrie produziert um ihrer selbst willen: Sie dient nicht mehr der Arbeitsplatzbeschaffung, sondern ist ein rein kommerzielles Unternehmen geworden. Das Ergebnis ist, daß heute ein scharfer kapitalistischer Wind durch den einst so ruhigen Kibbuzhof fegt. Es wurden Aktiengesellschaften gegründet mit allem, was dazu gehört, wie Verwaltungsrat, Direktoren, Vorstandssitzungen und Spesenkonten. Dies hat zum Entstehen einer neuen Klasse innerhalb des Kibbuz geführt, die die oberste Stufe auf der sozialen Leiter einnimmt. Jetzt gibt es nicht nur Lohnempfänger und Nicht-Lohnempfänger, sondern darüber hinaus die Klasse der Direktoren und Manager. Einige von ihnen haben einen gewissen Kibbuzstil beibehalten: Dies sind die bescheidenen, Sandalen tragenden Direktoren. Aber die Mehrheit hat sehr schnell die Angewohnheiten ihrer Gesellschaftsklasse angenommen und sich damit als Dorn im Fleisch der übrigen Kibbuzmitglieder erwiesen. Ihre Privilegien erregen den Neid der anderen Kibbuznikim: Autos, Mobiltelefone, Luxusrestaurants und Geschäftsreisen ins Ausland. Wenn man früher noch versucht hat, wenigstens die Fassade der Gleichheit aller aufrechtzuerhalten, so hat man dies inzwischen längst aufgegeben. Die Veränderungen haben die Grundprinzipien des Kibbuz untergraben. »Wenn Gehälter eingeführt und die Arbeitsplätze in den Industriebetrieben mit

Angestellten besetzt werden«, klagt die alte Kibbuzgarde, »worin besteht dann der Unterschied zwischen uns, mit unserem historisch einmaligen Experiment, und jeder anderen israelischen Lebensform?«

Als weitere Warnung vor derartigen Neuerungen, die man als einen rapiden Verfall der Kibbuzbewegung betrachtet, verweisen die Traditionalisten auf das Beispiel der nordamerikanischen Kommunen. »Es besteht eine auffallende Ähnlichkeit«, meint der Historiker Yaacov Oved, selbst ein loyaler Kibbuznik, »zwischen gewissen Trends bei uns und jenen Gemeinschaften.« Oved verweist insbesondere auf das Schicksal der Amana Church Society, einer religiösen Gemeinde in Iowa. Während der Depression der 30er Jahre gab sich die Amana Church eine neue Organisation und Struktur. Zuerst ging man von der Landwirtschaft zur Industrie über, dann führte man Gehälter ein, und schließlich wurden die Mitglieder zu einer Gesellschaft von Aktionären. »Der Akt, der diesen Wandel symbolisierte, war die Abschaffung der Gemeinschaftsküchen und der gemeinsamen Eßräume«, erklärt Oved. Damit wurde die Idee des kollektiven sozialen Lebens durch Konzepte ersetzt, die den einzelnen und die Kernfamilie in den Mittelpunkt stellten. Amana hörte auf, eine Kommune zu sein, und wurde zu einer Körperschaft wie jede andere, die den Profit verherrlichte und von Bilanzen, Verkaufszahlen, Effizienz und Arbeitskraft redete. Heute steht ihr Name für Kühlschränke, Klimaanlagen und Öfen.

Viele fürchten, daß der Kibbuz, falls er vom eingeschlagenen Weg nicht abkehrt, schließlich das gleiche Schicksal erleidet wie Amana: den Wandel von einer idealistischen Pioniergemeinschaft zu einem materialistischen, kommerziellen Unternehmen; von einer ländlichen Kommune zu einem privatisierten Industrie- und Dienstleistungskomplex; vom Vorkämpfer des sozialistischen Zionismus zu einer weiteren Bastion des Kapitalismus und der modernen Konsumgesellschaft, die ihren Bewohnern nur noch Luxusgüter und ein bequemes Leben bietet – wie jede andere wohlhabende städtische Gemeinde.

XIII.

Das Subaru-Syndrom

Als Automarke ist Subaru weltweit bekannt, aber in Israel dient der Name zugleich als Umschreibung für den kleinstädtischen Durchschnittsbürger. Der Subaru, der von einem der größten japanischen Autohersteller gebaut wird, war zu Beginn der 70er Jahre der erste japanische Wagen auf dem israelischen Markt. Heute sind fast alle japanischen Autofirmen in Israel vertreten, aber vor gut 20 Jahren weigerten sich die Japaner wegen der arabischen Boykottdrohungen, mit Israel Handel zu treiben. Allein die Subaru widersetzte sich diesem Druck – vielleicht weil sie damals noch eine kleine, weitgehend unbekannte Firma war. So wurde Subaru die erste japanische Gesellschaft im Gelobten Land. Aber die Israelis kaufen den Subaru nicht nur aus Dankbarkeit. Das Auto erreichte Israel an einem Wendepunkt des allmählichen Übergangs der Gesellschaft von der produktiven Anspruchslosigkeit der Pionierzeit zu einem westlich orientierten Konsumverhalten.

In den 60er Jahren war Israel eine bescheidene Nation mit begrenzten finanziellen Mitteln und Ressourcen. Es gab nur sehr wenige reiche Leute. Sie nahmen in der allgemeinen Stimmung eine fast entschuldigende Haltung ein, als ob sie sich ihres eigenen Wohlstands schämten. Viele Wohnungen verfügten damals nicht einmal über einen Kühlschrank – ein ernstes Problem bei dem herrschenden subtropischen Klima. Ich erinnere mich, wie meine Mutter jedesmal die Treppe hinuntereilte, wenn sie die Glocke des Eismannes hörte. Einmal am Tag kam er mit seinem Pferdewagen durch unsere Straße und im Sommer sogar zweimal. Er zerteilte die Eisblöcke mit einem scharfen Messer und verkaufte die Stücke an die Bewohner, die sie in einem Stück Stoff nach Hause trugen. Dort kamen sie in eine hölzerne Kiste, die Kühlbox. Der Durchschnittsisraeli träumte damals noch nicht von Klimaanlagen und Waschmaschinen – und ein Auto schien der Gipfel allen Luxus. 1966 kam – einschließlich der Regierungs- und Firmenwagen – ein Auto auf 1000 Einwohner. Allgemeines Transportmittel waren die öffentlichen Busse. Eine Fahrt von Tel Aviv nach Jerusalem, um Freunde zu besuchen, galt als ein größeres Unternehmen: für die 40 Meilen brauchte man etwa zwei Stunden.

Der Regierung kam diese Situation nicht ungelegen. Da die Leute keine Autos hatten, blieben sie abends zu Hause. Ohne Fernsehen gingen sie früh zu Bett und kamen frühmorgens ausgeschlafen zur Arbeit. Der Regierung gefiel es, daß die Bürger viel arbeiteten und produzierten. In diesen ersten Jahren spiegelte die israelische Gesellschaft getreulich das sozialistische Ethos der Labor-Partei. Individuelle Wünsche wurden völlig den Anforderungen der Gemeinschaft untergeordnet. Der Begriff »Konsumgut« galt im nationalen Vokabular als unanständig. Statt Konsum wurden Bescheidenheit und Anspruchslosigkeit gepredigt.

Zur Unterstützung dieser Ideologie unternahm die Regierung gezielte Schritte, um die Israelis am Erwerb bestimmter westlicher Konsumgüter zu hindern. So belegte sie zum Beispiel Kühlschränke, Wasch- und Bügelmaschinen mit einer Steuer von 300 Prozent. Ein israelischer Arbeiter mußte drei Jahre arbeiten, bis er sich eine Waschmaschine oder einen Fernseher leisten konnte. Die damalige Einstellung zu diesen heute nahezu selbstverständlichen Dingen spiegelt sich noch in der Übersetzung ihrer hebräischen Bezeichnung: »Luxusgüter«.

Der Sechs-Tage-Krieg und seine Nachwirkungen haben zu einem Wandel dieser Auffassung geführt. Die eroberten Gebiete eröffneten den Israelis die wirtschaftlichen Möglichkeiten, ihren Lebensstandard erheblich zu verbessern. Die Bauwirtschaft boomte: Um die Territorien zu verteidigen und zu kontrollieren und ein wachsames Auge auf die Palästinenser zu haben, mußten Militärlager, Straßen und Siedlungen gebaut werden. Wie alle Kolonisatoren seit eh und je, beuteten die israelischen Eroberer die palästinensische Minorität als billige Arbeitskräfte aus. Deren Arbeit verhalf Israel zu dem Wohlstand, der den Weg für die ersten Neureichen des Landes ebnete.

Der kleine Bauunternehmer, der vor dem Krieg Mühe gehabt hatte, Monat für Monat seine Familie zu ernähren und geschäftlich über die Runden zu kommen, konnte sich plötzlich kaum retten vor Aufträgen, in den besetzten Gebieten Straßen und Kasernen zu bauen. Über Nacht wurde er ein reicher und umworbener Mann. Sein neuer Geldsegen brachte

Bewegung in die Wirtschaft – eine neue, größere Wohnung für ihn selbst bedeutete mehr Geld für einen weiteren Bauunternehmer. Jetzt konnte er sich endlich eine Waschmaschine, einen Kühlschrank oder andere »Luxusgüter« leisten. Der Erwerb dieser Dinge brachte Geld in die Fabriken, zu den Importeuren und in den Einzelhandel. Die neue Mittelklasse beschäftigte ihrerseits selbstverständlich Anwälte, Buchprüfer und Versicherungsmakler und so fort. Und falls ein Familienmitglied krank wurde, konnte unser Unternehmer sich zum erstenmal eine privatärztliche Behandlung leisten – und steuerte damit auch zum Einkommen der Ärzte bei. Viele dieser Arbeiten wurden von Schwarzarbeitern geleistet. Große Teile der israelischen Wirtschaft gingen praktisch in den Untergrund, und viele Jobs, Berufe und ganze Industriezweige lebten vom Schwarzmarkt. Der Fiskus erfuhr weder etwas von diesen Geschäften, noch profitierte er von ihnen.

Auch meine Familie reihte sich ein in diese Kettenreaktion. Nach dem Juni 1967 begann das Geschäft meines Vaters zu florieren. Erstmals seit unserer Ankunft vor zehn Jahren konnte er sich ein kleines altes Auto leisten. Dieses Ereignis markierte den Eintritt meiner Familie in die aufstrebende Mittelklasse Israels. Unsere Situation wurde bald noch besser, und mein Vater konnte sich in immer kürzeren Zeitabständen größere und neuere Autos kaufen. Meine Familie erfüllte sich ihren israelischen Traum gleichzeitig mit Zehntausenden anderer Israelis oder Neuankömmlinge, die durch harte Arbeit und dank des politisch-wirtschaftlichen Systems zu Geld kamen. Dieser Prozeß beschleunigte sich 1977 mit der Wahl Begins und des Likud.

Der anhaltende Aufschwung wurde noch durch ein anderes Faktum möglich: Israel ist grundsätzlich eine klassenlose Gesellschaft. Beides, das kurze Bestehen der jüdisch-israelischen Gesellschaft und ihr sozialistisches Grundsatzprogramm, hat das Entstehen von Klassenunterschieden auf ein Minimum begrenzt. Vor allem aber kann sich Israel eine sichtbare soziale Kluft – wie zum Beispiel in den USA – zwischen Arm und Reich, Besitzenden und Besitzlosen gar nicht leisten. Dies ist nicht nur deswegen unmöglich, weil Israel ein kleines, intimes Land ist, in dem jeder jeden kennt, sondern vor allem, weil es eine in hohem Maß militarisierte Gemeinschaft ist: ein Land, das von allen seinen Bürgern verlangt – den reichen wie den armen –, aktiv und für lange Zeit in der Armee zu dienen, zunächst als Wehrpflichtiger und später als Reservist. Große und unüberbrückbare Klassenunterschiede würden es der Regierung schwermachen, die hohe Motivation der Bürger aufrechtzuerhalten. Wie könnte sich ein armer, unterprivilegierter Bürger bei der Verteidigung des gemeinsamen Vaterlandes als Partner eines wohlhabenden Angehörigen der Oberschicht fühlen, der so viel mehr besitzt als er selbst?

Die Labor- und die frühen Likud-Regierungen haben ihr Bestes getan, eine allgemeine Chancengleichheit zu gewährleisten, um genügend Raum für soziale Beweglichkeit zu schaffen und jedem Bürger das Gefühl zu geben, daß er trotz aller Schwierigkeiten die gleiche Möglichkeit hat voranzukommen. So wurde eine Nation geschaffen, die im Verhältnis wahrscheinlich die größte Mittelschicht der Welt besitzt.

Heute fühlt sich der durchschnittliche Mittelstandsisraeli, der sich seinen Mittelstandstraum bereits erfüllt hat, dennoch benachteiligt. Die heutigen Israelis betrachten Tiefkühltruhen, Wäschetrockner und Farbfernseher nicht als Dinge, die das Leben besser und bequemer machen. Eher fungieren sie als Statussymbole. Überall bei privaten Zusammenkünften verbringen die Anwesenden viel Zeit damit, sich mit ihrer neuen Tiefkühltruhe oder den allermodernsten elektronischen Geräten zu brüsten. Die heutigen Israelis haben für diese Dinge eine Vorliebe, die schon fast an Besessenheit grenzt. Der Besitz elektrischer Geräte gibt ihnen das Gefühl von Erfolg und macht sie stolz.

Diese neue Verbraucherkultur liefert den Hintergrund für den größten Schatz des Durchschnittsisraelis: das Auto. An Freitagnachmittagen waschen und polieren Zehntausende israelischer Familien ihre Wagen. Diese Tradition entstand nicht etwa aus Sparsamkeit – die Israelis verehren ganz einfach ihre Autos. Und selbstverständlich bedeutet der Besitz eines Subaru die Erfüllung des höchsten aller israelischen Träume. Sein Erwerb ist das Band, das den Käufer mit der gesamten israelischen Mittelschicht verbindet.

Auf eine etwas diffuse Weise verbindet der Besitz eines japanischen Wagens den Eigentümer darüber hinaus mit den USA – der vollkommenen Verwirklichung des israelischen Traums. Denn obgleich der Subaru in Japan hergestellt wird und nichts mit den USA zu tun hat, fühlt sich der Subaru-Besitzer in den Stand eines amerikanischen Verbrauchers erhoben. Übrigens finden heute selbst die Amerikaner japanische Autos wirtschaftlicher. In den Augen der Israelis aber ist Amerika weit mehr als ein geographischer Begriff: Es ist das Synonym für Lebensqualität, ein Ort, an dem alle Träume wahr werden. Und – was immer an der Sache dran sein mag – sobald ein Israeli einen anderen höflich und rücksichtsvoll behandelt, sagt man von ihm respektvoll, daß er »sich wie ein Amerikaner« benommen habe.

Der Prozeß der Amerikanisierung ist langsam und nur allmählich vonstatten gegangen. Zu Beginn der Unabhängigkeit lief in Israel eigentlich alles gegen diesen Trend. Durch die historischen und politischen Umstände war man bis dahin überwiegend mit der französischen und der englischen Kultur in Berührung gekommen. Obgleich die Engländer über Palästina geherrscht hatten, trugen die Israelis ihnen nichts nach – nachdem sie abgezogen waren. Sie kopierten sie vielmehr: Die englische Sprache wurde die erste und einzige Fremdsprache, die in den Grundschulen gelehrt wird. Das israelische Rechtssystem ist teilweise in der englischen Tradition verwurzelt. Öffentliche Dienste wie Polizei, Rundfunk und selbst die Armee basierten in den 50er und 60er Jahren auf englischen Vorbildern, und London galt als der Mittelpunkt der Welt. Ganz allgemein fanden die Israelis alles Englische schlicht hinreißend – von englischer Kleidung bis zu englischen Universitäten.

Später entdeckten die Israelis Frankreich. Nach und nach erschienen mehr französische Autos auf den Straßen, und der Rundfunk brachte französische Musik und Lieder. Bald wurde Französisch als zweite Fremdsprache an den Schulen gelehrt, und französische Filme und Restaurants wurden populär. Die Frankreich-Begeisterung deckte sich mehr oder weniger mit den diplomatischen Flitterwochen der beiden Nationen in der ersten Hälfte der 50er Jahre. Als sich die diplomatisch-militärischen Verbindungen abkühlten, schwand auch der kulturelle Einfluß Frankreichs in Israel.

Und so blickte Israel auf die USA, um die von Frankreich hinterlassene Lücke wieder zu schließen. Zunächst war der Einfluß der amerikanischen Kultur trotz des sich festigenden Bandes zwischen Israel und den USA nicht sehr groß. Während amerikanisches Geld und Militärhilfe von Israel in den 60er Jahren dankbar angenommen wurden, waren die Israelis für amerikanische Musik, Speisen, Sport und Konsumverhalten weniger empfänglich. Der amerikanische Lebensstil wurde noch als dem der Europäer unterlegen betrachtet. Europa galt als ein Kontinent mit festen Traditionen, reichen Kulturen und festetablierten Zivilisationen, während Amerika eher als Heimat von Mickey Mouse identifiziert wurde.

Diese Geringschätzigkeit gegenüber der amerikanischen Kultur hielt die israelischen Verbraucher sogar von Tel Avivs erstem Supermarkt fern, der Waren »direkt aus Amerika« verkaufte. Die Regierung hatte freilich andere Gründe, den Einfluß der amerikanischen Kultur in Form von Fernseh- und Rundfunkwerbung zu kontrollieren. Wie in den meisten westeuropäischen Ländern brach der Widerstand gegen den »amerikanischen Kulturimperialismus« indessen bald zusammen. 1960 wurde die erste Rundfunkwerbung ausgestrahlt, 1968 das israelische Fernsehen eingeführt: zunächst in Schwarzweiß und ohne Werbung, später in Farbe mit Werbung. Im selben Jahr brachte Coca-Cola sein Produkt auf den Markt, das vielleicht mehr als alles andere zum Inbegriff für den Export des amerikanischen Lebensstils geworden ist. Bis dahin hatte sich Coca-Cola der arabischen Boykottdrohung gebeugt und aus Furcht vor Einbußen auf dem attraktiven arabischen Markt unnachgiebig und systematisch jeden Handel mit Israel abgelehnt. Ich erinnere mich noch gut an meine ersten Schlucke Coca-Cola in der Hitze des israelischen Sommers. Ich leistete damals meinen Wehrdienst, und unser unersättliches Verlangen nach diesem spritzigen braunen Getränk machte unseren Durst auf den langen, anstrengenden Wüstenmärschen immer schlimmer. Es gab eine Fülle anderer kalter israelischer Getränke. Ich habe keinen Zweifel, daß der Reiz gerade jenes Getränks weniger in seinem Geschmack lag als in den damit verbundenen Assoziationen: Coca-Cola war Amerika. Es war das Getränk der großen weiten Welt außerhalb Israels.

Allmählich wurden Amerika und seine Kultur akzeptiert. Zum Teil lag dies an den jungen Amerikanern – Juden wie Nichtjuden –, die herüberkamen, um in einem Kibbuz zu arbeiten oder Israel zu besuchen. Sie rauchten Joints, waren sexuell emanzipiert und hinterließen bei ihren israelischen Kameraden einen tiefen Eindruck. Auch die Einwanderung amerikanischer Juden nach Israel führte zu einem Wandel in der israelischen Haltung – obgleich die Gemeinde der aus Amerika Emigrierten in Israel winzig ist.

Den bei weitem größten Einfluß hatte jedoch ohne Zweifel das amerikanische Fernsehen. Amerikanische Seifenopern, Nachrichten und Musik haben allen Israelis ihren Stempel aufgedrückt. Viele amerikanische Wörter sind in die israelische Sprache übernommen worden, einschließlich eines bunten Repertoires an Flüchen, die ihre jiddischen und arabischen Vorgänger verdrängt haben. Israelische Geschäftsleute sind überzeugt, daß es den Umsatz fördert, wenn sie ihrem Laden den Namen »New York« oder eine andere amerikanisch klingende Bezeichnung geben.

Im Sport sind die englischen Ballspiele von amerikanischen abgelöst worden. Fast jedes israelische Kind war über die Nachricht von Magic Johnsons Aids-Erkrankung zutiefst erschüttert, und jeder weiß die Namen der verschiedenen Nachrichtensprecher auswendig. Sogar Football und Baseball, die nur von ganz wenigen Israelis gespielt und verstanden werden, gehören seit kurzem zu den äußerst beliebten Sendungen im Fernsehen. Im Januar 1992 verfolgten Zehntausende von Israelis den Super Bowl um ein Uhr morgens Ortszeit.

Die Israelis übernahmen nicht nur den amerikanischen Sportgeschmack, sie adoptierten freilich auch die Eßgewohnheiten: TV-Dinner, Popcorn, Kartoffelchips und Bier sind heute die beliebtesten Snacks, während man den Ballspielen im Fernsehen zusieht. Die modernen Israelis essen zuviel und werfen entschieden mehr weg als früher. Man hat festgestellt, daß jeder Israeli am Tag durchschnittlich ein Pfund Abfall produziert. Eine andere Studie kommt zu dem Ergebnis, daß sich die Israelis infolge ihrer ungesunden Eßgewohnheiten in einem sehr schlechten gesundheitlichen Zustand befinden.

Heute gibt es kaum eine größere amerikanische Firma und kein amerikanisches Produkt, die nicht in Israel vertreten beziehungsweise auf dem Markt sind. In den letzten Jahren haben sich amerikanische Hamburger- und Pizzaketten etabliert. Israelische Unternehmer reisen auf der Suche nach neuen Ideen in die USA und importieren sie nach Israel. 1992 begann auch Pepsi-Cola, sein Getränk in Israel zu verkaufen, so daß McDonald's inzwischen der einzige »kulturelle« Exportartikel Amerikas ist, der das Heilige Land noch nicht erreicht hat.

Mit der Übernahme fast aller amerikanischen Lebensgewohnheiten ist Israel zu einer Verbrauchergesellschaft und einer begeisterten Freizeitnation geworden. Da gewisse Einzelheiten des amerikanischen Traums in Israel schwieriger zu verwirklichen sind, hat man sich Ersatzlösungen einfallen lassen: Aus der amerikanischen Vorstadtvilla wird so ein Apartment in einem wohlhabenden israelischen Vorort.

Die israelische Wirtschaft ist kürzlich von der Sechstage- zur Fünftagearbeitswoche übergegangen. Die gewonnene Freizeit wird zum Einkaufen genutzt. In den letzten Jahren sind zahlreiche Ladenpassagen nach amerikanischem Vorbild entstanden – mehr als die israelische Bevölkerung wirklich braucht. Die Benutzung von Kreditkarten ist im ganzen Land weit verbreitet. Wenn sich die Kinder in den israelischen Vorstädten langweilen, brauchen sie nur um die Ecke zu gehen, um die Magnetkarte ihrer Eltern in den Automaten zu stecken und sich eine Videokassette zu leihen. Sie lesen immer weniger Bücher und sehen immer mehr fern – durchschnittlich vier Stunden am Tag. Die Hälfte aller israelischen Haushalte ist bereits ans Kabelfernsehen angeschlossen. Donahue und Oprah Winfrey gehören zum regelmäßigen Fernsehprogramm. Und wenn Video und Fernsehen ausgeschöpft sind, können die Eltern ihre gelangweilten Teenager in spezielle Diskotheken schicken, die sich der rastlosen Jugend aus den wohlhabenden Vororten annehmen.

Heute besitzt jeder fünfte Israeli ein eigenes Auto. Verglichen mit einigen führenden westlichen Nationen ist dies wenig: In den USA hat fast jeder seinen eigenen Wagen, und in Frankreich kommt jeweils ein Auto auf zwei Personen. Aber wenn man die Zuwachsrate privater Autos in den letzten zehn Jahren vergleicht, dann steht Israel mit an der Spitze: Während die Zunahme in den USA fünf Prozent betrug, waren es in Israel 70 Prozent.

Für eine industrielle, pluralistische Gesellschaft ist Israel noch immer bemerkenswert familienorientiert. Verglichen mit den meisten westlichen Ländern ist die Scheidungsrate niedrig – 18 Prozent im Gegensatz zu 50 Prozent in den USA. Der Einfluß der Religion, die zentrale Rolle der Familie in der jüdischen Tradition und die Strenge der rabbinischen Familiengesetze tragen zu dieser Stabilität bei. Dennoch scheint sich diese Tradition seit 1970 abzuschwächen. Neue Trenduntersuchungen lassen bereits gewisse Ähnlichkeiten bezüglich

Eheschließung und Scheidung zwischen Israel und dem Westen erkennen. Seit den frühen 70er Jahren hat die Zahl der Scheidungen ständig zugenommen, und das durchschnittliche Heiratsalter ist bei Männern auf 26 und bei Frauen auf 23 Jahre gestiegen. Die Abkehr von den traditionellen Werten hat sich auch in einem Trend zur Einkindfamilie manifestiert – während es zuvor weniger als ein Prozent waren, waren es 1990 bereits zwei Prozent.

Tel Aviv ist wie keine andere Stadt die Hochburg des Exzesses. Es repräsentiert die eine Seite der israelischen Gesellschaft: generelle Weltoffenheit, verbunden mit dem speziellen Wunsch nach Zugehörigkeit zum Westen. Das Gegenstück zu Tel Aviv ist Jerusalem. Jerusalem ist Geschichte, Tel Aviv ist Gegenwart. Jerusalems feierlicher Ernst wird häufig der Leichtlebigkeit Tel Avivs gegenübergestellt. Selbstverständlich finden sich auch in Jerusalem Anzeichen einer lärmenden Amerikanisierung und Wohlstandskultur, aber verglichen mit der Lebendigkeit Tel Avivs wirkt die Stadt ziemlich verschlafen. Nach neun Uhr abends ist Jerusalem tot.

Tel Aviv ist das Zentrum des modernen Israel, hier findet man die Modetrends aus aller Welt. Hier lebt eine kleine Gruppe, die man als die Yuppies des Heiligen Landes bezeichnen könnte. Auch dieses Phänomen ist ein amerikanischer Import.

Israels Yuppies haben den Finger am Puls der Entwicklungen in der großen Welt. Häufig führen sie die neuesten amerikanischen Gewohnheiten, Moden, Mahlzeiten und kulturellen Errungenschaften ein. Wie ihre Kameraden im Westen sind sie bestens über die letzten Trends informiert. Wenn sich in Greenwich Village alles schwarz kleidet, bestehen gute Chancen, daß demnächst auch in den beliebten Pubs und Cafés von Tel Aviv alles in Schwarz herumläuft. So versuchen sie, sich einzureden, sie lebten nicht eigentlich in Tel Aviv, sondern in New York. Aber einige fühlen sich frustriert und leer, wenn sie eines Tages aufwachen und feststellen, daß sie keineswegs im amerikanischen Komfort leben. Aus dieser Enttäuschung heraus sind viele junge Israelis ausgewandert – um Israel zu entfliehen. Natürlich sind es nicht nur die jungen Leute oder die Yuppies, die das Land verlassen, um in Amerika ihr Glück zu suchen. Es gibt keine genauen Statistiken, aber die Zahl derer, die seit 1948 aus Israel in die USA ausgewandert sind, liegt zwischen einer viertel und einer halben Million. Die meisten gehen nach New York oder Los Angeles.

In den Anfangsjahren der Unabhängigkeit verließen nur jene das Land, die versagt hatten, oder meinten, versagt zu haben, oder behaupteten, das Gefühl zu haben, sie hätten bei der Erfüllung des israelischen Traums versagt. Damals, vor 20 oder 30 Jahren, war der Grund für einen Umzug von Israel in die USA derselbe wie bei allen anderen Immigranten – Iren, Italienern oder Polen: finanzielle Not. Mit den Jahren sind jedoch noch speziell israelische Motive hinzugekommen: Angst vor Krieg und die Abneigung, bis ins mittlere Alter hinein wenigstens einmal im Jahr als Reservist Wehrdienst leisten zu müssen.

Im Gegensatz zu anderen Immigranten in den USA war für alle Israelis typisch, daß sie ein Gefühl der Scham verspürten. Sie schämten sich, daß sie ihrer Heimat den Rücken gekehrt hatten, und nutzten jede Gelegenheit, sich zu entschuldigen und zu erklären, daß sie »sehr bald« zurückgehen würden (selbst wenn sich dieses »bald« bis in alle Ewigkeit hinzog).

Die israelische Gemeinde in den USA ist die einzige im Exil lebende Gruppe, die von sich behauptet, sie gehöre nicht dorthin und sei nur vorübergehend in Amerika. Seit ein paar Jahren jedoch ist ein neuer Immigrantentyp aufgetaucht, einer, der nicht länger befangen oder beschämt über sein Handeln ist. Dieser Immigrant verläßt Israel nicht, weil es ihm hier schlechtgeht, sondern weil es ihm nicht gut genug geht. Nachdem er schon in Israel eine scheinbar amerikanische Existenz geführt hat, will er jetzt die Wirklichkeit ausprobieren. Hier hat er vielleicht eine Dreizimmerwohnung, aber in den USA – so weiß er oder glaubt er zu wissen – könnte er ein Fünf-, Sechs- oder Siebenzimmerhaus mit Swimmingpool im Garten haben. In Israel verdient er im Jahr etwa 20 000 bis 30 000 Dollar, in den USA hofft er, zwei- oder dreimal soviel zu verdienen. Diese neuen Immigranten sind Fachkräfte und Geschäftsleute – die Creme der israelischen Gesellschaft. Inzwischen hat sich in Amerika ein Schema der israelischen Einwanderung entwickelt: Der Immigrant wird zunächst seßhaft und holt dann Brüder, Schwestern, Mutter, Vater und den Rest der Verwandtschaft nach.

Israel ist eine Nation der Extreme: Die Stimmung seiner Bevölkerung schwankt beständig nervös zwischen der Angst vor einer Katastrophe und der intensiven Freude am gemeinsamen Feiern. Vielleicht hat diese Unausgeglichenheit ihren Grund in der jüdischen Religion, die die jüdische Existenz als ein Auf und Ab zwischen Zerstörung und Auferstehung betrachtet. Vielleicht hat aber auch der Verlust der alten Werte wie Gleichberechtigung und soziale Gerechtigkeit die israelische Gesellschaft aus dem Gleichgewicht gebracht.

Mit den Annehmlichkeiten des amerikanischen Lebensstils hat sich Israel nun aber auch Amerikas Probleme eingehandelt. In der Vergangenheit war es in Israel nahezu undenkbar, daß einer seiner Bürger so arm sein könnte, daß er nichts zu essen hatte. Als 1965 ein zwölfjähriges Mädchen aus einer kleinen, im Aufbau befindlichen Stadt im Radio erzählte, daß es Hunger leide, war dies für die gesamte Nation ein Schock. Die Nachricht löste Debatten in der Knesseth aus, und die Medien setzten die Labor-Regierung unter Druck, den Fall zu untersuchen. Obgleich sich das Ganze als falscher Alarm herausstellte, war die äußerst beschämende Angelegenheit ein gefundenes Fressen für die oppositionelle Propaganda. Heute jedoch gibt es echte Fälle von Hunger.

Ende 1991 war die Zahl der Armen in Israel auf eine halbe Million gestiegen. Die Armutsgrenze ist in Israel erreicht, wenn ein einzelner weniger als 200 Dollar im Monat verdient oder das Einkommen einer Familie im gleichen Zeitraum unter 400 Dollar liegt. Da die Durchschnittsmiete für eine kleine Wohnung etwa 300 Dollar beträgt und das restliche Einkommen zumeist nicht ausreicht, um die übrigen lebenswichtigen Ausgaben zu decken, ist es nicht verwunderlich, daß so viele Menschen unter die Armutsgrenze abrutschen. Jeder siebte Israeli hat weniger als das Minimum; die Hälfte davon sind Kinder. Andere offizielle Zahlen besagen, daß in 80 000 Familien die Kinder ständig an Unterernährung leiden.

Israelische Sozialarbeiter berichten, daß sie entsetzliche Fälle erlebt hätten, in denen kleine Kinder – wie in einem Dickensschen Szenarium – Abfalleimer nach Eßbarem durchwühlt oder für einen Hungerlohn irgendwelche Gelegenheitsjobs verrichtet hätten. Heute erschüttern derartige Enthüllungen niemanden mehr; die Öffentlichkeit bleibt gelassen.

Vor einigen Monaten beobachtete ich eine Frau in den Fünfzigern, die frühmorgens in den Abfalleimern unseres Hauses herumstocherte. Sie trug ein graues Kleid und einen roten

Mantel, abgewetzt und voller Löcher. Von Zeit zu Zeit vergewisserte sie sich ängstlich, ob sie auch niemand sah. Wahrscheinlich hatte sie sich überlegt, daß die Morgenstunden die beste Zeit seien, um unbeobachtet ihrer Beschäftigung nachgehen zu können, da die meisten Bewohner zur Arbeit gegangen waren. Nach einigen Minuten des Herumstocherns legte sie ein paar weggeworfene Dinge in ihren Korb: etwas angefaultes Gemüse und eine halbleere Schachtel mit Käse. Ich habe sie später noch ein paarmal gesehen: Jetzt sind ihr Auftreten und ihre Bewegungen nicht mehr ganz so nervös. Sie arbeitet, als habe sie alle Zeit der Welt. Ich schäme mich für sie und auch meinetwegen. Ich hätte mir niemals vorgestellt, daß mir Israel einmal das Schauspiel armer Leute bieten würde, die am Rande des Verhungerns leben und versuchen, ein paar Krumen aus meinem Mülleimer zu retten.

Diese erschreckenden Zustände stellen Israel neben andere westliche Nationen, die regelmäßig den Prozentsatz ihrer Armen ermitteln. Danach leben in Israel relativ mehr Bedürftige als in Kanada, England und Deutschland. Darüber liegen nur die USA, wo 20 Prozent der Bevölkerung weniger als das Existenzminimum haben. Auch in Tel Aviv, Jerusalem und anderen Städten sieht man heute Menschen, die zitternd vor Kälte, bedeckt mit ein paar Lumpen und zusammengekauert in Pappkartons die Nacht verbringen. Bis jetzt hält sich diese Situation noch in Grenzen – aber die einst sozialistische Gesellschaft ist hart und grausam geworden und hat sich von ihren Armen, Alten und Schwachen abgewandt.

Das Israel der Vergangenheit konnte als vorbildlich gelten für den modernen Wohlfahrtsstaat. Der Staat sorgte dafür, daß niemand ohne Wohnung oder ohne ärztliche Versorgung war und genug Geld hatte, um das Notwendigste kaufen zu können. Mit dem Übergang vom Sozialismus und seinem Wohlfahrtssystem zur freien Marktwirtschaft und Privatisierung ist Israels soziales Netz zerrissen. Die Nebenfolgen sind die gleichen wie in anderen westlichen Nationen, die den gleichen Weg gegangen sind: Arbeitslosigkeit, Armut und eine tiefe soziale Kluft. Das Kind der sozialen Gerechtigkeit ist mit dem Bad der wirtschaftlichen Effizienz ausgeschüttet worden.

Solange der Staat Israel besteht, haben alle Israelis eine Krankenversicherung und damit Anspruch auf gleiche Behandlung im Krankenhaus. Seit kurzem jedoch zeigen sich hier

bedenkliche Risse im Fundament. Wer heute seine Krankenversicherung nicht mehr bezahlen kann, erhält entweder gar
keine oder nur eine zweitklassige Behandlung. 1988 mußte
sich mein Vater einer Bypass-Operation unterziehen. 30 Jahre
lang hatte er regelmäßig seine Versicherungsbeiträge bezahlt
– seit unserer Ankunft in Israel. Als er seine Versicherung nun
aber brauchte, stellte sich die bittere Wahrheit heraus: Infolge
der langen Warteliste für Herzoperationen bekam er einen
Termin in einem Jahr. Sein Arzt bestand darauf, daß die Operation in den nächsten Wochen vorgenommen werden müsse,
da er daran zweifelte, ob das Herz meines Vaters noch ein Jahr
lang durchhalten würde. »Was kann ich tun?« fragte mein Vater. »Lassen Sie sich privat behandeln«, wurde ihm gesagt.
Mein Vater hatte keine Wahl. Die Operation kostete ihn
20 000 Dollar. Zwei Jahre später mußte sich meine Mutter einer ähnlichen Behandlung unterziehen. Ihr Zustand war weniger dramatisch, so daß sie nicht gezwungen war, sich in einer
Privatklinik operieren zu lassen. Um jedoch vom besten Ärz-
te- und Schwesternteam des Krankenhauses operiert zu werden, mußte auch sie dem Chirurgen unter der Hand 3000
Dollar zahlen. Diese an sich illegalen Zahlungen werden als
»Abgabe an die Station« oder »Beratungsgebühr« bezeichnet.
In Wahrheit kann man mit Hilfe solcher Schmiergelder die
Wartezeit für sich verkürzen, sich vom Arzt seiner Wahl behandeln lassen und eine bessere Versorgung im Krankenhaus
erreichen. Dies soll nun nicht heißen, daß das gesamte israelische Gesundheitswesen korrupt ist, aber seit einigen Jahren
lassen sich doch immer mehr Anzeichen für moralischen Verfall und Zynismus erkennen.

Ähnliche Formen der Korruption findet man überall. Ende
der 80er Jahre wurde bekannt, daß auch ein Richter Bestechungsgelder angenommen hatte. Und in den letzten Jahren
sind selbst innerhalb der Streitkräfte mehrfach Skandale aufgedeckt worden, in denen es um Bestechung, Betrug und die
Unterschlagung von mehreren zehn Millionen Dollar durch
hohe Offiziere ging.

Dies alles beweist, daß der Idealismus der Vergangenheit einem Materialismus solchen Umfangs Platz gemacht hat, der
schon an reine Habgier und extreme Genußsucht grenzt. Die
Israelis wollen viel Geld verdienen, und dies schnell. Seit 1967
hat Washington Israel mit einer Wirtschafts- und Militärhilfe

in Höhe von 77 Milliarden Dollar unterstützt. Wenn man so will, hat jeder Israeli – Männer, Frauen und Kinder – fast 17 000 Dollar vom amerikanischen Steuerzahler erhalten. Die USA sahen in Israel einen verläßlichen Verbündeten und strategischen Partner im Kampf gegen die UdSSR. Gefestigt wurde diese Allianz ferner durch Israels demokratische Einrichtungen sowie durch die Arbeit der proisraelischen Lobby in Washington und die einflußreiche amerikanisch-jüdische Gemeinde. Diese speziellen Beziehungen zwischen Israel und den USA haben es dem Land ermöglicht, eine einmalige Situation zu schaffen, in der es die Bevölkerung – trotz bescheidener Anfänge – zu Wohlstand gebracht hat und weit über ihre finanziellen Mittel lebt. Das israelische Wirtschaftswunder wurde durch die großzügige Unterstützung der USA möglich gemacht.

Ohne diese amerikanische Hilfe würde es im Land wie in jeder anderen Dritte-Welt-Nation aussehen. Israel verdankt es nur den Amerikanern, wenn es zu einem Land geworden ist, das heute mehr verbraucht, als es produziert.

Auch nach der Besetzung der Territorien im Jahr 1967 sind Labor- und Likud-Regierungen in reichem Maß durch die amerikanische Großzügigkeit verwöhnt worden, ohne daß man von ihnen eine wirkliche Gegenleistung gefordert hätte. Obgleich alle amerikanischen Regierungen von Lyndon Johnson bis Ronald Reagan intern immer wieder die Einstellung der jüdischen Siedlungen auf der West Bank und im Gazastreifen verlangt haben, haben sie nie ernsthafte diplomatische Schritte dagegen unternommen. Besonders Präsident Reagan wiegte Israel insoweit in Sicherheit – mehr noch als seine Vorgänger. Er zögerte nicht, immer mehr Geld in Form von Militärhilfe in die israelische Wirtschaft zu pumpen. Verständlicherweise gab dies den Israelis das Gefühl, daß sie aus amerikanischer Sicht gar nichts Unrechtes tun konnten.

Seit Januar 1989 jedoch, als Präsident Bush ins Weiße Haus einzog, müssen die Israelis zur Kenntnis nehmen, daß das Fest möglicherweise zu Ende ist. Dem Präsidenten und seinem Außenminister James Baker fehlt die emotionale und ideologische Bindung ihrer Vorgänger an Israel. Mit dem Zusammenbruch der UdSSR hat Israel außerdem seine strategische Bedeutung als Bollwerk gegen die Ausbreitung des Kommunismus im Mittleren Osten praktisch verloren. Um Amerikas

Position in dieser Region zu stärken und zugleich die Ausbreitung des arabischen Nationalismus sowie des moslemischen Fundamentalismus zu begrenzen, die die Öllieferungen an den Westen gefährden, versucht das Bush-Baker-Team, die Araber nun auf Kosten Israels zu beschwichtigen.

Aus diesem Grund hat die Regierung Bush ein Einfrieren der jüdischen Siedlungen auf der West Bank gefordert, die für Israelis und Palästinenser zu dem politisch und emotional gravierendsten Problem geworden sind. Fast 120 000 Juden leben bereits in diesen Siedlungen. Die US-Regierung forderte sowohl einen Baustopp für neue Siedlungen als auch eine zahlenmäßige Beschränkung der Gebäude in den bereits bestehenden Siedlungen. In der Hoffnung, für seine im Golfkrieg gezeigte Zurückhaltung finanziell belohnt zu werden, bat Israel die Regierung der USA, ihm auf fünf Jahre einen Kredit über zehn Milliarden Dollar einzuräumen. Das geliehene Geld wollte man verwenden, um fast eine Million Juden aus der ehemaligen UdSSR aufzunehmen. Die israelische Regierung betrachtet dies als eine rein humanitäre Frage, die nicht mit sachfremden politischen Erwägungen verknüpft werden sollte. Aber Bush und Baker sahen dies anders. »Wenn ihr das Geld wollt«, so ließen sie die Israelis wissen, »stoppt die Siedlungen, die ein Hindernis für den Frieden sind.« Zum erstenmal wurden damit in den amerikanisch-israelischen Beziehungen finanzielle Sanktionen als politisches Druckmittel benutzt. Hinzu kommt, daß Amerikas eigene Wirtschaftsrezession es schwieriger gemacht hat, unbegrenzte Mittel in eine Sache zu stecken, die sich als Faß ohne Boden zu erweisen scheint. Mit dem Regierungswechsel in Jerusalem und den sich verschlechternden Chancen auf eine Wiederwahl zum Präsidenten, änderte Präsident Bush jedoch seine ursprüngliche Entscheidung. Im August 1992 teilte er Israels neuem Premierminister Jizchak Rabin mit, die USA würden den Kredit gewähren.

Aber die nicht mehr ganz so blauäugigen Israelis stellen jetzt fest, daß auch bei den Staatsfinanzen wie beim Familienbudget gewisse Prioritäten gesetzt werden müssen. Viele Jahre lang hat die israelische Führung versucht, auf sämtlichen Hochzeiten gleichzeitig zu tanzen: Man versprach ein Maximum an Sicherheit und zugleich einen hohen Lebensstandard; man hielt an der Okkupation und Unterdrückung der Palästinenser fest, gab sich aber als eine aufgeklärte und demokratische Gesellschaft; man errichtete in den besetzten Gebieten ständig neue Siedlungen, beteuerte aber gleichzeitig, daß Israel nur Frieden wolle.

Es dämmert den neuen Israelis, daß ihre Subaru-Mentalität zu einem zweischneidigen Schwert geworden ist: Während sie ihnen ermöglichte, ihre Vorstellung vom amerikanischen Leben zu verwirklichen, wird sie sie in der Zukunft möglicherweise zu unangenehmen Kompromissen zwingen. Die 90er Jahre haben die israelische Subaru-Luftblase platzen lassen: Israel kann als kleines und armes Land nicht länger darauf vertrauen, so weitermachen zu können wie bisher. Wenn zukünftig noch mehr Immigranten aufgenommen werden sollen – als Teil des zionistischen Überlebensprogrammes –, dann braucht Israel jede ausländische Unterstützung, die es bekommen kann, besonders von den USA. Diese Hilfe wird es jedoch auf Dauer nur erhalten, wenn es darauf verzichtet, die Territorien zu besetzen, zu beherrschen und zu kolonisieren.

Das Dilemma, in dem Israel sich befindet, stellt das Land vor eine unbarmherzige Entscheidung: Entweder man hält an der Einwanderungstradition des Zionismus fest – oder man muß sich darauf vorbereiten, das alte zionistische Ethos auf dem Altar des Landes zu opfern, und den Frieden vergessen.

Epilog

Jeden Freitag nachmittag wartet in Gan Hakovschim, dem Siegespark in Süd-Tel-Aviv, eine Schlange russischer Immigranten auf die Verteilung von Nahrungsmitteln. Gleich neben dem Park liegt der geschäftige Carmel-Markt, ein anarchisches Labyrinth engverschachtelter Marktbuden, ein chaotischer Ort voller Menschen, Lärm und den Gerüchen von Früchten und Fleisch. Alle die unterschiedlichen und gegensätzlichen Kulturen innerhalb der heutigen israelischen Gesellschaft sind hier vertreten. Der Markt ist Schmelztiegel, Mixer und Shaker. In seinen Straßen trifft man orthodoxe Juden in ihren traditionellen langen schwarzen Mänteln, Araber mit der Kaffiyeh auf dem Kopf, junge Männer und Frauen in Jeans und T-Shirts und ärmlich gekleidete alte Leute.

In Gan Hakovschim aber herrscht unter Israels neuesten Immigranten aus der ehemaligen UdSSR eine ganz andere Stimmung. Am späten Freitag nachmittag, wenn sich Tausende von ihnen in der Nähe des Marktes versammeln, könnte man eine ruhige, vielleicht sogar festliche Atmosphäre erwarten: Der Sabbat ist der Hauptruhetag in Israel. Dies ist jedoch nicht der Fall. Die Menschen in Gan Hakovschim warten nicht auf den Beginn des Sabbat, sondern auf etwas zu essen. Nach etwa einer Stunde Wartezeit erhält jeder von ihnen eine kleine Tüte mit Früchten und Gemüse. Die Stadtverwaltung von Tel Aviv, die diese Wohlfahrtseinrichtung finanziert, verfolgte damit ohne Zweifel die besten Absichten.

Bevor die Aktion anlief, waren die Zustände noch schlimmer: Nach Beendigung des Marktes nahmen die Immigranten von ihm Besitz und sammelten den Abfall und alle Reste ein, deren sie habhaft werden konnten. Journalisten und Fotografen aus aller Welt kamen hierher und berichteten vom tragischen Anblick dieser jüngsten Einwanderer, deren Traum sich in einen Alptraum verwandelt hatte. Um den durch diese Reportagen angerichteten Schaden zu begrenzen, haben Israels Aufnahmebehörden inzwischen einige Marktverkäufer überredet, die verderblichen Restbestände abzuliefern und sie in einer weniger unwürdigen Form zu verteilen. Aber auch diese Methode trägt wenig dazu bei, die Erniedrigung der Betroffenen zu mildern. Die Funktionäre verlangen von jedem, der um

Nahrung bittet, einen Ausweis, der ihn als neu angekommenen Immigranten ausweist. Wer ihn nicht vorweisen kann, bekommt nichts zu essen. Dieses Verhalten erinnert an die alten Bürokraten, die mich und meine Familie bei unserer Ankunft vor 35 Jahren in Empfang nahmen.

Die jüdische Immigration aus der ehemaligen UdSSR hätte eines der faszinierendsten Kapitel der israelischen Geschichte werden können – mit dem ganzen Zauber eines Märchens.

Seit der bolschewistischen Revolution 1917 hat die Sowjetunion alles in ihrer Macht Stehende getan, jedes nationale Gefühl bei ihren Untertanen zu unterdrücken und auszurotten. Fast 50 Jahre lang haben die sowjetischen Behörden Juden und anderen ethnischen Gruppen jedes Recht auf eine eigene religiöse Kultur verweigert. Das Lehren der hebräischen Sprache war verboten, die Synagogen waren geschlossen, und der Zionismus war zur offenen Ketzerei erklärt.

Dennoch wurde irgendwie eine Form der jüdischen Tradition aufrechterhalten – nicht zuletzt durch die Arbeit des israelischen Geheimdienstes. Jahrelang bestand neben dem Mossad eine weitere Geheimorganisation, das Liaison Bureau, das sich ausschließlich damit beschäftigte, das jüdische und zionistische Bewußtsein unter den drei Millionen Juden in der UdSSR zu fördern. Das Bureau schickte seine Agenten, die die jüdischen Gemeinden in der gesamten Sowjetunion aufspürten. Hatte ein Agent eine Gemeinde gefunden, so versorgte er sie mit Gebetsbüchern, Bibeln, hebräischen Wörterbüchern und Tonbändern mit moderner israelischer Musik.

Ende der 60er Jahre begann der jüdische Aktivismus in der UdSSR Fuß zu fassen. Sein Slogan beschwor wieder einmal die Bibel: »Laß mein Volk ziehen.« Die sowjetische Diktatur versuchte, die jüdischen Dissidenten mit denselben Methoden zu bekämpfen wie andere »Störenfriede« – sie wurden von KGB-Agenten gejagt, aus ihren Stellungen entlassen und einige sogar für lange Zeit ins Gefängnis geworfen.

Schließlich jedoch riefen diese Maßnahmen Gegenkräfte auf den Plan. Von der israelischen Initiative angeregt, beteiligten sich auch andere jüdische Organisationen am Kampf um die Befreiung der sowjetischen Juden. Wieder einmal erfüllte sich das zionistische Credo, den Juden in der Not zu helfen: Sowjetische Juden wurden nach Israel gebracht.

Als es schließlich im Rahmen dieser gutorganisierten Kampagne gelang, die Regierungen der USA unter den Präsidenten Nixon und Carter für die Sache zu mobilisieren, gerieten die sowjetischen Behörden unter diplomatischen Druck: Die Amerikaner lieferten der UdSSR so lange weiter Getreide, wie diese den Juden die Auswanderung erlaubte. In den 70er Jahren gestatteten daraufhin die Sowjets nahezu einer viertel Million Juden im Rahmen der »Familienzusammenführung« die Ausreise. Zwei Drittel von ihnen ließen sich in Israel nieder, und vielen von ihnen gelang es, sich erfolgreich den neuen Lebensumständen anzupassen. Der Rest blieb unterwegs hängen oder verließ das Land wieder, zumeist in Richtung USA.

Diese Welle der Immigration kam jedoch zum Stillstand, als sich die amerikanisch-sowjetischen Beziehungen zu Beginn der 80er Jahre verschlechterten. Die Sowjets betrachteten die Juden nunmehr als Geiseln, deren Schicksal völlig vom Klima der komplexen Beziehungen zwischen Moskau und Washington abhing. Der Wind hatte sich gedreht. Nun hieß es: kein Getreide, keine Juden.

Als Michail Gorbatschow 1985 Generalsekretär der KPdSU wurde, setzte er Reformen und historische Veränderungen durch, die letztlich zur Abschaffung des Kommunismus und zum Zusammenbruch der UdSSR führten. Auch die Politik gegenüber den Juden änderte sich abermals: Sie konnten nun ohne irgendeine Einschränkung nach Israel auswandern. In den beiden Jahren 1990 und 1991 verließen etwa 400 000 Juden die Sowjetunion. Auf dem Höhepunkt dieser Immigrationswelle kamen fast 50 000 Juden innerhalb eines Monats in Israel an. Obgleich diese Massenimmigration als ein Nebenprodukt zeitgeschichtlicher, diplomatischer und strategischer Interessen betrachtet werden kann, sehen viele Israelis in ihr einen Erfolg des Likud und Israels rechtsgerichteter Regierung.

Likuds Glück war jedoch nicht von langer Dauer. Anfang 1992 begann die Einwanderung aus der ehemaligen Sowjetunion eine entschieden weniger dramatische Form anzunehmen. Die Flut verebbte zusehends. Prognosen hatten von wenigstens einer Million Einwanderern in den nächsten fünf Jahren gesprochen, was einen Bevölkerungszuwachs von 25 Prozent bedeutet hätte. Tatsächlich aber kamen in jedem Monat nur noch ein paar Hundert. Selbst während des Golfkriegs, als das Land fast täglich von Scud-Raketen beschossen wurde, kamen im Durchschnitt noch mehr Russen in Israel an als danach. Dieser plötzliche und dramatische Rückgang wurde durch das Unvermögen der Regierung Schamir verursacht, die Ankömmlinge angemessen einzugliedern.

Anders als die sowjetischen Immigranten der 70er Jahre waren die Neuankömmlinge nicht von einer zionistisch-ideologischen Leidenschaft motiviert. Sie kamen aus dem gleichen Grund nach Israel wie seinerzeit die Sephardim: um Gefahr und Entbehrung zu entfliehen. Allein Israel war bereit, sie ohne weitere Fragen aufzunehmen, und wurde so zur einzigen Zufluchtsstätte sowjetischer Bürger. Zu Beginn der 90er Jahre eilten sie scharenweise zum israelischen Konsulat, um Einwanderungspapiere zu bekommen. Die israelischen Diplomaten in Moskau hatten freilich keine Möglichkeit, die Angaben der Antragsteller zu überprüfen, die von sich behaupteten, Juden zu sein. Sie gaben daher fast jedem Antrag statt. Das Rückkehrgesetz bestimmt, daß Israel eine unbegrenzte Anzahl jüdischer Immigranten aufnehmen darf. Das Ergebnis war, daß in den Jahren von 1990 bis 1992 in der Sowjetunion ein schwungvoller Handel mit erschlichenen israelischen Einwanderungspapieren blühte. Unter diesen Immigranten war außerdem eine erhebliche Zahl von Nichtjuden, die mit Juden verheiratet waren. Man schätzt, daß etwa ein Viertel aller sowjetischen Immigranten und Antragsteller Nichtjuden waren.

In den orthodoxen Kreisen Israels gibt es daher seit kurzem ein privates Gesprächsthema: »die neue demographische Gefahr«, die angeblich von diesen nichtjüdischen Russen ausgeht. Falls Israel, so argumentieren sie, keinen Weg findet, sie zu identifizieren und gegen sie vorzugehen, dann würden wahrscheinlich Millionen von Nichtjuden ins Land strömen und die jüdische Bevölkerung bald an Zahl übertreffen. Um diese Flut zu kontrollieren, hat das orthodoxe Establishment gefordert, daß für alle männlichen Immigranten zur Bedingung gemacht wird, daß sie sich beschneiden lassen. Traditionell wird diese Operation am achten Tag nach der Geburt vorgenommen, aber jene, bei denen die Beschneidung nicht termingerecht durchgeführt wurde, können dieses Ritual jederzeit nachholen. Oft bitten die Immigranten selbst um eine Beschneidung, um sich auf diese Weise mit ihrer neuen Heimat zu identifizieren. Aber in vielen Fällen beugen sie sich auch nur dem Druck der Orthodoxen – den unheilschwangeren Vorhersagen über das Schicksal der Kinder Israels, falls der überlieferte Ritus nicht durchgeführt wird. 1991 wurden in den Krankenhäusern unter der Aufsicht von vom Staat bezahlten Rabbis 50 000 Beschneidungen vorgenommen. Diese Rabbis nutzten zugleich die Gelegenheit, auf eine Änderung des Vor- und Familiennamens in einen »echten« jüdischen Namen zu drängen.

Immigranten werden stets bestätigen, daß die Integration in keinem Land völlig glatt und reibungslos verläuft. Kulturelle Verpflanzung, Unterschiede in Sprache, Sitten und Lebensstilen machen den Übergang schwierig. Aber nicht einmal in ihren schlimmsten Träumen haben die sowjetischen Juden die Probleme vorausgesehen, die in Israel auf sie zukommen sollten.

Die Regierung leistete jede erdenkliche Hilfe und hat versucht, aus den Fehlern vorangegangener Massenimmigrationen zu lernen. Anders als in den 50er Jahren werden die jüngsten Einwanderer nicht mehr in Durchgangslager gesteckt – ihre Aufnahme erfolgt direkter. Sobald sie auf dem Ben-Gurion-Flughafen gelandet sind, können sie gehen, wohin sie wollen. Sie bekommen sofort Geld und weitere sechs Monate lang ein regelmäßiges Taschengeld. Sie können steuerfrei einkaufen, und ihre Kinder bekommen staatliche Unterstützung in der Schule. Darüber hinaus fördert die Regierung Schamir den Bau billiger Wohnungen.

Alle diese guten Absichten scheiterten jedoch daran, daß die sowjetischen Immigranten keine Arbeit fanden. Über die Hälfte der Einwanderer hat eine höhere Ausbildung; aber viele sind in Berufen ausgebildet, die entweder gar nicht gefragt sind, wie Bergbauingenieure und Metallurgen, oder bei denen bereits ein Überangebot besteht, wie bei Physikern, Chemikern und Ärzten. Um genügend Arbeitsplätze zu schaffen, braucht Israel dringend ausländische Investitionen. Der israelische Markt ist jedoch klein und bietet nur geringe Chancen. Auch die Sicherheitsprobleme des Landes und die politische Instabilität im Mittleren Osten schrecken ausländische Investoren häufig ab. Inzwischen benötigt Israel dringend eine Kreditgarantie über zehn Milliarden Dollar. Ohne dieses Geld wird es nicht in der Lage sein, seinen gewaltigen Bevölkerungszuwachs finanziell zu bewältigen. Die Arbeitslosenrate liegt bereits bei 40 Prozent; sobald die monatlichen Zahlungen aufhören, stehen viele Immigranten ohne einen Pfennig da. Sie können keine Miete mehr bezahlen, und so sind ganze Familien von habgierigen Vermietern auf die Straße gesetzt worden. In den 80er Jahren, vor diesem enormen Bevölkerungszuwachs, befand sich Israel fast ständig in einer Rezession. Viele Wohnungen, die nicht verkauft oder vermietet werden konnten, standen leer. Die Russen jedoch griffen hastig zu, und dies wiederum trieb die Mieten in die Höhe. Selbst armselige Hütten in verfallenen Stadtvierteln, die nicht einmal als Stall geeignet waren, bereicherten plötzlich den Wohnungsmarkt.

Selbst jene Russen, die Arbeit gefunden haben, arbeiten in der Regel nicht in ihrem erlernten Beruf. Der israelische Markt braucht billige Arbeitskräfte in der Industrie und im Dienstleistungsgewerbe. Seit der Intifada haben viele israelische Arbeitgeber Angst, palästinensische Arbeiter einzustellen. An deren Stelle sind russische Immigranten getreten. Wie ihre Vorgänger werden sie ausgebeutet und erhalten nur niedrige Löhne. So kann es geschehen, daß ein ehemaliger Raketeningenieur jetzt Bürofußböden schrubbt, ein Arzt die Straße fegt und andere vielleicht von Tür zu Tür gehen und Blumen verkaufen.

Ihr eigenes wirtschaftliches Elend und der Schock über Israels Wohlstandskultur lassen sie nahezu alles tun, um im ungewohnten israelischen Dschungel mithalten zu können. Manche Frauen treibt es in die Prostitution, um ihre Familien zu ernähren. In Gegenden mit vielen russischen Immigranten klagen die Manager der Supermärkte über zunehmenden Diebstahl. »Wir sind hungrig. Unsere Eltern hatten nicht das Geld, Brot zu kaufen. Deshalb mußten wir es stehlen«, entschuldigten sich zwei Jungen, die in einem Supermarkt in meiner Nachbarschaft erwischt worden waren. Der Manager, dem die Sache sichtlich naheging, ließ sie laufen – nachdem er ihnen noch andere Lebensmittel geschenkt hatte. In den meisten Fällen jedoch wird die Polizei gerufen. Eine 1992 von den israelischen Eingliederungsbehörden veröffentlichte Studie besagt, daß nahezu 20 Prozent der neuankommenden Russen Israel wieder verlassen möchten. Ihre Notlage ist freilich auch ein fruchtbarer Boden für alle möglichen sozialen Probleme: Die Scheidungsrate unter den Immigranten nimmt zu, ebenso Alkoholismus und Kriminalität. Die israelische Presse spricht bereits von einer »russischen Mafia«, die im kriminellen Untergrund Tel Avivs Wurzeln geschlagen hat.

Vor diesem Hintergrund ist ein nicht ganz neues Problem wieder aufgetaucht: Trotz ihres guten Willens und ihres Bewußtseins, daß die »Immigration Israels Sauerstoff ist«, haben viele etablierte Israelis inzwischen das Interesse an den Neuankömmlingen verloren. Es gibt zwar einige, die freiwillig Gemeindearbeit leisten, um ihnen zu helfen, aber auch eine alte Fremdenfeindlichkeit ist wieder aufgetaucht. Häufig werden Neuankömmlinge gewaltsam angegriffen. Erst kürzlich wurde eine Gruppe junger Israelis erwischt, die einen russischen Jungen am Strand überfallen hatte. Viele Israelis denken gar nicht daran, den Neuankömmlingen eine Wohnung zu vermieten oder ihnen Arbeit zu geben. Ein Teil dieser Zwischenfälle geht auf das Konto der Sephardim. Es ist durchaus verständlich, daß diese über die relativ unkomplizierte Eingliederung der Russen wütend sind, wenn sie an ihre eigene anfängliche Erniedrigung durch die Aschkenasim denken. Außerdem hegen die sephardischen Gemeinden den Verdacht, daß die enormen Gelder, die die israelische Regierung in die letzte Immigrationswelle gesteckt hat, an ihnen gespart worden sind. Dies hat zur Gründung einer neuen Partei geführt, die zwar politisch keine große Rolle spielt, deren Wahlspruch: »Stoppt die sowjetische Immigration«, jedoch deutlich die Stimmung im heutigen Israel wiedergibt.

Darüber hinaus befürchten die Sephardim, daß sie nach einem zehn Jahre langen kulturellen Entwicklungsprozeß jetzt wiederum zu Bürgern zweiter Klasse werden könnten. Diese Furcht ist nicht ganz unbegründet. Die sowjetischen Immigranten haben bereits für einen erneuten Wandel in der Bevölkerungsstruktur gesorgt: Zum erstenmal seit 25 Jahren haben die Aschkenasim zahlenmäßig wieder die Sephardim überflügelt. Im Mai 1992 berichtete das israelische Statistikbüro, daß es 100 000 mehr Aschkenasim als Sephardim gäbe. Die Sache hat jedoch einen Haken: Das Bureau zählt alle sowjetischen Immigranten zu den Aschkenasim, während die Ankömmlinge aus den asiatischen Republiken eigentlich zu den Sephardim gerechnet werden müßten.

Zu diesem bereits ziemlich komplexen Problem kommt noch ein weiteres hinzu: Die Russen sind nicht die einzigen, die in den 90er Jahren nach Israel gekommen sind. Auch für die schwarzen Juden aus Äthiopien ging mit dem Einzug in das Land ihrer Vorfahren ein Traum in Erfüllung.

Nach der Legende sind die schwarzen Juden Äthiopiens die Abkömmlinge jener zehn Stämme, die vor mehr als 2600 Jahren ins Exil gingen und spurlos verschwanden. Jahrhundertelang haben sie in ihren abgelegenen Bergdörfern ihre alten Gebräuche bewahren können. Ihre Tradition basiert eindeutig auf einem Judaismus ganz besonderer Art. Die Gründung des Staates Israel im Jahr 1948 weckte zwar auch in ihnen Hoffnungen, aber aus politischen Gründen verhielt sich die Labor-Regierung ihrer Zwangslage gegenüber völlig gleichgültig. Die Labor-Premierminister von Ben Gurion bis Golda Meir beugten sich dem Druck der Orthodoxen, deren Rabbis es ablehnten, die Äthiopier als Juden anzuerkennen. Auch die nachfolgenden Regierungen zögerten, sie dem ihnen freundlich gesinnten äthiopischen Kaiser abspenstig zu machen. Erst als in beiden Ländern ein Regierungswechsel stattfand, verbesserte sich die Situation der äthiopischen Juden. An die Stelle des vertriebenen Kaisers trat ein marxistisch orientiertes, antiisraelisches Militärregime, während in Jerusalem zur gleichen Zeit Menachim Begin und der Likud-Block die Macht übernahmen. Sie waren schließlich bereit, zugunsten ihrer schwarzen Brüder etwas zu unternehmen und sie nach Israel zu holen.

Wie bereits in der Vergangenheit trat Israels Geheimdienst in Aktion. Agenten wurden nach Äthiopien und in den benachbarten Sudan entsandt, um Politiker und hohe Beamte zu bestechen. Israel lieferte Waffen, und im Gegenzug erklärte sich die äthiopische Militärregierung einverstanden, die Ausreise der Juden zu ignorieren. Unter der Schutzherrschaft internationaler Organisationen und mit Unterstützung der CIA begannen die israelischen Agenten, die äthiopischen Juden mit Charterflugzeugen über Europa und mit Schiffen auf direktem Weg nach Israel zu bringen. Auf diese Weise kamen bis 1985 mit der »Operation Moses« etwa 10 000 schwarze Juden nach Israel. Weitere 20 000 wurden im Juni 1991 während der dreitägigen »Operation Solomon« nach Israel geflogen. Diese war das Ergebnis eines weiteren Handels: 40 Millionen Dollar für die äthiopische Staatskasse und einige korrupte Beamte gegen die Freilassung der äthiopischen Juden. Während der Operation betrachteten Israel und die gesamte übrige Welt mit ungläubigem Staunen die Bilder von Tausenden traditionell gekleideter Menschen, die zum erstenmal in ihrem Leben in ein Flugzeug stiegen. Die anfängliche Faszination legte sich jedoch bald. Man überließ es den äthiopischen Juden, mit den zahlreichen Problemen selbst fertig zu werden.

In der Zeitspanne von vier Flugstunden wurden die Äthiopier aus dem afrikanischen Mittelalter in eine westliche Zivilisation des späten 20. Jahrhunderts befördert. Schon das Flugzeug war für sie ein Wunder, sie kannten aber nicht einmal Toiletten und wußten nicht, wie man die Spülung bedient. Die für die Eingliederung der Äthiopier zuständigen Beamten waren sich einig, daß ihre Integration – anders als bei den sowjetischen Juden – nicht ohne weiteres möglich war. Die Äthiopier brauchten hierzu eine entsprechende Anleitung. So wurden sie erst einmal in Aufnahmezentren und Durchgangslagern zusammengefaßt. Man plante, sie dort einige Monate einzugewöhnen und ihnen dann einen festen Wohnsitz anzubieten. Die Sache klappte jedoch nicht.

Die meisten Äthiopier leben bereits seit fast zwei Jahren in Durchgangslagern. Sie wohnen nicht mehr in Zelten wie die Marokkaner und die Jemeniten in den 50er Jahren, und auch das Essen ist inzwischen besser geworden, aber im übrigen haben sich die Zustände in den Lagern kaum verändert. Die Äthiopier haben keine Arbeit. Die Arbeitslosigkeit unter ihnen ist sogar noch höher als unter den Russen. Es gibt Fälle von Alkoholismus und Selbstmord, aber kaum Anzeichen einer Integration in ihr Umfeld. Die etablierten Israelis lehnen sie ab. Es kursieren Gerüchte, wonach viele Äthiopier mit Aids infiziert seien. Als für sie ein Lager in den Außenbezirken einer wohlhabenden Landgemeinde in Galiläa errichtet wurde, protestierte die örtliche Bevölkerung. Und als äthiopische Kinder in den Kindergärten erschienen, brachten israelische Eltern ihre Kinder eilends woanders hin.

Es gab einen einzigen Versuch, die Äthiopier mit den Russen zusammenzubringen – aber innerhalb weniger Tage kam es wegen der bestehenden Differenzen zu Gewalttaten. Die sowjetischen Immigranten verlangten, woanders untergebracht zu werden, so daß sie und ihre Kinder nicht unter einem Dach mit »diesen Schwarzen« leben müßten. Die äthiopischen Durchgangslager verwandeln sich zunehmend in schwarze Ghettos. Wie zuvor die Marokkaner sind auch sie mittlerweile Gegenstand ethnischer Witze und rassistischer Klischees geworden.

Die Äthiopier werden – wie die Jemeniten und die Marokkaner – gedrängt, ihre alten Traditionen aufzugeben. In den 50er Jahren steckte das aschkenasisch-orthodoxe Establishment die nordafrikanischen Jugendlichen in schwarze Mäntel und Hüte. Heute drücken Israels Orthodoxe – Aschkenasim wie Sephardim – Scheitelkäppchen auf die Köpfe der äthiopischen Jungen, die diese aus ihrer Tradition nicht kennen. Und die Stimmenfänger der verschiedenen Parteien schleichen wieder in den Immigrantenvierteln umher, in der Hoffnung, neue Wähler zu gewinnen.

Am Ende kam es keineswegs unerwartet, daß die Mehrheit der neuen Immigranten bei den Wahlen im Juni 1992 die Likud-Regierung dafür bestrafte, daß sie sie im Stich gelassen hatte. Bei den Russen ist die ungastliche Aufnahme durch den Likud noch in guter Erinnerung – genauso wie Marokkaner und Jemeniten die Unterdrückung durch die Labor-Partei nicht vergessen haben. Labor brauchte indessen keine 25 Jahre zu warten, bis sie wieder die Macht übernehmen konnte – die Zeit, die die Sephardim seinerzeit verstreichen ließen, bis sie aus Rache für Likud stimmten.

Dennoch ist es keine Frage, daß die Immigranten ihren Beitrag zum sozialen, kulturellen und ethnischen Wandel leisten werden. Mit der Zeit wird dies noch deutlicher werden. Schon heute wird auf den Straßen immer häufiger russisch gesprochen, und die Restaurants servieren inzwischen russische Gerichte. Der Einfluß der verschiedenen Einwanderergruppen wird sich auch auf die Politik, die Armee, das Geschäftsleben und den gesamten Lebensstil Israels auswirken.

Israel ist häufig als ein Ort bezeichnet worden, an dem Träume und Mythen wahr werden. Blickt man zurück, so hat die Immigration dem Land durch den Zustrom neuer Kenntnisse, Tatkraft und Zielstrebigkeit der Neuankömmlinge stets in irgendeiner Weise neue Energie gegeben. Die Immigration geht weiter und gibt Anlaß zu der begründeten Hoffnung, daß das Entstehen einer jüdischen Nation nicht aufzuhalten ist.

Aber Israels Schicksal hängt nicht nur von der Immigration ab. Am 8. November 1917 brachte die *London Times* zwei Schlagzeilen – die eine betraf ein hochpolitisches Ereignis, die andere ein eher unbedeutendes Thema. Die große Neuigkeit war die Machtübernahme der Regierung in St. Petersburg durch die Bolschewiken. Die kleinere Notiz bezog sich auf einen Brief des britischen Außenministers James Balfour, der im Namen der Regierung Seiner Majestät die Unterstützung der zionistischen Bewegung ankündigte. Heute, 75 Jahre später, heißt St. Petersburg – das zwischendurch in Leningrad umbenannt war – wieder St. Petersburg; die kommunistischen Bolschewiken wurden verjagt. Aus der damals weit weniger sensationellen Schlagzeile ist dagegen eine große und wichtige Bewegung geworden. Alle bedeutenden revolutionären Bewegungen des 20. Jahrhunderts sind gescheitert – Sozialismus, Kommunismus, Faschismus und Liberalismus. Nur der Zionismus ist nach wie vor stark und lebendig. Er umfaßte zunächst nur eine kleine Gruppe von Menschen mit einer gemeinsamen religiösen Tradition, aber ohne eigenes Staatsgebiet, und wurde zum Fundament einer neuen Nation. Der Zionismus wuchs aus einer Synthese der großen Ideologien des Jahrhunderts. In ihm vereinen sich Sozialismus und Humanismus mit Nationalismus, religiösem Klerikalismus und sogar Fundamentalismus.

Man sollte aber nicht vergessen, auch die andere Seite der Medaille zu betrachten: Der Zionismus hat die jüdischen Menschen aus ihren ideologischen und kulturellen Umgebungen herausgerissen und in ein ihnen fremdes Land verpflanzt. Weder dem Zionismus noch Israel ist es bisher gelungen, alle sich daraus ergebenden Widersprüche und Zwiespältigkeiten zu beseitigen. Gelegentlich platzt irgendwo eine Naht, und die sich aus der Immigration ergebenden Probleme werden wieder einmal deutlich. Israel ist eine Nation, die Schwierigkeiten mit der Identifizierung ihrer Identität hat, die – angesiedelt im Mittleren Osten – einen westlichen Stil zu leben versucht; eine Gesellschaft, die wesentlich von ihrer Aufgeschlossenheit und Verbundenheit mit der Welt im ganzen abhängig ist, sich aber gelegentlich in eine selbstauferlegte Isolation zurückzieht; die, auf Freiwilligkeit und gegenseitige Unterstützung gegründet, inzwischen Egoismus und Hedonismus zu ihrem modernen Credo erhoben hat; eine Nation, die sich ihre Unabhängigkeit und ihr Recht auf Selbstbestimmung in einem blutigen Krieg erkämpft hat, ihren Gegnern aber dieselben Rechte starrköpfig verweigert; die behauptet, den Frieden zu wollen, aber das Schwert nicht aus der Hand legt.

Im letzten Jahrzehnt unseres Jahrtausends befindet sich Israel am entscheidenden Wendepunkt seiner kurzen Existenz.

So wie sich die übrige Welt verändert und auf das 21. Jahrhundert vorbereitet, wird auch Israel seinen Weg fortsetzen müssen. Die meisten politischen und sozialen Definitionen der Vergangenheit haben ihre Bedeutung verloren. Die beiden größten politischen Parteien Israels stehen von außen betrachtet zwar noch für »links« und »rechts« beziehungsweise »Sozialisten« und »Konservative« – aber in Wirklichkeit sind sie zu ideologischen Supermärkten geworden: Beide bieten jedem etwas. Im Liduk-Block findet man heute Anzeichen eines altmodischen Sozialismus und die Bereitschaft, zu einer Übereinkunft mit den Palästinensern zu kommen. Auf der anderen Seite tritt die Labor-Partei häufig für alte kapitalistische Ideen, Extremismus gegenüber den Palästinensern sowie einen radikalen Nationalismus ein. Auch die alte Trennungslinie zwischen Sephardim und Aschkenasim ist unscharf geworden. Israels neue soziale Schichtung richtet sich eher nach den wirtschaftlichen Verhältnissen – nach Einkommen und Lebensstandard – und beruht nicht mehr so stark auf ethnischen Unterschieden.

Das kritische Problem, dem sich Israel heute und in Zukunft gegenübersieht, ist die Frage, wie es die Reibungen und Spannungen zwischen sich einerseits und den Palästinensern und den arabischen Staaten andererseits abbauen kann. Im November 1991 nahm Israel an der Madrider Friedenskonferenz teil. Die Ironie dieser Friedenskonferenz und der Teilnahme Israels liegt darin, daß sie von Jizchak Schamir zustande gebracht wurde, Israels rechtestem Premierminister überhaupt. Dessen ungeachtet dachte die Likud-Regierung damals natürlich nicht daran, ihre Siedlungspolitik in den besetzten Gebieten zu ändern, und war auch nicht bereit, wirklich auf einen Frieden hinzuarbeiten. Aber mit der Wahl der neuen Regierung und Rabins Bereitschaft, den Palästinensern und den Syrern Zugeständnisse zu machen, sind erste ermutigende Schritte gemacht worden. Man sollte nicht zögern, weitere unkonventionelle und mutige Entscheidungen zu treffen: Andernfalls könnte Israel im Zuge neuer politischer Entwicklungen auf der Strecke bleiben. Statt sich mit der Geschichte zu bewegen, könnte Israel plötzlich hinterherhinken oder – noch schlimmer – seine politische Orientierung verlieren und schließlich untergehen.

In der Vergangenheit haben zionistische und israelische

Führer immer wieder bewiesen, daß sie realistisch denken und entsprechend handeln können. In den kritischsten Momenten hat sich Israel jedesmal zusammengerissen und die Kraft gefunden, sich selbst zu erneuern. Der jüngste Sieg von Labor kann in der Tat eine Reaktion in diese Richtung sein. Gelegentlich haben Israels Premierminister – wie Meir und Schamir – starrköpfig und entschlossen einen unhaltbaren Standpunkt vertreten, andere – wie Ben Gurion und Begin – haben, wenn es die Situation erforderte, Flexibilität und Mäßigung bewiesen. Es besteht Grund zu Optimismus.

Nachwort

von Stefan Braun

Kommt sie oder kommt sie nicht? Sie kommt. Zögerlich zwar und von US-Präsident Clinton geschickt inszeniert, folgt letztlich doch jene Geste, auf die die Gäste im Garten des Weißen Hauses an diesem 13. September 1993 gewartet haben. Mit einem vorsichtigen Händedruck besiegeln Jizchak Rabin und Jassir Arafat, was ihre Unterhändler in monatelangen Geheimverhandlungen vereinbart hatten: die gegenseitige Anerkennung und die Klärung der Bedingungen für eine friedliche Koexistenz zwischen Israelis und Palästinensern. So alltäglich diese Geste für gewöhnlich ist, an diesem Spätsommertag kann sie symbolträchtiger nicht sein. Da reichen sich zwei Todfeinde die Hand – hier der israelische Premierminister, ehemalige Generalstabschef und anfängliche Verfechter der Prügelstrafe für die Palästinenser, und dort der PLO-Vorsitzende, je nach Blickwinkel Terrorist oder Freiheitskämpfer und über Jahrzehnte Feind Nummer eins des jüdischen Staats. Auf dem Rasen des Weißen Hauses demonstrieren ausgerechnet diese beiden, daß möglich geworden ist, was kaum jemand zu hoffen wagte: ein Ende des Blutvergießens. Kaum ein Konflikt schien komplizierter, kaum eine Auseinandersetzung komplexer als der Kampf zwischen Israelis und Palästinensern. Ihr Streit um jenes kleine Stückchen Land, das beide Seiten für sich reklamierten, galt jahrzehntelang als unüberbrückbar. Legitim waren beider Ansprüche, weil Israelis und Palästinenser unabhängig über ihr Schicksal bestimmen wollten; unlösbar war der Konflikt, weil der eigene Anspruch den des Gegners auszuschließen schien. Auch wenn weder die künftigen Grenzen noch die Form des entstehenden Staates endgültig geklärt worden sind, steht fest, daß mit dem Abkommen und dem besiegelnden Handschlag von Washington zwei Erzfeinde ihren bisherigen Maximalanspruch aufgegeben haben. Mit einemmal geht es nicht mehr darum, wer den ganzen Kuchen erhält, sondern darum, wie groß das jeweilige Stück ausfallen wird.

Was hat die Gegner im Streit um das Heilige Land zu dieser Versöhnung veranlaßt? Für Jassir Arafat waren zwei Gründe ausschlaggebend: Zum einen verlor er vor allem seit Ende

1989 zahlreiche Anhänger an die islamisch-fundamentalisti-
sche Hamas-Bewegung, nachdem seine im Dezember 1988
erstmals formulierte Anerkennung Israels letztlich zu keinerlei Zugeständnissen auf israelischer Seite geführt hatte. Seine
zunächst zögerliche, später eindeutige Parteinahme für Saddam Hussein im Verlauf der Golfkrise sorgte in einem zweiten
Schritt dafür, daß die reichen Ölstaaten am arabisch-persi-
schen Golf ihren Geldhahn für die PLO zudrehten. Damit hatte sich Jassir Arafat der finanziellen Mittel beraubt, die die
von Arbeitslosigkeit und verheerenden Lebensbedingungen
geplagten Palästinenser wenigstens notdürftig unterstützten.
Angesichts der politischen wie wirtschaftlichen Perspektivlo-
sigkeit vor allem im Gaza-Streifen, aber auch in der West
Bank, wurde der Zulauf für die eine Verhandlungslösung ablehnende Hamas zur logischen Konsequenz. Über kurz oder
lang mußte Arafat einen Verhandlungserfolg vorzeigen, wollte er nicht den letzten Rückhalt unter den Palästinensern verlieren.

Ohne einen Positionswechsel in Israel wäre ihm dies jedoch
nicht möglich gewesen. Erst die Wahl der moderaten Regierung von Jizchak Rabin im Juni 1992 machte einen Kompromiß im Rahmen der Formel »Land für Frieden« möglich, der
allein Arafat die Chance für eine ausreichende Unterstützung
durch die Palästinenser eröffnete. Bis zu den Wahlen in Israel
am 23. Juni des vergangenen Jahres hatten die ideologisch-re-
ligiös motivierten Hardliner in Israel nicht zuletzt durch die
ökonomische und militärische Unterstützung der USA genügend finanziellen und politischen Spielraum, um immer wieder
eine Mehrheit der israelischen Bevölkerung in dem Gefühl zu
wiegen, Israel sei gleichzeitig in der Lage, die 1967 eroberten
Gebiete zu besiedeln, alle einreisewilligen Juden mit Wohnraum und Arbeit zu versorgen und die arabisch-palästinensi-
sche Seite durch eine ebenso klare wie kompromißlose Haltung letztlich zur Aufgabe ihrer Ansprüche zu bewegen. Der
Ausbruch der Intifada im Dezember 1987 stellte jedoch unter
Beweis, wie unrealistisch der Glaube an eine kampflose Aufgabe der palästinensischen Bevölkerung gewesen war. Und
der unter den Hardlinern Jizchak Schamir sowie Ariel Sharon
gescheiterte Versuch, ohne zusätzliche US-Hilfe die seit 1989
nach Israel kommenden russischen Immigranten zu integrieren *und* die Besiedlung und schleichende Annexion der West

Bank fortzusetzen, zwang die Mehrheit der Israelis zum Umdenken. Beide Entwicklungen hatten gezeigt, auf welch brüchigem Fundament die bisherige Politik basierte, und sie ebneten den Weg für die Wahl einer neuen, kompromißbereiten Regierung. Die Entscheidung Rabins, zusammen mit Erzfeind Jassir Arafat eine Lösung zu suchen, fiel allerdings erst, als ihm bewußt wurde, daß sich die fundamentalistische Hamas als Konkurrentin des PLO-Vorsitzenden und als Gegnerin eines Friedens mit Israel mehr und mehr Zulauf verschaffen konnte. Allein Arafat, so die Kalkulation der Regierung in Jerusalem, schien noch bereit und in der Lage, einen Kompromiß am Verhandlungstisch anzustreben und – als *die* zentrale Symbolfigur des palästinensischen Widerstands – diesen gegen die Kritik der Hamas zu verteidigen.

Die Umrisse des endgültigen Friedensschlusses zwischen Israelis und Palästinensern bleiben an vielen Stellen noch unklar. Der durch ablehnende Hardliner auf beiden Seiten steinige Weg dorthin ist mit dem in Washington unterzeichneten Abkommen unter dem Kürzel »Gaza und Jericho« zuerst jedoch vorgezeichnet: Zwei Monate nach Unterzeichnung des Abkommens sollen die Verhandlungen über einen Rückzug der israelischen Armee aus dem Gaza-Streifen und der West-Bank-Stadt Jericho abgeschlossen werden. Nach weiteren vier Monaten soll der letzte israelische Soldat Gaza und Jericho verlassen haben, und in den folgenden drei Monaten werden sich die israelischen Truppen auch aus allen übrigen dichtbesiedelten Regionen der West Bank zurückziehen. An die Stelle der Armee des Judenstaats rücken palästinensische Polizeieinheiten, die von da an für die Sicherheit zuständig sein werden. Allein für die jüdischen Siedlungen und die äußere Sicherheit bleiben die israelischen Militärs verantwortlich.

Neun Monate nach dem historischen Handschlag im Garten des Weißen Hauses sollen im Gaza-Streifen und in der gesamten West Bank unter internationaler Schirmherrschaft direkte Wahlen für einen repräsentativen Palästinenserrat stattfinden. Er wird zunächst für Erziehung, Sozialfürsorge, Steuern, Gesundheitswesen und den Fremdenverkehr zuständig sein. Weitere Kompetenzen können im beiderseitigen Einverständnis hinzukommen.

Nach zwei Jahren werden auf der Grundlage der Formel »Land für Frieden« Verhandlungen über den endgültigen Status der besetzten Gebiete beginnen, und nach fünf Jahren schließlich sollen die Ergebnisse der abschließenden Verhandlungen in die Tat umgesetzt werden.

Angesichts dieser schrittweisen Annäherung zwischen Israelis und Palästinensern stellt sich die Frage, welche Konsequenzen die bisher erzielten Vereinbarungen für beide Seiten mit sich bringen. Für die Israelis bedeutet der angestrebte Tausch von Land gegen Frieden, etwas Konkretes aufzugeben und dafür etwas vergleichsweise Unkonkretes zu erhalten. Für viele im jüdischen Staat ist das eine nur schwer mitzutragende Entscheidung, insbesondere deshalb, weil dieser Handel ausgerechnet mit dem bisher völlig tabuisierten Todfeind Israels geschlossen werden soll. »Welche Sicherheiten haben wir in diesem Tauschgeschäft, daß Arafat sein Versprechen halten will oder kann?« fragen viele. Jahrzehntelang hatten die Regierungen von Menachem Begin und Jizchak Shamir die Israelis in der Hoffnung gelassen, Frieden sei möglich, ohne mit der PLO und mit Jassir Arafat zu verhandeln und ohne nur einen Zentimeter der West Bank an den Feind zurückzugeben. Auch wenn sich diese starre Haltung als falsch erwiesen hat – beides auf einmal zu akzeptieren und damit die bisherige Grundlage des eigenen Denkens auf den Kopf zu stellen, fällt vielen Israelis schwer. Deren Unterstützung indes braucht Jizchak Rabin, will er die Ergebnisse des Washingtoner Abkommens umsetzen und den Weg für eine endgültige und umfassende Lösung des israelisch-palästinensischen Konflikts freimachen.

Für die Palästinenser bedeutet das Abkommen mit Israel, daß sie viele ihrer ursprünglichen Hoffnungen endgültig begraben müssen. Mit der im Herbst 1988 erstmals formulierten und im Rahmen der jetzigen Vereinbarungen schriftlich wiederholten Anerkennung Israels verzichten sie auf jegliche Ansprüche, die sich auf das israelische Kernland in den Grenzen nach dem Sechs-Tage-Krieg 1967 beziehen. Darüber hinaus lassen sie sich im Rahmen des Washingtoner Abkommens auf einen Prozeß ein, von dem sie nicht wissen, wohin er sie am Ende führt. Viel mehr als palästinensische Autonomie in zwei kleinen Enklaven sowie die grundsätzliche israelische Akzeptanz der Formel »Land für Frieden« steht bislang nicht auf dem Papier. Und genauso wie die Hardliner in Israel den Willen und die Kraft Arafats in Frage stellen, so sind sich viele unter den Palästinensern nicht sicher, ob Rabin beziehungsweise ein vergleichbar moderater und mutiger Politiker die israelische Regierung führt, wenn es um den endgültigen Status der besetzten Gebiete gehen wird. Auf der Grundlage dieser Verhandlungsergebnisse verlangt auch Jassir Arafat von jenen ein großes Maß an Vertrauen, Kompromißbereitschaft und Mut, ohne deren Unterstützung die Vereinbarungen von Washington nicht das Papier wert sind, auf dem sie stehen.

Der erste israelische Staatspräsident Chaim Weizmann hat einmal gesagt, der Konflikt zwischen Israelis und Palästinensern sei kein Konflikt zwischen Recht und Unrecht, sondern zwischen Recht und Recht. Jizchak Rabin und Jassir Arafat haben durch ihren Händedruck zum Ausdruck gebracht, daß sie diese Sicht der Dinge akzeptieren. Erst wenn sich die gleiche Auffassung auch in den Köpfen der Völker festsetzt, die der israelische Premier und der Vorsitzende der PLO in Washington repräsentierten, hat der couragierte Versuch der Versöhnung tatsächlich eine Chance.

Berlin, im September 1993

Quellenangaben

Prolog

Zwischen April und Juni 1990 habe ich mehrere Artikel in der *Washington Post*, der *Los Angeles Times*, dem *Boston Globe* und in der israelischen Tageszeitung *Ha-Aretz* veröffentlicht, in denen ich auf Saddam Husseins nichtkonventionelles Waffenarsenal hingewiesen habe. Andere Beobachtungen, über die ich in diesem Kapitel berichtet habe, beruhen auf Erfahrungen, die ich während der Scud-Raketenangriffe auf Israel im Golfkrieg 1991 gemacht, sowie auf Artikeln, die ich für die oben genannten Zeitungen von Januar bis Mai 1991 geschrieben habe.

Das Rohmaterial für einige der Anekdoten habe ich den anderen israelischen Tageszeitungen entnommen, vor allem *Yediot Aharonot, Ma-Ariv* und *Davar*.

No Other Place: On Literature and Society ist eine Essaysammlung von Gershon Shaked, Hakibbutz Hameuchad Publishing House (Tel Aviv 1983).

I: *Immigration ja, Immigranten nein*

Von den vielen Büchern, die sich mit der zionistischen Führung und dem Holocaust auseinandersetzen, möchte ich drei besonders erwähnen: Walter Laqueur, *The Terrible Secret: Suppression of the Truth about Hitler's »Final Solution«*, Penguin (Middlesex, England, 1982); Dina Porat, *The Blue and Yellow Stars of David: The Zionist Leadership in Palestine and the Holocaust*, Harvard University Press (Cambridge, Mass., 1990); Walter Laqueur and Richard Breitman, *Breaking the Silence*, Simon and Schuster (New York 1990).

David Ben Gurions Biograph Schabtai Tevet hat am 25. April 1991 in einem hervorragenden Interview, das in der israelischen Tageszeitung *Ha'ir* erschien, Ben Gurions machtpolitische Vorstellungen erläutert.

Die vollständigste Dokumentation darüber, wie die Sephardim in den ersten Jahren nach der Unabhängigkeit Israels aufgenommen wurden, findet man in Tom Segevs hervorragendem Buch: *1949: The First Israelis*, Domino Press (Jerusalem 1984).

Das Zitat: »Er ist aus dem Meer geboren«, das auf den Sabra Bezug nimmt, ist der Elegie Moshe Schamirs an seinen Bruder entnommen: *With His Hands*, Am Oved (Tel Aviv 1975).

II: *Zionismus: Traum und Wirklichkeit*

Von den Dutzenden von Büchern, die ich über die Geschichte des Judaismus, der Juden, des Zionismus und Israels gelesen habe, möchte ich ein paar besonders erwähnen: *A History of the Jewish People*, herausgegeben von H. H. Ben Sasson, Harvard University Press (Cambridge, Mass., 1976); Howard M. Sacher, *A History of Israel*, Alfred A. Knopf (New

York 1987); Abba Eban, *Heritage: Civilization and the Jews*, Stematzky (Tel Aviv 1984); Paul Johnson, *A History of the Jews*, Weidenfeld and Nicolson (London 1987); Walter Laqueur, *A History of Zionism*, Holt, Rinehart and Winston (New York 1972); Amos Elon, *The New Israelis: Founders and Sons*, Penguin Books (London 1972); Theodor Herzl, *Old-New Land* (»Altneuland«), Bloch Publishing Co. (New York 1941).

III: Das Werden einer Nation

Informationen über Ben Gurion habe ich Michael Bar Zohars Buch entnommen: *Ben Gurion: A Biography*, Adama Books (New York 1986).

Für die Beschreibung der ersten Pioniere und ihrer Siedlungen in Palästina habe ich äußerst wertvolles Material gefunden in: David Vital, *The Origins of Zionism*, Am Oved (Tel Aviv 1978), und *Erez Israel in the 20th Century: From Yishuv to Statehood, 1900–1950*, herausgegeben von Mordechai Naor und Dan Giladi, Ministry of Defense (Tel Aviv 1990).

Bezüglich der Namensänderung vgl. Elon, *New Israelis*, S. 124/125.

Über den sozialistischen Zionismus siehe: Anita Shapira, *Visions in Conflict*, Am Oved (Tel Aviv 1988), und *Berl Katznelson: A Biography*, Am Oved (Tel Aviv 1980).

Über die Organisation und die Histadrut siehe: Yonathan Shapiro, *The Organization of Power*, Am Oved (Tel Aviv 1975), und *Trouble in Utopia: The Overburdened Policy of Israel*, herausgegeben von Dan Horowitz und Moshe Lissak, Am Oved (Tel Aviv 1990).

David Horowitz, *My Yesterday*, Schocken Publishing House (Tel Aviv 1970), gibt einen Einblick in die Entwicklung der Jugendbewegung im allgemeinen und von Haschomer Hatzair im besonderen.

IV: Zwischen Krieg und Frieden

Über die Anfänge des arabischen Nationalismus siehe: Yehoshua Porath, *The Emergence of the Palestinian-Arab National Movement 1918–1929*, Hebrew University Press (Jerusalem 1971).

Über die jüdisch-arabischen Beziehungen siehe: David Fromkin, *A Peace to End All Peace: The Fall of the Ottoman Empire and the Creation of the Modern Middle East*, Avon Books (New York 1989).

Über den Krieg 1948 gibt es zahlreiche Bücher. Die meisten jedoch stellen die Dinge einseitig dar. Für die israelische Version habe ich mich auf die offizielle Stellungnahme in *The History of the Wars of Independence* gestützt, herausgegeben vom Ministry of Defense (Tel Aviv 1962). Die arabische Geschichtsschreibung ist insoweit weniger glücklich dran. Dort ist nie ein entsprechender Versuch unternommen worden, die arabische Version auf ähnliche Weise zu verbreiten. Es gibt jedoch drei Arbeiten, auf die ich verweisen möchte: Aref, el Aref, *The Disaster*, 6 Bde., Al Maktabel al Asriya (Beirut und Sidon 1956–1960), und ein wenig ausgewogener und weniger »offiziell«: *Both Sides of the Hill* von David Kimche, Secker and Warburg (London 1960), und Nadav Safran, *From War to War*, Keter Publishing House (Jerusalem 1969).

Über die besonderen Beziehungen zwischen den Zionisten und den Haschemiten siehe: Avi Shlaim, *Collusion Across the Jordan: King Abdullah, the Zionist Movement, and the Partition of Palestine*, Oxford University Press (Oxford 1988), und Yossi Melman/Dan Raviv, *Behind the Uprising: Israelis, Jordanians and Palestinians*, Greenwood Press (Westport, Conn., 1989).

Zur Frage der palästinensischen Flüchtlinge vgl.: Benni Morris, *The Birth of the Palestinian Refugee Problem, 1947–1949*, Am Oved (Tel Aviv 1991), und Danny Rubinstein, *The Fig Tree Embrace*, Keter Publishing House (Jerusalem 1990), wo die Studie der Bir-Zeit-Universität zitiert wird.

Die nach 1948 unternommenen Versuche zum Abschluß von Friedensverträgen sind geschildert in: Itamar Rabinovich, *The Road Not Taken: Early Arab-Israeli Negotiations*, Maxwell-Macmillan-Keter Publishing (Jerusalem 1991).

Das meiste über Levi Eschkol hat mir seine Witwe Miriam Eschkol erzählt.

Nähere Einzelheiten über das Expertenteam, das nach dem Krieg 1967 die Stimmung unter den Palästinensern erkunden sollte, finden sich im 8. Kapitel des Buches von Dan Raviv und Yossi Melman, *Die Geschichte des Mossad*, Wilhelm Heyne Verlag, München 1992, Heyne TB Nr. 225.

Zum besseren Verständnis der Thesen Yeshayaho Leibovitz' siehe seine Essaysammlung *Judaism, Jewish People and the State of Israel*, Schocken Publishing House (Tel Aviv 1975). Besonders interessant ist sein Artikel über »*The Territories*«, S. 418–422.

V: Wachwechsel

Meine Tätigkeit als Journalist in den Jahren 1975 bis 1983 hat mir vielfach die Möglichkeit gegeben, die in diesem Kapitel beschriebenen Ereignisse selbst mitzuerleben.

Vieles über Golda Meir habe ich in mehreren Gesprächen von ihrer Tochter Sa:a Rehavi erfahren.

Die Ausführungen über Israels Atomwaffen basieren auf den entsprechenden Kapiteln (3 und 9) in: *Die Geschichte des Mossad* sowie auf meinem Interview mit Schimon Peres, dem ehemaligen Premierminister und einem der Väter des israelischen Atomwaffenprogramms.

Das Porträt Menachim Begins beruht auf meinem Treffen und Telefonaten mit ihm sowie seiner Autobiographie *The Revolt*, Steimatzky (Bnei Brak 1990).

Über Jabotinsky vgl.: Joseph Schechtman, *Rebel and Statesman: The Vladimir Jabotinsky Story*, Karni Publishers (Tel Aviv 1959).

Über Scharon siehe: Uzi Benziman, *An Israeli Caesar*, Adama Books (New York 1985).

VI: Die stille sephardische Revolution

Dieses Kapitel beruht hauptsächlich auf meinen Besuchen der »heiligen« Gräber und den Treffen mit einigen der »Heiligen«.

VII: Mit Gottvertrauen

Die Geschichte Alexander Basovs findet sich in den Ausgaben der israelischen Tageszeitung *Yediot Aharonot* vom April 1991.

A History of the Jews enthält auf den Seiten 267–274 eine lebendige Schilderung der Geschichte Schabtai Zvis.

Über die Frage der Religion, Gottes und des Holocaust siehe: Eliezer Schweid, *Wrestling Until Daybreak*, Hakibbutz Hameuchad (Tel Aviv 1990), S. 21 und S. 170–173.

Trouble in Utopia: The Overburdened Policy of Israel enthält eine gute Analyse des Status und der Rolle, die die Religion und die religiösen Parteien in der israelischen Gesellschaft spielen. *1949: The First Israelis* ergänzt diese Ausführungen durch einige ausgezeichnete Beispiele.

Der Dichter und Schriftsteller Aharon Amir, ehemaliges Mitglied der Kanaaniten, hat mir die Geschichte der Bewegung geschildert. Weiteres Material zu diesem Thema habe ich dem Buch *Letters* von Jonathan Ratosh, Hadar Publishing House (Tel Aviv 1986), entnommen.

Das Material über den *Block of Faithfull* beruht auf eigenen journalistischen Recherchen, dem Buch *Dear Brothers* von Hagai Segal, Keter Publishing (Jerusalem 1987), sowie auf Gesprächen mit dem Schriftsteller Haim Be'er.

VIII: Verteidigung

Über den Fall George Segal erfuhr ich durch den israelischen Künstler Danny Karavan.

Über die historischen Ursprünge des Gedenkens der Gefallenen vgl. George Mosses brillanten Essay »*The Cult of the Fallen Soldier National Cemeteries and National Revival*« in Zmanin, Bd. 6 (Tel Aviv University 1981).

Über die Bedeutung Masadas in der jüdischen und israelischen Geschichte siehe: Avirama Golans Artikel in *Ha-Aretz* vom 7. Mai 1992.

Über Dayan siehe: Moshe Dayan, *Story of My Life*, Edanim Publishers (Tel Aviv 1976).

Tom Segev finanzierte die Reisen George Mosses zu Israels Kriegsdenkmälern. Sein Bericht wurde am 24. April 1990 in *Ha-Aretz* veröffentlicht.

IX: Das Erstarken des politischen Extremismus

In den Jahren 1984 bis 1992 habe ich Jizchak Schamir siebenmal interviewt und an einem Dutzend seiner sozialen und politischen Veranstaltungen teilgenommen.

Über die »Stern-Gang« siehe Joseph Heller, *Lehi: Ideology and Politics, 1940–1949*, Keter Publishing House (Jerusalem 1989).

Über Scharons Rolle im Libanon vgl.: Shimon Shiffer, *Snow Ball: The Story Behind the Libanon War*, Yediot Aharonot (Tel Aviv 1984).

Die israelische Tageszeitung *Davar* widmete am 7. September 1989 eine Sonderausgabe der Frage, wie dicht Israel vor einem Bürgerkrieg steht.

X: »Unsere Araber«

Bei den Recherchen für dieses Buch und für meine tägliche journalistische Arbeit habe ich mehrere Interviews mit Adb a-Salam Manasra in seinem Haus in Nazareth und in Tel Aviv geführt.

Die nostalgischen Schilderungen Palästinas finden sich in: Valid Khalidi, *Before Exile*, Center for Palestinian Studies and Bir Zeit University 1991, sowie in: Binyamin Zeev Kedar, *A Glance and One More Glance*, Ministry of Defense (Tel Aviv 1991).

Eine der besten und erschütterndsten Beschreibungen der palästinensischen Tragödie von 1948 findet sich in den Schriften von Emil Habibi, einem ehemaligen kommunistischen Mitglied der Knesseth.

Einige Daten über die israelischen Araber: Bevölkerungszahl: 800000; 77 % Moslems, 13 % Christen, 10 % Drusen. 88 % leben in Städten. Die Arbeitslosigkeit betrug 1992 bei den Arabern 17 %, bei den Juden 12 %. Schulausbildung: bei den Arabern durchschnittlich 8,6 Jahre, bei den Juden 11,5. Studenten: Araber 5,2 %, Juden 16,4 %. Größe der Durchschnittsfamilie: bei den Arabern 6, bei den Juden 3,4 Personen. Lebenserwartung: Männer: Araber 71,5 Jahre, Juden 73,5 Jahre; Frauen: Araberinnen 74,2 Jahre, Jüdinnen 77,1 Jahre.

Majid al Haj, *Social Change and Family Process: Arab Communities in Shefar-Am*, Westview Press 1987, beschäftigt sich mit Fragen der Modernisierung unter den israelischen Arabern. Die Geschichte Rifat Turks basiert auf meinen Gesprächen mit ihm sowie zahlreichen Zeitungsartikeln und Fernseh- sowie Radiointerviews.

Über das Thema »*Copying the Master in Arab Protest*« sprach Dr. Sam Lehman-Wilzig von der Bar-Ilan-Universität während einer Konferenz über »The Arab Minority in Israel: Dilemmas of Political Orientation and Social Change« im Juni 1991.

Über den Fall Khaled Nimer Sawad berichtete *Yediot Aharonot* am 28. Dezember 1992.

Politika, Israels politisches Magazin, brachte in Heft 21 ein Interview mit Scheich Nimer Darwisch.

Nadin Ruhana, ein israelisch-arabischer Soziologe am Boston College, behauptet, daß »die sogenannten israelischen Araber nach ihrem eigenen Verständnis in erster Linie Palästinenser« seien. Er steht damit im Gegensatz zu Leuten wie Sami Samocha, die die Auffassung vertreten, die israelischen Araber würden sich vor allem anderen als Bürger des Staates Israel betrachten.

XI: Die Araber dort drüben

Über die Schießerei am Purim-Abend haben am 17. März 1992 mehrere israelische Zeitungen berichtet.

Nach einem Bericht der *New York Times* vom 20. Dezember 1992 haben in den Jahren 1987 bis 1991 ungefähr 45000 palästinensische Christen Bethlehem verlassen. Als Quelle wird George Kerry zitiert, der Erzbischof von Canterbury.

Über das Erstarken des Fundamentalismus und der Hamas siehe den von Dan Sachs im März 1992 in *Politika* veröffentlichten Artikel.
Über *»laundering words«* vgl.: Amos Elon, *A Certain Panic*, S. 264/265, Am Oved (Tel Aviv 1988).
Der Fall von Safia Saliman Jarjon wurde von »Betslem« ermittelt, einer israelisch-palästinensischen Organisation für Menschenrechte.

XII: Das Ende eines Traums

Ich möchte mich sehr bei Sima Kadman von der israelischen Tageszeitung *Ma-Ariv* bedanken, daß sie mir gestattet hat, aus ihrem hervorragenden Artikel über die Rappoport-Familie zu zitieren, der 1987 erschien.
Bruno Bettelheims *Children of the Dream*, Avon Books (New York 1969), gilt noch immer als eine der besten Studien über die Erziehung im Kibbuz.
Für einen Vergleich zwischen den Kibbuzbewegungen und den amerikanischen Kommunen vgl.: Yaacov Oved, *Two Hundred Years of American Communes*, Yad Tabenkin (Tel Aviv 1986), S. 120–130.

XIII: Das Subaru-Syndrom

Alle in diesem Kapitel verwendeten Daten und Statistiken sind den Veröffentlichungen von Israel's Central Bureau of Statistics entnommen.
Die Untersuchung über die Wegwerfgewohnheiten der Israelis wurde 1991 von den Tel Aviv's Sanitation Authorities durchgeführt.
Zahlen und Informationen über Familientrends wurden einem Untersuchungsbericht des Center for Family Study an der Universität von Haifa aus dem Jahr 1991 entnommen.
Zvi Sobol, *Migrants from the Promised Land*, Am Oved Publishers (Tel Aviv 1986), beschäftigt sich mit der Auswanderung von Israelis in die USA.

Register